디지털로 소통하기
Digital Communication

글누림 문화예술 총서 2

디지털로 소통하기
Digital Communication

시 정 곤 편저

머리말

소통(疏通)이란 '막히지 않고 잘 통한다'는 뜻이다. 소통의 도구를 우리는 미디어(media)라고 하는데, 사람과 사람을 이어주는 매개 역할을 한다는 뜻이 담겨 있다. 디지털 시대인 오늘날 인터넷은 가장 중요한 소통의 도구로 인정받고 있다. 문화를 생성하고 삶을 지탱하게 하는 키워드가 바로 인터넷이라는 말이다. 밤을 지새우면서 쓰던 연애편지는 이제 먼 옛날의 추억이 되었다. 하얀 밤을 지새우고 아침이 되면 결국 구겨진 편지지만 휴지통에 가득한 채 그리움에 아쉬워했던 그 시절은 아득하기만 하다. 이제 그 자리는 전자우편(e-mail)이 차지하고 있고, 사랑하는 마음을 빛의 속도로 순식간에 전달하는 전자의 시대를 우리는 살고 있다.

<유브갓메일(You've got mail)>이라는 로맨틱 코미디 영화가 있었다. 1998년에 나온 이 영화는 톰 행크스와 맥 라이언이 주인공이었는데, 근처에 살던 두 남녀가 채팅을 하면서 사랑에 골인한다는 이야기다. 이 영화에서 몇 가지 흥미로운 점이 눈길을 끈다. 먼저 원작 <모퉁이 서점>에서는 두 사람을 이어주는 소통의 도구가 고전적인 엽서였지만, 리메이크한 영화에서는 인터넷 전자우편과 채팅으로 변했다는 점이다. 1940년대의 소통 방식과 20세기 말의 방식이 대조적으로 드러나는 부분이다. 또한 이 영화에서는 온라인의 소통이 오프라인의 소통으로까지 발전하는 모습을 잘 보여주고 있다. 생일에 우연히 들어간 채팅방에서 두 사람은

문학을 논하고 뉴욕에 대한 사랑을 이야기하면서 친해지고 나중에는 실제 세계에서 연인으로 발전하게 된다. 'NY152'와 'Shop-girl'이라는 아이디로 온라인 공간에서 만난 두 사람이 오프라인에서 연인이 된다는 것이다. 그리고 동네 서점이 대형 서점에 밀려 사라지는 세태를 잘 묘사한 대목을 보면서 오늘날 온라인 서점으로 인해 대형 서점도 점차 사라지고 있는 운명을 암시하는 듯해 묘한 느낌이 들기도 한다.

이처럼 새로운 소통의 도구는 새로운 문화와 삶의 방식을 만들어 낸다. 그리고 새로운 삶의 방식은 산업구조를 또 새롭게 변화시킨다. 19세기 말 축음기 발명이 그랬고, 21세기 MP3가 그랬다. 축음기가 자리를 잡으면서 새로운 음반산업은 기존의 악보시장을 단숨에 삼켜버렸다. 그로부터 100년이 지난 지금, 인터넷과 MP3는 CD라는 음반시장을 다시 역사의 뒤안길로 보내버렸다. 어디 음반산업뿐이랴. '디카'의 등장과 필름 기업 코닥의 몰락 또한 이러한 시대적 변화를 그대로 말해주고 있다. 세상은 그렇게 변하고 있다.

이 책에서 우리가 관심을 가졌던 부분이 바로 이러한 변화된 세상이다. 디지털 시대에 디지털이 소통의 도구로 어떻게 기능하고 있는지를 알아보고자 했다. 디지털이 개인의 삶과 문화, 그리고 사회와 산업을 어떻게 바꾸어 나가고 있는지 고찰하고자 했다. 그리고 그 과정에서 출현하는 디지털 시대의 명암을 함께 그려보고 싶었다.

이 책은 16편의 논문으로 이루어져 있다. 총론인 '인터넷, 문화, 소통'에서는 디지털 시대 소통의 방식과 특징에 대해 개괄적으로 살펴본 것이다. 나머지 15편의 논문은 다시 네 가지 주제로 나누어 묶어보았다. 놀이 공간과 소통하기, 예술 공간과 소통하기, 디지털 광장과 소통하기, 디지털 기계와 소통하기.

먼저 '놀이 공간과 소통하기'에서는 디지털 시대에 새롭게 등장한 가상공간의 놀이문화를 소개하고 그 속에서 어떠한 소통의 문화가 존재하는지 알아보았다. 비디오게임에서부터 온라인 게임까지 비디오게임의 역사를 다룬 글과 이모티콘과 아바타와 같이 가상공간에서 사용되는 시각적인 소통 도구에 대한 글이 포함되어 있다. 또한 세컨드라이프(Second Life)와 같은 온라인 게임 속에서 자기 정체성의 문제는 어떠한가, 그리고 영화 <300>이 과거 미디어를 어떻게 계승·발전하고 있는지에 대해서도 다루었다.

'예술 공간과 소통하기'에서는 가상공간이 예술의 장으로서 활용되는 모습을 소통의 관점에서 다루었다. 로커티브 아트(Locative Art)를 통해 도시 공간 속에서 새로운 소통의 구조가 어떻게 가능한지를 알아보고, 디지털 미디어 기술과 음악산업이 결합하여 어떠한 상호작용을 하고 있는지도 소개하며, 디지털 기술과 패션이 접목하여 새로운 컴퓨터를 매개로 한 소통구조가 등장할 수 있다는 것을 보였다.

'디지털 광장과 소통하기'에서는 가상공간이 새로운 소통의 광장으로 기능하고 있다는 점을 강조했다. 인터넷이 등장하면서 가상공간에서 새로운 인간관계가 싹트고 있다는 점을 지적하고 가상공간에서의 민주주의 구현 가능성을 타진해 보기도 했다. 또한 디지털 정보의 독점에 따라 새로운 양극화 현상이 초래될 수도 있다는 점을 장애인의 정보격차 해소 방안과 더불어 논의했으며, 온라인 교육의 가능성과 미래에 대해서도 다루어 보았다.

'디지털 기계와 소통하기'에서는 모바일, 자동번역기, 텔레매틱스와 같은 디지털 기계들이 사용자인 인간의 소통을 어떻게 도와주고 있는지, 그리고 그 가운데서 오프라인과는 다른 어떤 소통양식과 행태, 그리고 특징들이 들어나는지에 대해 주목했다. 그리고 새로운 디지털 기계들이 과거의 어떤 미디어에서 진화해 왔는지, 그리고 미래에는 어떤 식으로 발전할 것인지에 대해 조망해 보았다.

이 책은 2007년 봄학기 카이스트 문화기술대학원에서 강의한 <디지털 커뮤니케이션>이라는 과목의 결과물을 모은 것이다. 강의를 시작하기 전부터 이러한 책을 만들어보리라 생각했었지만, 막상 여러 사람의 글을 하나의 책으로 엮어 내려니 여간 어려운 작업이 아니었다. 문체가 다르고 서술방식이 서로 달라 이를 통일하는 작업이 가장 큰 문제였다. 또 하나의 책이 되기 위해서는 형식을 통일하고 내용을 일관성 있게 깁고 다듬어야 했다. 이 작업을 하는 동안 우리는 무더웠던 여름날을 뒤로 하고 선선한 가을바람을 타면서 어느덧 겨울의 문턱에 다다랐다. 그럼에도 불구하고 여전히 부족하고 아쉬운 부분이 눈에 띄는 것은 전적으로 편저자의 능력이 모자란 탓이다. 이에 대해 독자들의 넓은 아량을 기대해 본다.

지금은 디지털이 빛의 속도로 정보를 나르고 있는 시대다. 디지털 미디어도 그만큼의 속도로 빠르게 진화하고 있으며, 디지털 문화도 엄청난 속도로 변화하고 있다. 따라서 지금 이 순간 디지털 문화 속에서 우리는 어떻게 소통하면서 살아가고 있는지를 찬찬히 생각해 보고 싶었다. 따끈따끈한 지금의 모습을 책에 담고 싶었다. 이 책이 그러한 물음에 대한 소박한 대답이 되었으면 한다.

이 책은 화려하거나 세련되지는 못하다. 그보다는 거칠고 투박하다고나 할까. 그것은 아마도 저자들 대부분이 배움의 과정에 있는 사람이기 때문일 것이다. 그러나 다른 한편으로 생각하면 이 책의 투박함은 저자들의 철저한 실험정신에서 나온 것일 수도 있다. 이것이 이 책의 단점이자 최대의 장점인 셈이다. 새로운 시각과 새로운 접근으로 독자들에게 디지털 문화의 참 모습을 조금이나마 전달해 줄 수 있다면 큰 기쁨이 아닐 수 없다.

가상공간과 디지털 문화, 그리고 소통이라는 화두에 관심을 갖고 있는 독자라면 한번 읽어보기를 권한다. 이 책이 최근의 흐름을 파악할 수 있는 더듬이 역할을 해 주리라 기대해 보며 아무쪼록 독자의 아낌없는 격려와 질책을 바란다.

끝으로 이 책이 나올 수 있도록 지원해준 카이스트 문화기술대학원에 감사하며 부족한 글을 더 좋은 책으로 만들어준 글누림의 최종숙 사장과 권분옥 팀장에게도 깊은 감사의 마음을 전한다. 더 나은 디지털 세상을 꿈꾸면서.

2007년 11월 30일
편저자 씀

차례

예술 공간과 소통하기

디지털 광장과 소통하기

디지털 기계와 소통하기

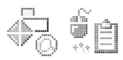

1. 새로운 소통방식, UCC

지난해 '안아주기 운동(Free hugs)'이 한국 사회에 퍼져 나가면서 사람과 사람을 연결시켜 주는 새로운 소통의 방식으로 등장했다. 물론 문화적 차이로 인해 처음에는 쉽게 뿌리를 내리지 못한 점도 있었지만, 시간이 지나면서 따뜻한 가슴으로 사람들 속을 파고 들어갔다.

이 '안아주기 운동'은 2001년 헌터(Jason Hunter)가 시작한 것인데, 정작 이 운동이 세상에 널리 알려지게 된 것은 호주의 만(Juan Mann)이라는 청년에 의해서다. 이 청년이 만든 사용자창작콘텐츠(User Created Contents, 이하 UCC) 동영상이 유투브(YouTube : www.youtube.com)라는 사이트에 올라간 것이 결정적 계기가 되었다. 이 동영상은 순식간에 전세계로 퍼져나갔고 그 영향으로 한국에서도 이 운동이 점차 확산되기에 이르렀다.

[그림 1] 타임지 2007년 1월호 표지

이를 계기로 한국을 비롯한 전 세계는 UCC 열풍이 불었다. 바야흐로 UCC가 새로운 의사소통 방식으로 등장한 것이다. UCC는 사용자가 직접 만든 동영상 콘텐츠를 말하는데, 사용자는 1~2분짜리 동영상에 진솔하고 재미난 사연을 담아 자유롭게 인터넷에 올린다. 세계 곳곳에서 하루에도 수백 수천만 명이 이 콘텐츠에 울고 웃는다고 하니 그 위력은 말로 표현하지 못할 정도다. 이제 UCC는 의사소통의 도구를 넘어 새로운 놀이 공간으로 그 영역을 확장하고 있다. UCC를 만들고 보면서 취미활동을 하고 삶을 즐기고 있으니 말이다. 타임(Time)지가 2006년 올해의 인물로 '너 자신(You)'을 뽑은 것도 바로 UCC의 힘을 잘 말해주고 있다.

한편 UCC를 언급하면서 항상 함께 이야기되는 것이 바로 유투브 사이트다. 유투브는 UCC가 모이는 사이버 광장으로, 사람들은 직접 만든 동영상을 이 광장에 올리고 세계인과 공유한다. 동영상을 모으고 전 세계 네티즌에게 실어 나르면서 새로운 소통공간을 만들어 내는 것이 유투브의 역할이다. 이러한 공로로 타임지는 유투브 사이트를 2006년 올해의 발명품으로 선정하기도 했다.

그런가 하면 UCC와 유투브는 산업구조와 사회구조를 새롭게 바꾸기도 했다. 미국의 20대 청년 실업자를 1조 5천억 기업의 사장으로 만들어 놓았으니 말이다. 차드 헐리와 스티브 첸은 우연히 비디오를 손쉽게 온라인에 올리는 방법을 찾아내게 되고, 모든 사람들이 누구나 손쉽게 동영상을 올려 공유할 수 있는 '유투브닷컴'이 탄생하게 된 것이다.

그러던 중에 세계적인 검색 업체 구글이 유투브를 인수하였으며, 여기에 맞서기 위해 미국의 대형 미디어 그룹들이 손을 잡고 동영상 웹사이트를 구축하고 있다는 소식이 들여온다. UCC가 미디어 산업의 구조를 바꾸고 있으며, 또 산업구조의 먹이사슬 관계에까지 영향을 미치고 있음을 알 수 있다.

또 UCC는 광고와 마케팅 시장을 새롭게 변모시켰으며, 언론과 방송도 새로운 구조로 탈바꿈시켰다. UCC를 통해 생산자와 소비자가 상호 의사소통할 수 있는 새로운 디지털 커뮤니케이션이 등장한 것이다. 어디 그것뿐인가? 이제 정치도 UCC로 하는 세상이 되었다. 올 대선에서는 각 후보들이 UCC 제작과 홍보에 심혈을 기울이고 있다고 한다. 이제 UCC는 여론을 움직이는 핵심 세력으로 성장한 것이다. 그야말로 UCC 권력이라는 말이 나올 정도이다.

UCC는 사회문제를 낳기도 한다. UCC가 유행처럼 번지면서 저작권 문제가 새로운 사회문제로 등장했기 때문이다. 어디까지를 창작으로 봐야 할 것인지, 다른 콘텐츠를 이용하는 범위를 어디까지 허용할 것인지 등 저작권과 관련하여 여러 가지 문제가 새롭게 등장하고 있다.

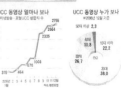

[그림 2] UCC는 정치홍보에도 중요한 수단이 된다.

이렇게 새로운 미디어의 등장은 세상을 바꾸어 놓는다. 새로운 정보기술이 우리의 삶과 사회를 송두리째 변모시키고 있는 것이다. 이러한 모든 것을 UCC는 여실히 보여주고 있다. 우리는 이 글에서 가상공간에서 디지털로 소통하는 여러 유형과 그 특징들에 대해 살펴보고, 그것이 우리에게 어떤 의미로 다가오는지를 전체적으로 조망해 보기로 한다. 이를 통해 우리는 UCC와 같은 새로운 미디어가 어떤 배경에서 태동할 수 있었으며, 우리 사회 속에서 어떠한 기능을 하고 있는지, 그리고 우리 문화와 삶의 양식을 어떻게 변화시키고 있는지를 파악할 수 있을 것이다.

2. 디지털 매체의 특징

"문화는 커뮤니케이션에 의해 매개되고 실행된다. 그렇기 때문에 역사적으로 생산된 우리의 신념과 코드의 체계인 문화들은 근본적으로 변형되며, 그 과정은 시간이 갈수록 새로운 기술적 시스템에 의해 가속화될 것이다."(Manuel Castells, *The rise of the network society*, 1996)

(1) 네트워크와 링크

2004년 1월 중앙일보 week&과 연세대 사회발전연구소는 흥미로운 연구 결과를 발표했다. 한국사회의 연결망을 조사한 결과 한국인은 3.6명만 거치면 아는 사람과 연결된다는 것이다.[1] 조사 방법은 이렇다. 무작위로 선택된 두 개인을 서로 연결하려면 중간에 얼마나 많은 지인(知人)이 필요한지, 사람들의 관계가 얼마나 밀착돼 있는지 알아보는 것이다. 예를

---

[1] <중앙일보>, 2004. 1. 9.

들어 최초 출발자 A → A가 아는 B → B가 아는 C → C가 아는 D … 이
렇게 해서 몇 명을 거칠 때 모르는 사람이 나타나는가 하는 실험이었다.
그 결과 한국 사회를 연결하는 수단으로는 지연보다는 학연이 더 끈끈했
으며, 호남 출신이 다른 지역 출신보다 더 발이 넓은 것으로 나타났다.

이 실험을 맨 처음 고안해 낸 사람은 미국 하버드대 스탠리 밀그램
(Stanley Milgram) 교수인데, 그는 1967년 무작위로 주민 160명을 뽑아
비슷한 실험을 했다. 그 결과 미국에서는 평균 5.5명이라는 연결망 지수
가 나왔다. 즉, 약 6명만 건너면 미국인은 자국 내 누구와도 연결된다는
뜻이다.[2] 지수만 놓고 보면 한국 사람들이 미국사람들보다 더 끈끈하게
살고 있으며, 한편으로는 한국 사회가 그만큼 더 좁다는 것을 의미하기
도 한다. '우리가 남이가!'라는 말이 한국 사회에서 통하는 것도 다 이유
가 있는 것이다.

[그림 3] 한국사회의 연결망. 한국사회는 학연,
지연, 혈연 등 다양한 관계로 얽혀 있다. 〈문화
일보〉, 2007. 11. 19.

---

2) 이러한 이유 때문에 이 실험을 밀그램의 '여섯 단계의 분리(six degrees of separation)'
법칙이라고 한다.

그렇다면 온라인상에서는 연결망 지수가 어느 정도일까? 최근 한 논문에서 흥미로운 결과가 나왔다.[3] 이 논문에 따르면 싸이월드에서는 연결망 지수가 2.9명으로 나왔다. 즉, 평균 2.9명을 거치면 인터넷 공간에서 서로 다 아는 사람이 된다는 뜻이다. 세상이 촘촘하게 연결된 네트워크라는 사실을 다시 한 번 확인할 수 있다.

그러나 처음 인터넷이 고안되었을 때는 지금과 같은 네트워크를 염두에 둔 것은 아니었다. 미국의 고등연구계획국(Advanced Research Projects Agency : ARPA)[4]에서 1965년 밥 테일러(알파 컴퓨터 프로그램 책임자)는 외부의 공격에 대비하기 위해 전국 각지에 흩어진 컴퓨터들을 하나로 연결시키려는 계획을 세우게 된다. 이때 만들어진 네트워크가 바로 인터넷의 시초인데, 그것이 오늘날 세상을 연결하는 거대한 지식 연결망으로 발전하게 된 것이다.

집중화를 막기 위해 분산구조를 택한 초기의 생각과는 달리 인터넷은 진화하면서 서서히 집중화 현상을 띠고 있다. 새로 등장한 노드는 링크가 많은 기존 노드에 다시 링크하는 경향을 가지게 되고, 거대한 링크는 다시 새로운 링크를 받아들이게 되는 빈익빈 부익부 현상이 네트워크에도 나타나게 된 것이다(바라바시, 2002). 이러한 현상은 인터넷 권력과 계급이라는 사회적 문제로도 발전한다.

(2) 디지털과 전자매개의 시대

커뮤니케이션이란 생산자가 정보를 생산해서 수용자에게 전달하고 또

---

3) 2005년 연세대학교 석사학위논문(전소영), 「싸이월드 1촌을 통해 살펴본 인터넷 공간에서의 사회 연결망 분석」 참조.
4) 이 기관은 1957년 10월 4일 소련이 세계 최초의 인공위성인 스푸트니크(Sputnik) 1호를 발사한 것이 직접적인 계기가 되어 만들어졌다.

수용자는 다시 정보를 생산해서 그 역의 방향으로 정보를 전달하는 방법을 말한다. 곧 생산자는 다시 수용자가 되고 수용자는 다시 생산자가 되는 것이다. 따라서 우리는 이를 소통이라고 부르는 것이다. 이러한 소통의 역사는 어쩌면 인류의 역사와 거의 궤를 같이 할 정도로 꽤 오래전부터 있어 왔다.

마크 포스터(Mark Poster)는 커뮤니케이션의 관점에서 인류 역사를 다음과 같이 세 가지로 구분한 바 있다.[5] 구술의 시대, 문자교환의 시대, 전자매개의 시대. 그리고 각 시대마다 각기 다른 기호 교환 형태를 채택하고 있다고 했다.

- 대면(face-to-face) 교환
- 말에 의해 매개되는 교환(orally mediated exchange)
- 인쇄물에 의해 매개되는 글의 교환(written exchanges mediated by print)
- 전자적으로 매개되는 교환(electronically mediated exchange)

문자가 없던 선사시대에는 구술의 시대였다. 대면 교환이 주를 이루었으므로 구전성이 소통의 중요한 매개 수단이었으며, 따라서 목소리, 얼굴, 표정, 몸짓 등이 중요한 표현 매체였다. 문자가 발명된 후부터는 편지, 서적, 그림 등이 중요한 수단으로 등장하게 된다. 인쇄물에 의해 매개되는 글의 교환이 정보전달의 중요한 수단이었다.

언어학자들은 문자에 별 관심이 없었던 것 같다. 미국의 인류언어학자인 블룸필드(Bloomfield)는 문자는 말을 기록하는 도구일 뿐이라 생각하고 연구 대상에서 제외했으니 말이다. 20세기 초 인류언어학자들은 현장조사에 살아 있는 말을 채록하고 그 특징을 밝히고자 했으므로 문자의 중요성

---

5) 마크 포스터 지음, 조지형 옮김(2006), 『포스트모던 시대의 새로운 문화사』, 이화여자대학교출판부.

보다는 당시의 발화의 흔적을 더 소중히 생각했기 때문이다(Bloomfield, 1933). 그러나 인터넷 시대인 오늘날 문자는 다시 언어 연구의 대상으로 주목받고 있으니 매체의 역할과 중요성을 새삼 엿볼 수 있다.

그러다가 전화와 라디오, TV로 대변되는 전자시대에 오면 기계적 매체(the mechanical media)가 중요한 도구가 된다. 더 나아가 오늘날 컴퓨터라고 하는 새로운 매체는 전자매개 시대의 꽃이라고 할 수 있겠다.[6] 디지털은 바로 컴퓨터를 매개로 전자매개 시대를 대표하는 상징어가 되었으며, 빛의 속도로 정보를 전달하는 디지털은 소통의 속도도 빛의 속도만큼 빠르게 바꾸어 놓았다.[7]

소통의 관점에서 보면 전화는 구어성의 대표적인 매체이다. 멀리 있지만 실시간으로 상대방과 주고받는 말에서 전화의 기능과 의미를 찾을 수 있다. 그렇다면 이메일이나 채팅은 멀리 있지만 실시간 문어로 주고받는 매체라고 할 수 있겠다. 문자로 소통하기 때문에 문어성이 강하지만 실시간 소통이 가능하다는 점에서 구어성도 가지고 있다. 이러한 이유 때문에 인터넷 언어를 구어와 문어의 중간어라고 부르는지도 모른다(시정곤, 2004).

한편, 소통의 도구들은 단지 정보 전달의 도구에서 머물지 않는다. 그것은 우리의 사회양식까지도 바꾸어 놓을 만큼 세력을 가지고 있기 때문이다. 인문학자 월터 옹(Walter J. Ong)은 문자는 사고를 변화시키는 기

---

6) 컴퓨터를 중심으로 디지털로 사람과 사람이 소통하는 유형에는 여러 가지가 있다. 웹, 이메일, 채팅, 게시판, 메신저, UCC, 온라인 게임 등이 바로 그것이다.
7) 매체는 놀이문화와도 밀접한 관련을 맺고 있다. 구전 시대에는 이야기꾼의 구수한 이야기가 중요한 놀이수단이었다면, 문자의 시대에 와서는 소설이 그 자리를 차지했고, 기계의 시대에 와서는 TV와 영화가 새로운 놀이문화로 각광을 받았다. 그러다가 디지털 시대인 지금은 온라인 게임과 같은 새로운 놀이문화가 등장하기에 이른다. 매체는 사람과 사람을 연결하고 정보를 나누어 주는 것뿐 아니라 놀이와 예술, 삶의 공간을 송두리째 바꾸어 놓는 힘이 있다.

술이라고 했으며, 사피어-워프(Sapir-Whorf)는 언어는 사고에 지대한 영향을 미친다고 하지 않았는가. 옹은 문자가 의식을 형성케 하고 우리는 사고하는 표상을 통해 분석하고, 비평하고, 생각을 재조정한다고 주장한다. 이에 따르면 우리가 직접 손으로 글을 쓸 때와, 남에게 시킬 때, 그리고 타자기로 글을 쓸 때와 키보드로 쓸 때 작문의 양식과 전달방법은 각각 달라진다(월터 J. 옹, 1995). 우리가 사용하는 언어형식이 우리 자신과 사회를 새롭게 규정하게 될 것이다.

(3) 가상공간과 사이버 언어

가상공간에서 사람과 사람을 연결해주는 언어를 사이버 언어라고 부르는데, 그 유형은 다음과 같다.

[그림 4] 사이버 언어의 유형(송민규, 2004)

가상공간에서 사용되는 사이버 언어들은 일반 언어와 여러 측면에서 차이를 보인다. 먼저 다음의 예를 보자(시정곤, 2004).

(1) 마음이 → 마으미 (이어적기)
되잖아 → 되자나 (소리 나는 대로 적기)[8)]
그래 이놈아 → 구래 이넘아^^;; (의도적으로 바꾸어 적기)
강력추천 → 강추 (음절 줄이기)[9)]

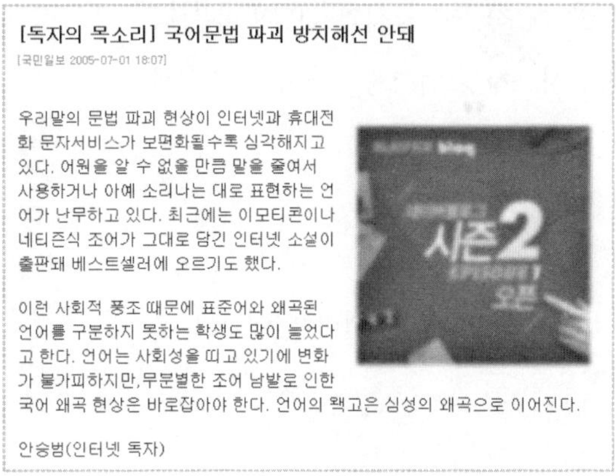
[독자의 목소리] 국어문법 파괴 방치해선 안돼
[국민일보 2005-07-01 18:07]

우리말의 문법 파괴 현상이 인터넷과 휴대전화 문자서비스가 보편화될수록 심각해지고 있다. 어원을 알 수 없을 만큼 말을 줄여서 사용하거나 아예 소리나는 대로 표현하는 언어가 난무하고 있다. 최근에는 이모티콘이나 네티즌식 조어가 그대로 담긴 인터넷 소설이 출판돼 베스트셀러에 오르기도 했다.

이런 사회적 풍조 때문에 표준어와 왜곡된 언어를 구분하지 못하는 학생도 많이 늘었다고 한다. 언어는 사회성을 띠고 있기에 변화가 불가피하지만,무분별한 조어 남발로 인한 국어 왜곡 현상은 바로잡아야 한다. 언어의 왝고은 심성의 왜곡으로 이어진다.

안승범(인터넷 독자)

[그림 5] 문법 파괴의 현장으로 가상공간을 지목한다.

위와 같은 인터넷 통신 언어는 일반적으로 특정 집단 내에서 결속과 친밀도를 위해 사용되는데, 언어 규범에서 벗어나는 표현이 많이 등장한다.[10)] 이러한 이유 때문에 사이버 언어를 '문법의 파괴'니 '맞춤법의 파괴'니, 또는 '외계언어'니 하는 말로 규정하기도 한다.

그러나 사이버 언어의 언어 규범 일탈 현상을 새로운 시각으로 바라봐야 한다는 목소리도 있다. 즉, 사이버 언어에는 두 가지 다른 시각이 존

8) 영어의 통신언어에서도 동음을 이용하여 경제적으로 줄여서 말하는 표현방식을 사용하고 있다.
RU OK? → Are you OK?
OK CU2MORO. → OK, See you tomorrow.

9) 영어 통신언어에서도 약자를 이용하여 줄여 쓰는 방법이 사용된다(Crystal 2001 : 85).

afaik	as far as I know	hhok	ha ha only kidding
afk	away from keyword	hth	hope this helps
asap	as soon as possible	ianal	I'm not a lawyer, but...
a / s / l	age / sex / location	ic	I see;[in MUDs]
awhfy	are we having fun yet?	icwum	I see what you mean
bbfn	bye bye for now	idk	I don't know
bbl	be back later	iirc	if I remember correctly

10) 언어 규범에서 벗어나는 경우와 함께 비속어(깔삼하다 : 멋져 보인다)나 은어(번개 : 미리 계획없이, 갑자기 약속을 정하여 실제 만나는 일), 또는 규정에 어긋나는 외래어들(하이~루 : 헬로)의 남용도 문제로 지적된다.

재한다. 문법이나 맞춤법을 주장하는 쪽에서는 사이버 언어를 편지와 같은 문어적 속성으로 간주하는 반면, 사이버 언어를 주로 사용하는 젊은 층은 전화와 같은 구어적 속성으로 사이버 언어를 파악하고 있다는 점이다. 문법이나 맞춤법은 문어의 영역이지 구어의 영역이 아니다. 따라서 문법 파괴나 맞춤법 파괴를 주장하는 층은 문어의 관점으로 사이버 언어를 바라보기 때문이다. 반대로 채팅이나 이메일을

[횡설수설/황호택]外界語
[동아일보 2005-01-11 23:26]

[동아일보]

통신어체(通信語體)의 문법 파괴는 자국의 언어를 아름답게 가꾸려는 세계 모든 나라의 고민거리다. 영어깨나 하는 사람도 'c u in ur office 4 aftnoon mtg. tx.' 같은 인터넷 글을 보면 고개를 갸우뚱거릴 것이다. 'See you in your office for afternoon meeting, thanks' 라는 문장인데 빨리, 편하게 쓰려고 철자를 빼먹고 문법을 파괴하는 대담한 축약을 한 것이다. mtg(meeting·회함)라는 축약어(縮約語)는 이제 버젓이 사전에까지 올라왔다.

▷'샘'(선생님) '방가'(반가워요) '어솨요'(어서와요) 같은 말은 통신어체에 어두운 노장층이라도 문맥 속에서 새겨보면 뜻을 알아챌 수 있다. 엄지손가락으로 휴대전화 문자판을 빠르게 두드려 한정된 글자 수 안에서 문자메시지를 날리다 보면 축약을 시도하는 것이려니 하고 이해할 수도 있다. 그림말(이모티콘 emoticon) 역시 노장층엔 생소하지만 귀여운 구석이 있다. 자녀한테 '휴대전화 안 사주시면 ㅠ.ㅠ(운다는 뜻)' 같은 e메일을 받고나면 웃음이 나올 것이다.

▷그러나 외계어(外界語)에 이르면 황당해진다. 어제 본보 A1면에 나온 '웁ㅎ°F룰_ㅁ Iㄷㅎ효ㅁVn★'라는 외계어가 '오빠 믿어요'라는 뜻이라고 하니 기막힌 노릇이다. 통신어체가 단순히 쓰기의 편함과 빠름을 추구하는 과정에서 탄생했다면 외계어는 자기들끼리만 통하는 암호라고 할 만하다. 한글 한자 영어 일본어 키릴문자와 각종 부호를 섞어 외계인의 문자와 흡사한 데서 붙은 말이다.

▷청소년의 유희이자 게임 같은 것이라고 외계어를 관대하게 보는 시각도 있다. 한때 유행하다 얼마 안 가 시들해질 거라는 얘기다. 그러나 의견과 정보를 명료하게 전달하는 글쓰기 교육의 중요성을 소홀히 해서는 안 된다. 언어는 한 시대 소통의 수단이자 문화의 핵심이다. 언어 파괴는 소통을 단절하고 문화를 황폐화할 수 있다. 외계어는 그 위험신호가 아니겠는가.

[그림 6] 기성세대는 사이버 언어를 외계어로 간주하기도 한다.

사용하는 사람들은 이를 구어적 공간으로 간주하고 있어 맞춤법에 구애되지 않고 편안하게 수다를 떨듯이 이용하는 것이다(시정곤, 2004).

그럼에도 불구하고 사이버 언어는 문자로 표현하고 전달하는 것이므로 완전히 구어라고 볼 수는 없다. 이것이 바로 사이버 언어의 정체인 것이다. 이것은 문어적 관점에서 보면 규범의 파괴이지만, 구어적 관점에서 보면 새로운 언어의 등장으로 볼 수 있기 때문이다. 분명한 것은 사이버 언어가 점점 문어적 속성보다는 구어적 속성으로 진화하고 있다는 점이다. 이러한 이유 때문에 사이버 언어에서는 구어적 속성을 보충하기 위해 다양한 표현방법이 등장하기도 한다.

(2) 가. 후다닥~!, 휘리릭 … 꾸벅
　　나. 호바기누나~~~~~ 생일추카 함다~~~~♪♪
　　다. |꿈|을|향|해|
　　라. 이렇게 어려울 줄이야!!!!!
　　마. 뉘이이이이이이임!!　　　　　　　　　　　(시정곤, 2004)

(3) 가. Yes!!!!!
　　나. WHAT????
　　다. I've been reading#Hamlet#
　　라. This is a VERY important point.
　　마. This is a *very* *important* *point.*　　　(Crystal, 2001)

　위의 예에서 보듯이 문어적 상황에서 구어적 속성을 실현하기 위해 다양한 방법이 동원되었다는 것을 알 수 있다. 의성의태어를 이용한다든지, 특이한 부호를 사용한다든지, 또는 이모티콘이나 아바타와 같은 그림을 사용하려는 경향은 이러한 맥락에서 이해해야 한다.

3. 디지털 소통과 커뮤니티

　인터넷이 보급되면서 가상공간에서는 새로운 공동체가 형성되었다. 현실 세계에서의 모임처럼 가상공간에도 만남과 모임이 이루어지고, 이들이 하나의 공동체를 만들어나가는 것이다. '정모'11)라는 말에서 알 수 있듯이 포털사이트에는 수많은 카페들이 만들어지고, 이를 통해 수많은 모임이 이루어지고 있으며, 이것이 오프라인으로도 연결되어 새로운 커뮤니티를 형성하기도 한다.

---

11) 가상공간에서 '정기적인 모임'을 줄여서 부르는 말.

그렇다면 가상공간은 현실 세계와 어떻게 다르고 또 그 속에서 공동체는 어떤 속성을 갖고 있을까? 그리고 인터넷에 문화적 제국주의가 등장할 것인가? 강대국 문화에 지역 문화가 소멸당할 것인가? 아니면 지역문화가 강대국 문화에 대항하는 독자적인 세력을 만들어낼 것인가?

(1) 가상공간과 정체성

온라인 커뮤니티가 활성화되면서, 이제 가상공간의 모임은 단지 친목 도모에 그치지 않는다. 좀 더 체계적인 조직으로 발전하여 하나의 사회적 단위로 기능하고 있는 것이다. 가상공간을 이용하는 사람들은 공동체를 통해 각자의 정체성을 확인하게 되고, 이것이 발전하면 실제 생활에서 정기적인 사회 활동으로 연결되기도 한다. 가상공간의 활동이 우리의 정체성에 지대한 영향을 주는 것이다.

이와 관련하여 가상공간이 성의 정체성에 어떤 영향을 주었는지에 대한 연구 결과도 매우 흥미롭다. 한 연구에 따르면 한국에서 출현하고 있는 퀴어 커뮤니티에서 인터넷 테크놀로지의 일반적인 이용과 그에 따른 효과를 고찰했을 때, 가상공간이 동성애자의 정체성 확립에 도움을 주는 것은 물론, 정치적 세력으로까지 발전시키는 계기를 마련했다고 한다(프랜 마틴 & 크리스 베리, 2000).

오프라인 공간에서는 동성애를 숨기며 살아가지만 가상공간에서는 좀 더 쉽게 커뮤니티를 형성하게 되고 이곳을 통해 정보공유는 물론 자신들의 입장을 대변하는 창구로서 활용하고 있다는 말이다. 예를 들어 자신들의 입장을 대변하기 위해 가상공간에서 탄원서를 만들어 올리거나 홍보물을 게시하여 주장을 전달하기도 한다. 또한 가상공간은 퀴어 사이버 소설의 공간으로 기능을 하여 이것이 나중에는 퀴어 인터넷 문학으로 발전하기도 했다. 더 나아가 이러한 움직임으로 인해 사이버 커뮤니티는 다시 오프라인상의 커뮤니티로까지 발전하게 된다.[12] 현재 우리나라 퀴어 커뮤니티는 생각보다 매우 많다. 일반 포털 및 유료 사이트에는 상당 수의 퀴어 커뮤니티가 존재한다.[13]

[그림 7] 퀴어 사이트인 이반 & 트랜스젠더의 게시판(http://pann.nate.com/c1900)

12) 오프라인 모임의 경우 인터넷 카페를 중심으로 '정모' 형식으로 이루어지고 있다. 예를 들어 다음 카페의 경우 비공개 카페가 많은데, 이들은 주로 오프라인 모임을 목적으로 하고 있는 경우가 많다.

13) 구야홈닷컴(http://gooyahome.com/), 러브서프(http://www.lovesurf.co.kr/), 해피이반 (http://happyeban.com/), 해피2반(http://happy2van.com/), G440(http://www.g440.com/) 등의 사이트와 세이클럽의 채팅방 등이 대표적이다.

이러한 가상공간의 분위기는 자연스럽게 오프라인으로 연결되어 퀴어 문화 축제로 이어지고 있다(http://www.kqcf.org/).[14] 과거 한국 사회에서 동성애자 집단은 비주류 가운데서도 가장 비주류에 속하는 집단이었다. 동성애가 사회적 금기로 여겨지고 있었기 때문이다. 그러나 오늘날 동성애자들은 자신의 정체를 공개적으로 드러내 놓고 있으며, 더 나아가 자신들만의 축제를 떳떳하게 즐기고 있지 않은가. 이것은 가상공간의 영향이 아닐 수 없다.

(2) 온라인 게임과 소통

"이 게임을 통해 말 그대로 동시에 수천 명의 사람들이 인터넷상에 구축된 동일한 판타지 세계 속에 존재할 수 있다. 플레이어들은 다른 참여자들과 실시간으로 진정한 사교적 상호작용을 즐길 수 있다."(Jay David Bolter, 1999).

1970년대 초 아케이드 게임과 비디오게임으로 시작된 컴퓨터 게임은 데스크톱 컴퓨터와 그 인터페이스가 함께 발전하면서 오늘날 온라인 게임으로 연결되었다. 여기에 3차원 그래픽의 영상과 판타지 영화와 같은 내러티브 구조가 더해지면서 온라인 게임은 최고의 놀이문화이자 새로운 커뮤니티로 진화하고 있다.

온라인 게임이 진화하면서 온라인 게임은 단순한 게임의 위치에 머무르지 않고 대중적인 영상 미디어로 자리매김하게 되었다. 인터넷 시대의 놀이 가운데 최고의 자리에 오른 것이다. 그러나 대중화란 늘 좋은 것만은 아니다. 많은 사람이 좋아하는 만큼 그만큼의 사회적 책무가 뒤따른다는 뜻이다. 온라인 게임의 폭력성과 선정성을 비판하는 시각이 바로

---

14) 퀴어 문화 축제는 종로, 광화문, 홍대 일대에서 거리 퍼레이드를 시작으로 댄스파티, 영화제, 토론회, 전시회 등 다양한 행사로 꾸며져 있다.

[그림 8] 온라인 게임 〈미스트〉(http://www.myst.com)

그것이다. 선정적이고 폭력적인 내용이 담긴 온라인 게임이 사회적 문제로 비화되는 경우가 잦아지고 있다. 일부에서는 이제 온라인 게임도 영화나 텔레비전과 마찬가지로 내용을 규제하고 등급을 매겨야 한다고 주장한다. 이처럼 온라인 게임이 공격을 받게 된 이유는 온라인 게임이 영화와 텔레비전의 속성을 고스란히 물려받았기 때문이다 (Jay David Bolter, 1999 : 99).

온라인 게임의 선정성은 또 다른 방향으로 진행되기도 한다. 사이버 섹스 산업이 바로 그것이다. 영화 〈데몰리션 맨〉에 등장하는 사이버 섹스는 더 이상 먼 이야기가 아니다. 컴퓨터 그래픽이 발달하고 감성공학의 수준이 높아지면서 사이버 섹스는 현실화되고 있다. 사이버 섹스 실험은 1960년대부터 시작되었다. 미국 정부의 주도 아래 일본 도쿄 대학에서 행해졌던 '인터섹스(Intersex)' 프로젝트가 바로 그것인데, 해외에 주둔하고 있는 미군들을 위한 시뮬레이션 섹스 게임이었다.15)

사이버 섹스 시스템은 최근 국내 벤처기업인 씨엠넷에 의해 한층 정교해지고 있다. 이 기업에서는 시각과 청각뿐 아니라 촉각까지 가능한 온라인 게임 '쓰리필(3feel)'을 최근 개발했다. 이 게임은 네트워크로 연결해 상호작용이 가능하고, 일대일 사이버 섹스가 가능하다는 점에서 이전 게

---

15) 『뉴스메이커』, 2004. 6. 25.

임과 다르다. 사이버 섹스와 관련한 연구는 현재 각국에서 활발히 진행되고 있다. 미국 스탠퍼드 대학에서는 뇌와 근육으로부터 전기신호를 받아 신시사이저(synthesizer)를 제어하는 '바이오뮤즈(Biomuse)' 시스템을 개발하고 있는데, 이 시스템이 개발되면 가상현실 기술과 조합돼 영화 <데몰리션 맨> 수준에 버금가는 사이버 섹스 시스템 제작이 가능할 것이라 한다. 즉, 사이버 섹스 시스템은 인류의 성생활 방식을 획기적으로 바꿀 가능성이 높다.

이처럼 온라인 게임은 단순히 오락이나 놀이 차원에서 그치지 않고 우리 생활을 송두리째 바꾸어 놓을 수 있는 힘을 가지고 있다. 인터넷, 디지털의 위력이 바로 그것이다. 그러나 여기에는 부작용도 따른다. 가상 게임이 아무리 정교해도 그것은 가상일 수밖에 없다. 따라서 너무 지나치게 가상 게임에 빠져들다 보면 현실과 가상을 구분하지 못하는 단계에까지 나아갈 수 있기 때문이다.

온라인 게임이 청소년들의 도피처 역할을 한다는 지적도 그 연장선상에 있다고 본다. 청소년들이 빠져드는 쌍방향 온라인 게임들을 생각해보면, 게임은 사용자를 슈퍼맨이나 영웅으로 만들어 다른 남자들을 공격하거나 여자들을 폭력적으로 향유하게 한다. 현실 세계에서 억눌린 파괴적 본능이 가상공간에서 드러나는 것은 아닌지. 사회 윤리적인 제약과 압박으로 인해 현실에서 억압되었던 개인의 괴팍한 욕구를 게임을 통해 자연스럽게 드러내는 것은 아닐까? 그렇다면 가상공간에 드러난 모습이 진정한 우리의 모습일지도 모른다(Slavoj Zizek, 2001). 이처럼 가상공간에서는 폭력과 성이 무방비 상태로 놓일 수 있으며, 그것이 현실 세계에 그대로 영향을 미치기도 한다. 온라인 게임에 중독된 청소년이 모방범죄를 일으켜 사회문제를 야기하는 것도 바로 이 때문이다.

푸코는 권력이라고 하는 것이 사람들에게 억압적이고 강압적으로 다가가는 것이 아니라 쾌락을 고무시켜 주면서 새로운 가치와 지식의 생성에 기여하는 방식으로 행사될 수도 있다고 지적한 바 있다(Foucault, M. 1979). 이른바 '생성적 권력(positive power)'이라는 것인데, 우리가 온라인 게임을 즐기면서 우리도 모르게 몸과 마음이 디지털화되고 컴퓨터에 예속화되고 있는 것은 아닌지 생각해 봐야 한다.

4. 디지털 사회에서 소통하기

(1) 사이버 교육과 평등사회

이젠 아프리카에서도 사이버교육을

아프리카에서 3번째로 큰 나라인 콩고민주공화국의 Mr.Sylvan NGABU Chumbu 교육부 장관 일행이 16일 경희사이버대학교(총장 박건우)를 방문하여 상호 협력방안에 대해 논의하였다. 지난 14일, 9박 10일간의 일정으로 방한한 콩고 교육부 장관은 14일 서울대학교를 방문하여 총장과 면담하였고, 마지막 일정인 16일에는 온라인 대학의 대표인 경희사이버대학교에 방문하여 한국의 온라인 교육 현황을 살펴 보았다. 콩고 교육부 장관 일행은 경희사이버대학교를 방문하여 온라인 한국어 교육 프로그램 시연 및 스튜디오를 방문, 교육부 장관을 포함한 여러 방문단이 콘텐츠 제작과정을 몸소 체험해보는 자리도 마련되었다. 16일 저녁 경희사이버대학교에서 개최한 만찬에서 콩고 교육부 장관은 "온라인 교육 프로그램 견학은 물론 나아가 양국의 온라인 교육에 관해 논의하고, 경희사이버대학교와의 협력 가능성에 대해 협의하기 위해 방문했다."고 말했다. 경희사이버대학교 박건우 총장은 "글로벌 사이버 캠퍼스로 성장하고 있는 우리 학교에 콩고 교육부 장관이 방문한 것은 든든한 초석이 될 것이다. 이러한 방문을 계기로 우리학교의 국제적 위상을 높이는 국제교류는 아시아를 시작으로 멀리 아프리카까지 전 세계로 확대할 예정이다."라고 말했다. 한편, 20일에는 KERIS(한국교육학술정보원)에 방문하고, 22~23일에는 다시 경희사이버대학교를 방문하는 것으로 이번 방한 일정을 마칠 예정이다. 이번 방문은 경희사이버대학교과 방송대학의 초청장 및 지원 공문을 외교통상부를 경유, 콩고주재 대리대사를 통해 전달하여 이루어졌다.

-〈중앙일보〉, 2007. 5. 17

사이버 교육이 확대되고 있다. 대학들은 앞 다투어 사이버 대학을 운영하고 있고, 인터넷을 통한 사이버 교육이 미래 교육의 대안으로 제시되기도 한다. 사이버 교육은 과연 우리 교육의 진정한 미래가 될 수 있는 것일까?

사이버 교육은 시간과 공간의 제약을 벗어날 수 있다는 인터넷의 특징을 교육에 접목한 것이다. 누구든지 아무 때나 어디서든지 교육을 받을 수 있는 권리를 보장해 주자는 것이니 네트워크를 통한 사회적 불평등 해소의 첨병이라고 해도 과언이 아니다.

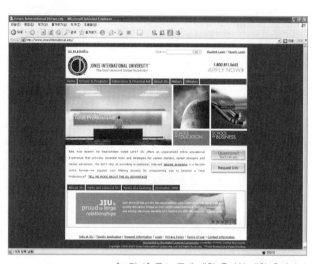

[그림 9] 존스 국제 대학 온라인 대학 홈페이지

"21세기의 문맹은 문자를 못 읽고 못 쓰는 사람이 아니라, 배우려 하지 않고, 낡은 지식을 버리지 않고, 재학습하지 않는 사람이 될 것이다."고 한 앨빈 토플러의 말처럼 온라인 교육은 평생 교육의 장을 제공하기도 했다.

[그림 10] 펜실베니아 주립대학교 온라인대학 홈페이지

이 같은 분위기에서 영리 목적의 온라인 대학교가 등장하고, 닷컴 온라인 학습 회사가 웹상에서 번성하고 있으며, 인터넷상에 수십 개의 학습 포털사이트가 등장하고 있다.

그런데 이러한 기본 취지와는 달리 온라인 교육 시장이 점점 상업화되고 있다는 우려가 나온다. 미국이나 유럽에서 온라인 교육시장이 팽창하면서 캠퍼스의 상업화를 우려하는 목소리가 높아지고 있다. 과연 교육을 시디롬과 인터넷으로 단순히 전환할 수 있겠는가 하는 지적도 있다. 즉, 교육은 정보를 다운로드하는 것으로 환원될 수 없으며, 컴퓨터 화면을 혼자서 수동적으로 뚜렷이 응시하는 것으로 환원될 수 없다는 것이 비판론자의 한결같은 생각이다.

또한 교육 소프트웨어와 기타 첨단 교육기술 프로젝트와 관련하여 캠퍼스가 상업화되기 쉽다는 지적도 있다. 기업이 학교

[그림 11] 다채로운 정보를 쉽게 얻을 수 있다(www.about.com)

[그림 12] 다양한 문제해결 사이트(www.ehow.com)

네트워크를 후원하는 데 그치지 않고 상업적 대상으로 생각할 우려가 있다는 것이다. 데이비드 노블(David F. Noble)이 주장한 것처럼 이러한 움직임은 결코 새로운 시대를 향한 진보적인 경향이 아니라 순전히 상업적인 이해에서 대량 생산과 표준화라는 낡은 시대로 퇴보해가는 경향일 수 있다.16)

(2) 디지털 민주주의

포스트모더니즘 주의자 마크 포스터(Mark Poster)는 디지털 매체가 현실의 사회조직을 직접 변화시킨다고 주장한 바 있다. 기존의 대면적 만남이나, 전화, TV에 이르기까지 대부분의 매체들은 보다 많은 사람들에게 도달하려 할수록 의사소통의 풍부함이 떨어지게 되는 한계를 갖고 있었다. 그리고 사회조직은 바로 이 한계에 근거해서 구성되고 운영되었는데, 이러한 기존의 소통구조와 사회조직을 해체시킨 것이 바로 인터넷이라는 것이다.17)

따라서 이제 관심은 과연 그 해체가 사회조직을 위계적 관료제에서 수평적 네트워크로 변모시킬 수 있는가에 모아지고 있다. 즉, 대규모 국가기관과 재벌 기업 대신에 벤처기업과 같은 소규모 조직들의 네트워크가 발달할 수 있는가, 또는 상부구조의 관료제가 풀뿌리 민중들에 의한 아래로부터의 진정한 민주주의 체제로 나아갈 수 있는가에 관심이 집중되고 있다(마크 포스터, 2001). 과연 디지털 민주주의는 가능한 것인가?

중국 천안문 사태 때 민주화를 요구하는 민중들은 탱크를 온몸으로 저

16) David F. Noble(1997), "The Automation of Higher Education" http://communication.ucsd.edu/dl/.
17) 마크 포스터 지음, 조지형 옮김(2006), 『포스트모던 시대의 새로운 문화사』, 이화여자대학교출판부.

지하는 불굴의 투지를 보였다. 그런데 그러한 민주화 운동의 이면에는 피스넷(PeaceNet)이라는 가상공간의 단체가 있었다. 이들은 전자우편과 팩스를 통해 중국 대학생들의 민주주의 투쟁을 도왔으며, 천안문 사태에 대한 보도를 전 세계에 상세하고도 즉각적으로 전송하는 역할을 했다. 이를 통해 전 세계 인권운동가들은 항의집회를 열고, 모금운동을 벌였으며 정치적 호소를 위한 활동을 조직하게 된 것이다(플로리안 뢰처, 2000).

또한 걸프 전쟁 당시에도 비슷한 활동은 있었는데, 바로 **APC**(진보적 커뮤니케이션협회 : Association for Progressive Communications) 네트워크가 그것이다. 이들은 걸프 전쟁의 소식을 전 세계 반전운동 단체에 신속히 전달함으로써 광범위한 시민참여를 유도했던 것이다.

[그림 13] 대전유성구청 홈페이지. 정부나 지방자치단체도 홈페이지를 통해 국민에게 다가가고 있다.

국내에서도 인터넷은 풀뿌리 민주주의를 앞당기는 데 기여하고 있다. 한 예로 2000년 총선 당시 행해졌던 낙선운동을 들 수 있다. 인터넷을 중심으로 후보자 정보를 공개하는 캠페인을 벌여 국민의 알 권리를 충족시키고 유권자에게 새로운 정치 참여의 장을 제공했다는 평가를 받았다. 또 지난 2002년 대선에서 노무현 후보를 대통령에 당선시킨 것도 따지고 보면 인터넷의 힘이 아니었을까. 이처럼 인터넷은 이제 민주주의 실현에 핵심적인 역할을 하고 있다.

　또한 가상공간에서 연좌데모가 시도되기도 했다. 연좌시위나 건물점거와 같은 행동이 이제는 가상공간으로 옮겨간 것이다. 지난 2004년 2월 9일 국회에서는 인터넷 실명제 법안이 통과되었을 때, 시민사회단체를 중심으로 '인터넷 실명제 불복종 운동'이 전개되었다. 이 불복종 운동은 오프라인뿐만 아니라 온라인에서도 이어지게 되는데, 포털사이트 '다음'이 불복종 선언에 동참한 것이 그것이다.

　그러나 인터넷 민주주의의 미래가 장밋빛인지는 여전히 불투명하다. 인터넷 민주주의를 가로막는 장애물이 존재하기 때문이다. 정보의 상업화와 각종 규제, 그리고 디지털 양극화 등 해결해야 할 문제들이 산적해 있기 때문이다. 인터넷이 권력과 자본에 종속되면 힘없는 사용자들이 배척당하고 이로 인해 정보의 빈익빈 부익부 현상이 발생하게 된다. 또한 명예훼손, 프라이버시 문제, 도용, 저작권 등 인터넷 관련 소송이 증가하는 것도 언론의 자유와 표현의 자유라는 측면과 부딪히는 문제이다. 더 나아가 고급정보를 독점하는 하이퍼 계급[18]이 등장하면서 인터넷이 계급의 양극화를 낳을 가능성도 있다.

---

18) 특허, 전문지식, 기량, 이노베이션, 창작 등 문화 관련 수입으로 사는 사람을 일컫는 말.

5. 지구촌에서 의사소통하기

미국의 공학자 베네버 부시(Vannevar Bush)는 1945년 메멕스(Memex =Memory Extender : 기억 확장기)라는 하이퍼미디어형 기계를 제안했다.[19] 이 메멕스라는 기계는 인간의 기억 능력을 보조하는 기계로서 각 개인이 책, 기록(record), 통신 내용 등을 저장하고 이 문서를 손쉽고도 빠르게 열람할 수 있게 해주는 기계를 말한다.

부시는 메멕스를 통해 전자출판, 광학 저장, 하이퍼텍스트 등 1980년 대 이후에 나온 많은 컴퓨터 기술들을 이미 제시하고 있었으며, 특히 그의 '개인 문서 저장 기계'와 '항목간의 연결'의 개념을 통해 오늘날의 하이퍼텍스트 개념을 이미 예언하기도 했다(Vannevar Bush, 2001).

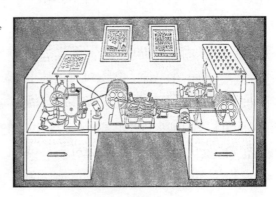

Figure 2.3. Memex in the form of a desk would instantly bring files and material on any subject to the operator's fingertips. Slanting translucent viewing screens magnify supermicrofilm filed by code numbers. At left is a mechanism which automatically photographs longhand notes, pictures and letters, then files them in the desk for future reference (*Life* 19(11), p. 123).

[그림 14] 메멕스의 가상도

이러한 개념은 웹의 창시사 팀 버너스 리(Tim Berners-Lee)로 이어지면서 이전부터 많은 학자들이 꿈꾸던 하이퍼링크를 구현하게 된다. 웹은 말

---

19) 부시는 1945년 미국 루스벨트 대통령의 과학 자문 역을 맡고 있었다. 그해 7월 미국의 잡지 The Atlantic Monthly에 "As We May Think"라는 기사를 실었고, 이 글에서 메멕스를 언급하고 있다.

그대로 정보의 그물망 역할을 톡톡히 했다. 정보를 전달하고 사람과 사람을 이어주었으며, 인터넷을 삶의 중심에 갖다 놓았다. 그리고 이에 따라 사회구조가 바뀌었으며, 산업구조가 재편되었고, 사람들의 의식까지도 새롭게 탈바꿈하게 되었다. 그야말로 인터넷 혁명이 이루어진 것이다.

이 글에서는 생물처럼 살아 움직이는 인터넷의 여러 양상들을 살펴보았다. 인터넷이 우리 인간과 사회를 어떻게 변화시키고 있는지를 고민해보았다. 그러나 항상 긍정적인 측면이 있으면 부정적인 측면도 있게 마련이다. 철학자 퍼트남(Putnam)의 지적처럼 과거 TV의 등장이 미국사회에 긍정적 영향을 끼치기도 했지만, 건강한 공동체를 파괴하는 부정적 작용도 있었음을 인식해야 한다. 그는 정보기술이 우리 생활을 더욱 개인화시킬 것이며, 인터넷의 확산으로 인해 국가 내의 다른 지역 혹은 다른 국가에 거주하는 사람들과는 더 가까운 관계를 유지할 수 있을지 몰라도 정작 길 건너에 사는 이웃과의 유대는 더욱 약해질 것이라고 우려하였다(퍼트남, 1996). 이것은 인터넷 시대를 살아가는 우리가 앞으로 계속 고민해야 할 중요한 문제가 아닌가 생각한다.

참고문헌

논문

김주환(2000), 「월드와이드웹의 존재론」, 『영상문화』 1, 생각의나무.

김주환(2001), 「21세기 디지털 문화에 대한 전망」, 『계간사상』 봄호.

박여성(2000), 「미디어폴리스시대의 기호이론」, 『영상문화』 1, 생각의나무.

송민규(2004), 「사이버언어 사전과 사이버언어의 현재」, 『한국학연구』 20.

시정곤(1999), 「디지털 네트워크와 커뮤니케이션의 구조」, 『디지털 시대의 문화예술』, 문학과지성사.

시정곤(2004), 「디지털 네트워크와 사이버 언어의 미래」, 『한국학연구』 20.

시정곤·송민규(2002), 「사이버 언어와 경제성의 원리」, 『국제어문』 25, 국제어문학회.

프랜 마틴 & 크리스 베리(2000), 「네트에서 아시아의 성을 퀴어하기」, 『문화읽기 : 삐라에서 사이버문화까지』, 고길섶 외.

Mark Poster(2001), "Cyberdemocracy", *Reading Digital Culture*, Blackwell.

Mark Stefik(1999), "The Digital Keyhole : Privacy Rights and Trusted Systems", *The Internet Edge*, The MIT Press.

Putnam, Robert D(1996), "Strange Disappearance of Civic America." *American Prospect*, vol. 7 no. 24.

Shoshana Zuboff(2001), "Dilemmas of Transformation in the Age of the Smart Machine", *Reading Digital Culture*, Blackwell.

Slavoj Zizek(2001), "From Virtual Reality to the Virtualization of Reality", *Reading Digital Culture*, Blackwell.

Sunny Yoon(2001), "Internet Discourse and the Habitus of Korea's New Generation", *Culture Technology Communication*, Charles Ess (edited), State Univ. of New York Press.

Vannevar Bush(2001), "As we may think", *Reading Digital Culture*, Blackwell.

단행본

고종석(2000), 『코드 훔치기』, 마음산책.

댄 쉴러 지음, 추광영 옮김(2001), 『디지털 자본주의』, 나무와숲.

로베르 에스카르피 지음, 김광현 옮김(1976), 『정보와 커뮤니케이션』, 민음사.

마크 로젠버그 지음, 유영만 옮김(2001), 『e- Learning』, 도서출판 물푸레.

마크 포스터 지음, 조지형 옮김(2006), 『포스트모던 시대의 새로운 문화사』, 이화여자대학교출판부.

바라바시 지음, 강병남・김기훈 옮김(2002), 『링크(Linked)』, 동아시아.

배식한(2000), 『인터넷, 하이퍼텍스트 그리고 책의 종말』, 책세상.

스티븐 홀츠먼 지음, 이재현 옮김(2002), 『디지털 모자이크』, 커뮤니케이션북스.

시정곤(2006), 『응용국어학의 탐구』, 도서출판 월인.

앤드류 달리 지음, 김주환 옮김(2003), 『디지털 시대의 영상 문화』, 현실문화연구.

월터 J. 옹 지음, 이기우・임명진 옮김(1995), 『구술문화와 문자문화』, 문예출판사.

조지마이어슨 지음, 김경미 옮김(2003), 『하이데거, 하버마스, 그리고 이동전화』, 이
제이북스.

플로리안 뢰처 지음, 박진희 옮김(2000), 『거대지식기계』, 생각의 나무.

Bloomfield, L.(1933). *Language*. New York : Henry Holt and Co.

David Crystal(2001), *Language and the Internet*, Cambridge Press.

Foucault, M.(1979), *Discipline and Punish : Birth of the Prison*, Trans. A.
Sheridan, New York : Vintage Books.

Jay David Bolter(1999), *Remediation*, MIT Press.

Naomi S. Baron(2000), *Alphabet to email*, Routledge.

Manuel Castells(1996), *The rise of the network society*, Blackwell Pub.

인터넷 사이트

유투브(YouTube), www.youtube.com

퀴어 문화 축제, http://www.kqcf.org/

David F. Noble 교수 홈페이지, http://communication.ucsd.edu/dl/

구야홈닷컴, http://gooyahome.com/

러브서프, http://www.lovesurf.co.kr/

해피이반, http://happyeban.com/

해피2반, http://happy2van.com/

G440, http://www.g440.com/

퀴어 사이트 이반&트랜스젠더, http://pann.nate.com/c1900

진보적 커뮤니케이션협회(APC), http://www.apc.org/

존스국제온라인대학, http://jonesinternational.edu/

펜실베니아 주립대학교 온라인대학, http://www.worldcampus.psu.edu/

온라인 학습 사이트, http://www.about.com

온라인 학습 사이트, http://www.ehow.com

대전유성구청 홈페이지, http://www.yuseong.daejeon.kr/

놀이 공간과 소통하기

디지털커뮤니케이션의 중심, 비디오게임의 오늘과 내일

이
요
한

1. 비디오게임 매개 커뮤니케이션, VMC

이메일, 채팅 등에서 시작한 컴퓨터 매개 커뮤니케이션(Computer Mediated Communication, 이하 CMC)는 최근 개인 블로그나 인스턴트 메신저 같은 새로운 애플리케이션을 통해 그 영역을 확장시키고 있다. 그중 사회문제로 종종 언급되는 온라인 게임은 CMC의 중요한 이슈이다. '즐긴다'라는 대전제 아래 이루어지는 게임이라는 사이버 라이프는 생활 전반적인 부분을 아우르며 다양한 가상의 사회활동을 제공하고 있기 때문이다. 게임에서 플레이어는 다른 플레이어의 위에서 군주로 군림하기도 하고, 이웃에게 옷을 팔기도 하고, 친구를 늘려가기도 한다. 닫힌 커뮤니케이션인 인스턴스 메신저나 이메일 같은 다른 애플리케이션에서는 쉽게 일어나지 않는 활발한 상호작용이 빈번히 발생하는 것이다.

CMC에서 게임이 차지하는 부분은 시간이 흐를수록 커지고 있다.

놀이 공간 | 예술 공간 | 디지털 광장 | 디지털 기계

2003년에 서비스를 제공하기 시작한 게임인 세컨드라이프[1]는 가입자 550만 명을 돌파하였고, 2007년 1월에 블리자드가 발표한 기사[2]에 따르면 전 세계 월드 오브 워크래프트[3]의 유료가입자 수가 800만 명을 넘어섰다고 한다. 2004년 11월 23일에 서비스를 제공하기 시작하고 불과 2년 만에 이뤄낸 성과이다. 이같이 초고속 인터넷이 퍼지고, 대규모 온라인 게임인 MMOG(Massively Multiplayer Online Game) 게임 시장이 성장하면서, MMOG를 통한 CMC를 조망해보는 관점은 많이 존재하였다. 하지만 정작 순전히 즐기는 목적으로 만들어진 비디오게임을 즐기는 많은 플레이어들은 아직도 TV 화면을 응시하고, 비디오 게임기와 플레이어만의 교류를 즐기고 있다. 비디오 게임기가 매개가 되는 CMC인 VMC (Video game Mediated Communication)는 CMC에 비해 그 성장이 더디다. 그렇다면 어떤 장애 요인들이 비디오게임 플레이어들의 VMC 진입을 더디게 하는 것인가? 이 글에서는 비디오게임의 발전을 살펴보고, 비디오 게임 사용자가 VMC로 진입하는 데 저해하는 요소들을 찾아 분석하고자 한다.

아무리 비디오 게임기를 통한 온라인 게임이 가능한 환경이 제공되어도 사용자들이 VMC 접근에 어려움을 겪는 요소들을 해결하지 않는다면 VMC의 발전은 쉽게 이루어질 수 없을 것이다. 따라서 여기에서는 VMC의 발전을 저해하는 요소들을 다양한 방법으로 분석하고자 한다. 우리는 두 가지 방향으로 분석을 진행할 것인데, 첫째는 VMC의 인터페이스로서 비디오 게임기의 컨트롤러의 변화를 분석하는 것이고, 둘째는 실제 온라

---

1) 2003년에 오픈한 미국의 린든랩에서 운영하는 3D 온라인 게임.
2) "월드 오브 워크래프트, 전 세계 유료가입자 8백만 돌파", 디스이즈게임닷컴, 2007. 1. 14, http://www1.thisisgame.com/board/view.php?id=73712&category=10
3) 블리자드 엔터테인먼트가 2004년에 오픈한 3D 온라인 게임.

인이 가능한 비디오 게임기를 소유한 사용자들이 느끼는 VMC의 불편함을 분석하는 것이다.

첫 번째 방법은 비디오 게임기의 유일한 인터페이스라 할 수 있는 컨트롤러가 비디오게임의 발전에 따라 어떻게 발전해왔는가를 살펴보는 것이다. 이를 위해 지금까지 발매된 인지도 높은 비디오 게임기들을 5세대로 분류하였는데, 이때 세대의 구분은 비디오 게임기에서 스팩의 발전, 컨트롤러의 물리적 매개체인 PUI(Physical User Interface)의 변화, 그리고 변화를 주도한 게임과 장르 등의 요소를 지표로 사용하였다.

두 번째로 실제 비디오게임 사용자가 VMC에 느끼는 불편함을 조사하기 위해 온라인이 가능한 비디오 게임기를 한 번이라도 소유한 경험이 있는 사람들을 대상으로 설문조사를 실행하였다. 설문조사는 사전조사를 바탕으로 구성된 항목을 중심으로 진행하였고, 2007년 6월 19일부터 2007년 6월 22일까지 비디오 게임기를 소유한 사용자 100명을 대상으로 실제 사용자가 느끼는 문제점을 정량적인 방법으로 조사하였다.

2. 비디오 게임기의 인터페이스 발전 : 컨트롤러의 역사

VMC의 역사는 그리 길지 않다. 비디오 게임기라는 매체가 네트워크에 접속할 수 있게 된 것은 드림캐스트(1998, SEGA) 때부터 가능했지만, 지금처럼 초고속인터넷이 아닌 모뎀을 이용한 열악한 환경과 사용자가 즐길 수 있는 콘텐츠의 부재는 VMC의 발전을 가로막았다. 게다가 키보드와 마우스라는 커뮤니케이션에 탁월한 인터페이스를 가지고 있는 개인용 컴퓨터에 비해 비디오게임 컨트롤러는 방향키와 몇 개의 버튼으로 조잡하게 캐릭터를 조작할 뿐이었다. 이런 형태는 두 손으로 잡고 게임을 하기에는 좋지만, 온라인상의 다른 플레이어와 커뮤니케이션을 하기에는 매우 부적절하다.

　비디오게임 사용자가 게임 중에 항상 손으로 들고 조작하는 인터페이스인 컨트롤러는 몇 번의 세대교체를 거치며 지금의 모습으로 진화했다. 몇 번의 세대로 분류되는 컨트롤러의 변화에는 그 당시의 비디오 게임기의 스팩과 중요한 게임 콘텐츠나 게임 장르가 관계하고 있다. 여기에서는 VMC의 주된 PUI인 컨트롤러의 발전 역사와 그 변화에 영향을 준 특정한 게임이나 기술과 같은 요소를 분석해보고자 한다.

　세대의 분류는 VMC의 관점에서 비디오 게임기의 주요 회사인, 닌텐도, 세가, 소니, MS의 게임기를 중심으로 컨트롤러의 주요 변화에 초점을 두고 진행하였다. 이렇게 분류된 세대별 게임기는 [그림 1]과 같다.

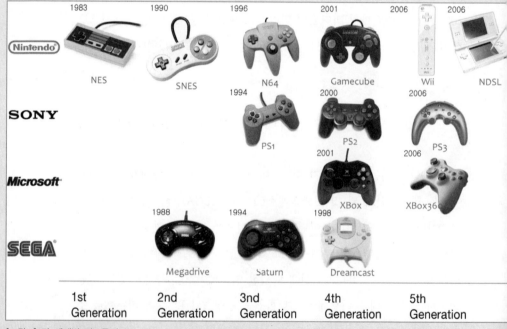

[그림 1] 각 세대별 컨트롤러

(1) 1세대 게임기 : 가족 게임의 시작

1세대 게임기인 NES(Nintendo Entertainment System, 1983) 이전에도 Atari5200과 같은 비디오 게임기가 있었지만, 비디오게임이라는 새로운 영역의 본격적으로 개척한 것은 NES 때부터이다. 패미컴이라는 이름으로도 불리는 NES는 8비트 비디오 게임기로 전 세계적으로 6천만 대 이상이 팔렸다.[4]

패미컴(Family Computer의 약자)이란 이름에서 알 수 있듯이 가족을 대상으로 간단한 조작을 요하는 2D 게임이 주로 발매되었으며, 대표적인 게임인 슈퍼마리오 브라더즈(Super Mario Bros, [그림 2])는 전 세계적으로 6백 80만 장이 판매되었고,[5] 그 후 슈퍼마리오는 닌텐도의 새로운 비디오 게임기가 출시될 때마다 단골 메뉴로 꾸준히 발매되고 있다.

이 시기의 게임기는 가족이 함께 즐기는 것을 목적으로 개발되었고, 하드웨어 성능이 뛰어나지 않았기 때문에 대부분의 게임이 단순한 조작만을 필요로 하였다. 슈퍼마리오의 경우도 방향키와 점프, 공격 버튼 외에는 다른 조작이 필요하지 않았다.

[그림 2] 슈퍼마리오 브라더즈, 1985

[그림 3] NES 컨트롤러

4) Wikipedia, http://en.wikipedia.org/wiki/Nintendo_Entertainment_System
5) "Japan's Mario Sales Throughout The Ages", *Game|Life*, 2007. 5. 16, http://blog.wired.com/games/2007/05/japans_mario_sa.html

(2) 2세대 게임기 : 대전 액션, 혼자 즐기는 게임

2세대 게임기로는 닌텐도의 NES의 다음 버전인 SNES(Super Nintendo Entertainment System or 슈퍼패미컴, 1990), 메가드라이브(SEGA, 1988)를 꼽을 수 있다. 1990년에 발매된 SNES는 기존의 NES와 비교할 수 없는 질 높은 그래픽과 방대한 게임 볼륨으로 인해 사용자들의 큰 호응을 불러일으켰다. 비록 SNES 등장 이후 인기가 떨어지기는 했지만, 세가의 메가드라이브는 SNES보다 2년 먼저 발매되었음에도 불구하고 더 빠른 처리속도로 게임기 시장의 양대 산맥을 형성하게 된다.

이 시기에 유행한 게임은 크게 두 가지 장르를 꼽을 수 있다. 첫 번째는 대전(對戰) 격투 게임이다. 스트리트 파이터2(Capcom, 1992) [그림 4]로 대표되는 대전 액션게임은 당시 게임센터(오락실)에서 선풍적인 인기를 끌었고, 게임센터의 게임을 집안으로 가져온 이 두 비디오 게임기에 사용자들은 열광하였다. 또 하나의 장르는 역할 놀이 컴퓨터 게임인 RPG(Role Playing Game)이다. 파이널 판타지,6) 드래곤 퀘스트7) 등으로 대표되는 RPG는 기존의 게임에 비해 방대하게 늘어난 스토리와 몰입감을 통해 게이머들을 사로잡았고, RPG의 득세로 가족이 함께하던 게임에서 개인이 혼자 하는 게임으로 변하게 된다.

SNES 컨트롤러([그림 5])와 메가드라이브의 컨트롤러([그림 6])를 살펴보면 우선 전체적인 모양이 기존의 사각형 컨트롤러에서 둥근 형태로 바뀌어, 오랜 시간 플레이해도 피곤하지 않도록 제작되었다. 그리고 많은 게임들의 조작 버튼 개수도 이전의 2개에서 6개로 대폭 늘어났다.

---

6) Final Fantasy, 스퀘어가 1987년부터 발매한 게임으로, 현재 12편까지 제작되었고 관련 게임만 28개에 이른다.
7) Dragon Quest, 에닉스가 1986년부터 발매한 게임으로, 드래곤 볼로 유명한 도리야마 아키라의 작화로 잘 알려져 있고, 현재까지 관련 게임은 13개에 이른다.

[그림 4] 스트리트 파이터 2

[그림 5] SNES 컨트롤러

[그림 6] 메가드라이브 컨트롤러

(3) 3세대 게임기 : 3D 게임의 시작

3세대 게임기로는 플레이스테이션 1(SONY, 1994), 세가 새턴(SEGA, 1994), N64(Nintendo, 1996)를 꼽을 수 있다. SNES로 승승장구하던 닌텐도는 차세대 게임기로 기존의 카트리지 방식을 고수하는 N64를 발매한다. 이에 반해 처음으로 비디오게임 시장에 들어 온 소니와 세가는 CD 방식으로 게임기를 발매한다. 결과는 플레이스테이션이 압승하게 되고, 이로 인해 전성기 때의 닌텐도처럼 소니는 게임계의 명가로 자리잡게 된다.

이 시기에 유행한 게임장르는 3D 게임을 들 수 있다. 대전 액션 게임의 꾸준한 강세는 3D에도 그대로 이어져서 버추어 파이터(SEGA, 1993, [그림 7]), 철권(Namco, 1994) 등의 게임들이 출시되었고, 두 게임은 현재까지 각각 5개의 시리즈를 발표하며 3D 게임의 두 축을 이루고 있다. 3D는 3세대 게임기의 특징으로 많은 게임들이 장르를 불문하고 3D로 발매되었다.

이때 컨트롤러도 크게 변화하게 되는데, 3D 게임을 위한 아날로그 스틱이 추가된 것이 바로 그것이다. 초창기 3세대 게임기인 플레이스테이션에는 장착되지 않았지만, N64 컨트롤러([그림 8])에는 십자 버튼 외에 아날로그 스틱이 하나 더 존재한다. 3D 게임에서 캐릭터는 X, Y축으로만 움직이는 것이 아니라, Z축으로도 움직이기 때문에 세심한 조작이 요구되었고, 기존의 십자버튼으로는 이러한 정밀한 조작이 힘들었다. 그래서 입력 방향뿐 아니라 입력의 강도까지 측정할 수 있는 아날로그 스틱이 추가되었고, N64 이후에 나오는 모든 게임기에 이런 조작 방법이 사용된 것이다.

[그림 7] Virtua Fighter

[그림 8] N64 컨트롤러

(4) 4세대 게임기 : VMC의 태동

4세대 게임기로는 드림캐스트(SEGA, 1998), 플레이스테이션 2(SONY, 2000), Xbox(MS, 2001), 게임큐브(Nintendo, 2001) 등을 꼽을 수 있다. 이 시기에는 플레이스테이션 2가 압도적으로 높은 점유율을 보인다. 플레이스테이션 2는 현재까지 전 세계적으로 약 1억 2천만 대라는 엄청난 수량을 판매하며 현재까지도 꾸준한 성장을 하고 있다.[8) 이보다 앞서 발매된 드림캐스트는 네트워크가 가능한 최초의 게임기였다. 인프라의 부재와 부족한 콘텐츠로 인해 큰 부흥을 이루지는 못했지만, VMC를 시작하는 중요한 게임기였다.

---

8) Business Date, Sony Computer Entertainment, 2007.
   http://www.scei.co.jp/corporate/data/bizdataps2_e.html

이 시기에는 특정한 장르나 게임을 꼽을 것 없이 거의 모든 장르의 게임들이 성공하였다. 꾸준한 인기를 끌던 대전 액션 게임이나 RPG 게임뿐 아니라 스포츠게임, 리듬 액션게임 등 다양한 장르의 게임이 발매되었다. 그리고 드림캐스트에서 시작한 온라인 게임이 조금씩 발매되기 시작했다. 대표적인 게임으로는 드림캐스트의 판타지 스타 온라인(Fantasy Star Online, 2000), 플레이스테이션 2의 소콤2(SOCOM2, 2003) [그림 9] 등의 온라인 게임이 있다.

이 시기 컨트롤러는 3D 캐릭터의 정밀한 조작을 위한 아날로그 스틱은 물론이고 N64에서 선보인 진동팩과 같은 진동 기능이 모든 컨트롤러에 기본으로 장착되었다. 그래픽 처리 능력의 향상으로 시각적인 효과의 발전과 함께 컨트롤러를 통한 촉각적인 효과도 추가된 것이다. 또 온라인 게임의 음성대화를 위한 헤드셋([그림 10])이나 별도의 키보드 등의 인터페이스도 게임과 더불어 판매되었다.

[그림 9] SOCOM2

[그림 10] SOCOM 헤드셋

(5) 5세대 게임기 : 새로운 인터렉션

현재의 게임기인 5세대 게임기로는 Xbox360(MS, 2006) 플레이스테이션 3(SONY, 2006), Wii(Nintendo, 2006) 등이 있다. 그리고 비디오 게임기는 아니지만 휴대용 게임기인 NDSL(Nintendo, 2006)을 꼽을 수 있다.

모든 비디오 게임기에 통신기능이 장착되어 있고, 심지어 휴대용 게임기인 NDS에도 WI-Fi가 지원되어 본격적인 비디오 온라인 게임이 자리잡아가고 있다. 주목할 만한 게임기는 닌텐도의 Wii와 NDS이다. 소니와 마이크로 소프트가 게임기를 홈 엔터테인먼트의 중심 기기로 만들려고 노력할 때, 닌텐도는 게임의 본질인 재미를 강조하였고, 그 결과 Wii와 NDSL은 엄청난 판매량을 보인다. 그들의 시도가 옳았음을 증명해준 것이다.

4세대까지 게임기가 발전을 하면서, 게임은 점점 더 플레이하는 사람과 하지 않는 사람으로 극명하게 나뉘게 되었다. 복잡한 내용과 조작방법은 게이머가 아닌 사람들이 새로운 게임을 접하는 데 방해요소가 되었다. 닌텐도는 5세대 게임기에서 게임을 하지 않는 사용자들이 쉽게 접할 수 있는 캐쥬얼 게임과 움직임을 파악할 수 있는 컨트롤러를 발명함으로써 기존 사용자도 만족하고, 신규 사용자도 게임을 쉽게 접할 수 있도록 하였다. 대표적인 게임으로는 Wii Sports(Nintendo, 2006, [그림 11])를 꼽을 수 있다.

[그림 11] Wii Sports

이 시기의 소니와 Xbox의 컨트롤러는 기존의 컨트롤러와 큰 변화가 없다. 하지만 닌텐도의 Wii는 Wii Remote([그림 12])라는 이름의 전혀 새로운 컨트롤러를 선보였다. Wii Remote는 움직임을 감지할 수 있는 엑셀로미터와 자이로 센서를 사용하여 버튼을 누르는 대신 사용자의 움직임을 통해 게임을 할 수 있도록 하였다. 이런 직관적이고 흥미로운 인터랙션 방법으로 게임을 하지 않던 사람들은 쉽게 게임을 즐길 수 있게 되었고, 쉬운 게임과 재미있는 인터랙션으로 인해 개인에게 집중되었던 비디오 게임기는 다시 가족의 품으로 돌아갔다. 닌텐도의 휴대용 게임기인 NDSL([그림 13])은 터치스크린과 마이크를 이용한 새로운 컨트롤러를 제공하였다. NDSL의 터치스크린 역시 단순한 버튼을 누르는 것에서 벗어나 화면을 터치하고, 문지르고, 입김을 불어넣는 등의 새로운 인터랙션을 이용해 다양한 게임을 개발하였고, Wireless와 Wi-Fi를 이용한 온라인 게임이 가능하게 하였다.

[그림 12] Wii Remote   [그림 13] NDSL

3. VMC 사용자 분석

비디오 게임기를 소유한 사용자들의 VMC 현황을 파악하기 위해, 2007년 6월 19일부터 2007년 6월 21일까지 3일 동안 드림캐스트 이후에 나온 비디오 게임기를 소유한 사용자 100명을 대상으로 설문을 진행하였다. 설문 요청은 국내에서 가장 큰 비디오게임 포털사이트인 루리웹[9]과 네이버의 비디오게임 커뮤니티 등에서 이루어졌다. 응답자의 남녀 비율은 남자가 92명 여자가 8명으로, 비디오게임은 아직까지 여성보다 남자가 더 많이 하고 있다는 것을 알 수 있었다.

응답자의 직업은 학생이 78명(초등학생 4명, 중학생 28명, 고등학생 17명, 대학(원)생 29명), 직장인이 22명으로 상대적으로 경제력이 없는 학생 비율이 높았다. 학업 때문인지 고등학생의 비율은 조금 낮았고, 중학생과 대학생의 비율이 높았다([표 1]). 비디오 게임기 보유 현황은 플레이스테이션 2가 87명(42.86% 복수 응답)으로 월등하게 높았고, 두 번째는 Xbox360으로 33명(16.26%)의 응답자가 보유하고 있었다([표 2]).

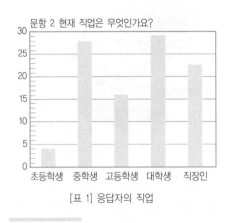

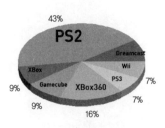

[표 1] 응답자의 직업   [표 2] 응답자의 게임기 보유 현황

---

9) www.ruliweb.com

(1) VMC 경험 비율

설문에서 가장 먼저 진행된 부분은 응답자 중 온라인 게임 경험 유무였다. 한 기종 이상 온라인이 가능한 게임기를 소지한 사용자 중 60%만이 비디오 게임기를 통한 온라인 게임을 해본 경험이 있었다. 이에 반해 컴퓨터

[표 3] 한 주에 비디오 온라인 게임을 하는 평균 시간

를 통한 온라인 게임의 경험 유무를 묻는 질문에는 응답자 전원인 100명 모두 경험한 적이 있다고 답해 대비되는 결과를 볼 수 있었다. 비디오 온라인 게임을 해 본 경험이 있는 응답자만을 대상으로 '한 주에 비디오 온라인 게임을 하는 평균 시간'을 묻는 문항에는 '1~2시간'이 23%로 가장 많았고, '거의 하지 않는다' 10%, '1시간 미만' 10%라는 결과가 나왔다([표 3]). 1시간 미만의 플레이와 온라인 게임을 하지 않는 사람들의 비율을 합하면, 전체 응답자 중 비디오게임을 통해 온라인 게임을 하지 않는 비율이 60% 정도로 조사됐다.

(2) 비디오 게임기를 통한 온라인 게임을 하지 않는 이유

비디오 온라인 게임을 하지 않는 이유에 대해 응답자의 40%가 금전적인 이유를 꼽았고, 34%의 응답자가 '각종 설정이나 랜라인 연결과 같은 물리적 설정의 어려움'을 꼽았다. '온라인으로 즐길 만한 콘텐츠가 없다'는 응답자는 12%였고, 'GUI, 메뉴 등이 익숙하지 않다'는 응답자는 7%로 예상보다 매우 낮았다([표 4]). 기타 의견으로는 '가상의 공간에서 다른 플레

[표 4] 비디오 온라인 게임을 하지 않는 이유

이어를 만나고 같이 즐겨야 하는데 소수의 마니아나 아는 사람들끼리만 한다.', '국내 컴퓨터 온라인 게임이 더 재미있다.' 등이 있었다.

위와 같은 결과가 나온 것은 응답자 대부분이 경제력이 없는 학생이라는 점과 국내 온라인 게임에 익숙한 응답자들의 게임 구매에 대한 인식 차이에서 비롯된 것이라 생각한다. 국내에서 제공되는 온라인 게임은 월정액으로 게임비를 지불하거나 일부의 아이템을 현금을 주고 사용하는 방식을 취하고 있는 반면, 스타크래프트와 같은 패키지 게임은 패키지를 구입하면서 무료로 온라인 게임을 제공하고 있다. 북미나 유럽에서는 패키지와 온라인 게임 비용을 모두 지불하는 것을 자연스럽게 여기지만 국내 게이머들은 이것을 이중 지불이라고 생각한다. 따라서 온라인 게임을 즐기며 지불하는 월정액료는 비싸다고 생각하지 않지만, 비디오 온라인 게임을 하며 지불하는 비용은 비싸다고 생각하는 경향이 있다.

(3) VMC에서 주로 사용하는 방법

비디오 온라인 게임을 즐기고 있는 사용자들에게 어떤 커뮤니케이션 방법을 사용하는가를 물었더니 과반수 이상인 57%의 응답자가 음성대화를 한다고 답했고, 23%의 응답자가 간단한 이모티콘만을 사용한다고 답했다. 버추어 키보드(3%)나 별도의 키보드(5%)를 사용한다는 응답자는 소수에 불과했고, 대화는 거의 안 한다는 응답자도 있었다([표 5]).

이와 같은 결과가 나온 이유는 게임 중에는 항상 두 손으로 컨트롤러를 조작해야 하므로 의사소통은 음성으로 주고받기 때문이다. 또 컨트롤러를 통한 복잡한 의사소통은 불가능하기 때문에 간단한 이모티콘을 사용한 의사소통 방식이 발달할 수밖에 없었다. 그리고 음

[표 5] 주요 VMC 방법

성 대화와 이모티콘의 비율은 높지만 직접 입력이 적은 것은 언어적인 어려움이 크다는 사실을 말해준다.

(4) VMC의 불편한 점

VMC에서 가장 불편한 점을 묻는 문항에 44%의 응답자가 언어문제를 꼽았고, 28%의 응답자가 컨트롤러를 통한 입력의 한계를 꼽았다. 그리고 15%의 응답자가 게임마다 다른 입력방법을 문제점으로 꼽았다. 그 외에 '음성 대화시 너무 많은 사용자로 인해 의사소통의 어려움'이 있다는 의견 등이 있었다([표 6]).

이 결과에서 알 수 있는 것은 컨트롤러를 통한 입력이 힘들다는 응답자보다 언어문제 때문에 대화가 힘들다는 응답자가 많다는 점이다. 대부분의 비디오게임이 영어나 일어이기 때문에 플레이어가 다른 플레이어와 대화를 하기 위해서는 영어나 일어를 사용해야 한다. 그렇지 않으면 이모티콘을 통한 단순한 의사소통만이 가능하다. 이를 해결할 수 있는 한 가지 방법은 한글을 지원하는 통합적인 입력 툴을 만드는 것이다. 각 게임이 각자의 의사소통 방법을 제공하는 것이 아니라, 비디오 게임기가 고유의 한글 입력 툴을 가지고 있어서, 어느 게임을 하든지 게임기가 지원하는 방식으로 의사소통을 할 수 있도록 한다면 좀 더 원활한 의사소통이 가능할 것이다.

[표 6] VMC의 불편한 점

4. VMC 연구의 시작

지금까지 비디오 게임기의 컨트롤러가 어떻게 발전해왔고, 발전의 원인이 된 기술이나 게임은 무엇이었는지를 살펴보았다. 또 VMC가 가능한 게임기를 소유한 사용자를 대상으로 한 설문조사를 통해 VMC가 CMC에 비해 발전이 더딘 이유를 살펴보았다. 분석 결과, 비디오게임 컨트롤러는 분명히 게임의 성향에 큰 영향을 받은 것으로 나타났다. 앞으로 VMC의 영역은 분명히 더 커질 것이다. 더 많은 비디오 온라인 게임이 개발되고, 더 많은 플레이어가 즐기게 된다면 비디오게임 컨트롤러는 기존의 싱글 플레이에 용이한 형태에서 벗어나 온라인 게임에 적합한 형태로 발전하게 될 것이다.

또 현재 VMC를 경험하고 있는 사용자들은 컨트롤러를 통한 입력뿐 아니라 언어적인 문제에서도 큰 어려움을 겪고 있고, 익숙하지 않은 GUI(Graphical User Interface)나 복잡한 설정과 같은 물리적 제약으로 인한 심리적인 어려움을 겪고 있다. 또한 요금 체계에 대한 인식 및 컴퓨터 온라인 게임에 비해 부족한 콘텐츠 등의 복합적인 문제도 가지고 있다. 이러한 문제를 극복하기 위해서는 VMC에 적합한 물리적인 기기를 개발하고, 모든 비디오 게임기에 적용할 수 있는 통합 한글 입력 시스템을 연구할 필요가 있다. 이것이 이루어질 때 비로소 VMC가 본격적으로 시작되는 것이다.

참고문헌

논문

Marshall Damien, Tomas Ward, Seamus McLoone(2006). "From chasing dots to
reading minds : the past, present, and future of video game
interaction", *Crossroads* Volume 13.
Miller, M(2005), "A History of Home Video Game Consoles",
http://www.informit.com/articles/article.asp?p=378141&seqNum=3

인터넷 사이트

Wikipedia, http://www.wikipedia.org
루리웹, http://www.ruliweb.com
닌텐도, http://www.nintendo.com/home
소니 컴퓨터 엔터테인먼트, http://www.scei.co.jp/index_e.html

사이버공간의 시각적 커뮤니케이션

이모티콘을 중심으로

유연수

1. 커뮤니케이션과 시각화

인간의 커뮤니케이션은 문자라는 도구를 통해 발전되어 왔고 컴퓨터의 등장하면서 더욱 다양한 방식으로 커뮤니케이션이 이루어지고 있다. 온라인과 오프라인에서의 커뮤니케이션은 각각의 특성에 따라 다르게 분석되고 있으나 커뮤니케이션에 대한 시각화 시도는 온라인이나 오프라인 모두에서 지속적으로 나타나고 있다. 이러한 배경에서 이 글에서는 커뮤니케이션에서 시각화가 일어나는 예들은 살펴보고 온·오프라인 간에 교류되는 시각화 과정의 연관성을 찾아보고자 한다.

이 글에서는 첫째, 오프라인에서 보이는 시각적 커뮤니케이션과 온라인에서 보이는 시각적 커뮤니케이션을 비교·분석해 본다. 그리고 CMC (Computer mediated communication)의 여러 가지 형식 중 인스턴트 메신저에서 시각화가 두드러지게 나타나는 현상을 알아보기 위하여 다른

CMC 방식의 특성과 메신저의 특성을 비교·분석해 보고자 한다. 마지막으로 온·오프라인에서 시각화 방식이 교류되는 현상을 살펴보고 그 특성을 분석할 것이다.

2. 오프라인의 시각적 커뮤니케이션

컴퓨터라는 매체를 매개로 하지 않는 오프라인의 커뮤니케이션에서 시각화는 문자 언어의 한계성을 탈피하고자 하는 비언어적 표현으로 인식되었다. 또한, 시각화는 기호학의 입장에서는 기표와 기의, 상징, 지표 등으로 설명되기도 했다. 이 글에서는 커뮤니케이션의 시각화라는 현상을 설명하기 위해 시각화된 결과물을 분석하는 대신 커뮤니케이션의 시각화를 위해 어떤 시도들이 이루어졌는지에 초점을 두고자 한다.

(1) 상형문자

[그림 1] 미이라를 싸는 천(기원전 300~200)[1]

상형문자는 커뮤니케이션이 문자로 표현된 초기 단계 중 하나라 볼 수 있을 것이다. 상형문자는 인간이 언어를 기록한 최초의 형식이라 할 수 있으며 사물의 형상을 본 떠 표현한 문자이다. 상형문자는 대상이나 사물을 그림으로 구성하는데, 이때 개별 문자는 저마다 고유한 의미를 담고 있다. 그

1) 네이버 백과사전, http://100.naver.com/100.nhn?docid=87798

림의 형식을 갖고 있는 개별 문자들은 조합을 통하여 좀 더 다양한 의미를 전달하고 구어를 기록하는 도구로 사용되었다.

(2) 문자도

문자도(文字圖)는 글씨 하나하나를 그림처럼 표현한 것으로, 상형문자가 기존의 대상을 기록하기 위한 것이었다면 이것은 만들어진 문자를 그림으로 표현하고자 한 예이다. 글씨와 그림이 일치한다는 생각에서 글씨를 그림처럼 그려 쓴 문자도는 지속적으로 미를 추구하면서 점차 회화적 기능으로 발전하였다. 문자도는 문자가 갖고 있는 의미를 그림이나 상징으로 표현하여 상징성을 띠고 있으며 각 문자의 의미에 따라 주술적으로도 사용되었다. 한자를 그림화한 문자도는 한자의 상형성을 기본으로 하고 인간의 사상을 자연물을 매개로 표현하고자 했다.2)

[그림 2] 대관령박물관 홈페이지, 2007. 8. 30.
http://www.daegwallyeongmuseum.go.kr

---

2) 김정희(1997), 「현대회화에 있어서 문자와 이미지의 관계에 대한 연구」, 동국대학교 석사학위논문, pp.14~16.

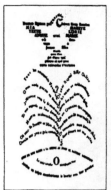

[그림 3] 아폴리네르의 칼리그램. 상처입은
비둘기 분수(좌), 넥타이와 시계(우)[3]

(3) 캘리그램

캘리그램(Calligram)은 아름다운 상
형글자라는 합성어로 글이 그림을 설명
하여 이미지를 표현하거나 그림이 글로
표현되는 형식을 띤다. 그림과 글이 서로
다른 요소를 대치함으로써 메시지를 전
달하는 캘리그램은 형태적이고 의미적
특성을 갖는 조형적 캘리그램과 미적 의
미를 추구하는 장식적 캘리그램, 즐거움

을 위해 시각적 은유로 표현하는 유머적 캘리그램, 붓의 자연스러운 터치
를 적용한 캘리그래피적 캘리그램으로 나뉜다.[4]

(4) 픽토그램

실생활의 메시지를 이미지를 통해 전달하고자 하는 픽토그램(Pictogram)
은 전 세계적으로 통용될 수 있다는 점에서 다른 오프라인의 커뮤니케이
션 시각화 예들과 구분된다. 탄생할 때부터 국제적으로 통용될 수 있는
시각기호로 만들어진 픽토그램은 다양한 국제적 행사를 통해 발전되었고
국제적으로 여러 계층의 사람들이 보편적으로 이해할 수 있는 심벌로 개
발되어 왔다.[5] 단순화된 그림으로 구성되는 픽토그램은 보는 대상으로
하여금 해야 할 행동이나 그림의 의미를 전달한다. 국제적 행사의 개최
지에 따라 그 나라의 문화적 특성을 반영하여 픽토그램이 제작되기는 하

---

3) Ibid., p.70.
4) 김정신(2000), 「캘리그램 표현의 활용과 그 특성에 관한 연구」, 신라대학교 석사학위
논문, pp.9~13.
5) 한근아(2003), 「디지털 시대의 시각 언어인 아이콘에 관한 연구」, 전남대학교 석사학
위논문, pp.16~18.

지만 공통적으로 제작되는 시각화 형식은 동일하다고 볼 수 있다.

(5) 오프라인의 시각적 커뮤니케이션 특성

오프라인에서 보이는 커뮤니케이션의 시각화는 문자 발생 이전의 상형문자에서부터 이후 픽토그램까지 다양한 예들을 보여준다. 이와 같이 인간의 커뮤니케이션 과정에서 보이는 시각화 현상은 시대나 문자적 특성과 관계없이 존재하고 있다. 커뮤니케이션에서 문자와 이미지는 서로 대등한 위치에서, 때로는 보완적 위치에서, 커뮤니케이션 수단으로 사용되어 왔고, 메시지의 특성에 따라 보다 적합한 방법을 취해 왔다. 오프라인의 시각적 커뮤니케이션 예들을 보면 크게 의미전달과 메시지전달, 그리고 미적 추구로 그 목적을 구분할 수 있다. 두 가지 목적을 중심으로 시각화 예들을 나누어 본다면 의미전달 측면에서는 상형문자와 픽토그램을 들 수 있겠고, 미적 추구를 위한 시각화는 문자도를 들 수 있을 것이다. 또한 상형문자와 픽토그램은 보는 이로 하여금 동일한 행동과 의식을 형성하게 한다. 그렇다면 오프라인의 시각적 커뮤니케이션에 비해 온라인의 시각적 커뮤니케이션은 어떠한 특징을 갖고 있을까?

3. 온라인의 시각적 커뮤니케이션

(1) 아스키아트

아스키코드를 이용하여 그림을 그리는 아스키아트(Ascii Art)는 타자기를 사용하면서 이미지를 문자로 표현하기 위해 등장하였다. 문자 작업이 타자기에서 컴퓨터로 옮겨지면서 아스키아트는 크게 기호를 이용하는 라인 방식과 색을 채워가는 솔리드 방식으로 발전되었다.[6] 아스키아트는

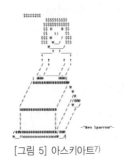

[그림 5] 아스키아트[7]

컴퓨터의 등장 이후 초기 형성된 시각화 예로 실세계에 존재하는 대상을 표현하거나 사용자들의 감정을 표현하려 하였으며 보는 이에게 이미지를 통해 메시지를 전달하고자 한 것이다. 이와 같은 아스키아트는 이미지를 사용할 수 있는 현재의 기술적 환경에서도 사용되고 있으며, 나아가 아스카 아트의 특성을 담은 미디어 아트로 발전하고 있다.

(2) 아이콘

아이콘(Icon)은 어떤 개념, 대상, 기능을 이미지로 표현한 것으로 비교적 작고 단순한 그림의 형태를 갖는다.[8] 컴퓨터에서 사용되는 아이콘은 아이콘, 심볼, 인덱스의 의미가 포함된 형태로 컴퓨터 운영체계나 소프트웨어에서 사용된다. 이러한 특성은 픽토그램과 유사하며 보는 대상의 차이에 관계없이 소통이 되어야 한다는 점도 동일하다. 인터넷에서의 아이콘은 보편적인 인터페이스를 제공하며 사용자가 원하는 정보로 이동할 수 있는 방향성과 함께 행동을 유인하는 기능을 갖고 있다.[9] 아이콘은 문자 기반의 인터페이스를 쉽고 편리하게 접근하고자 만들어진 개념으로 그래픽 기술의 발전으로 인해 널리 사용되게 되었다. 이를 바탕으로 사용자는 시각화된 이미지를 통해 특정 기능을 선택하고 수행하게 되었으

---

6) 이재중(2006), 「프로세싱 언어를 이용한 실시간 아스키 아트 작품구현 연구」, 중앙대학교 석사학위논문, pp.7~8.
7) 문영신(2005), 「시각적 감성표현 도구로서 이모티콘의 효과적 활용방안에 관한 연구」, 건국대학교 석사학위논문, p.51.
8) 박정연(2001), 「시각언어로서의 인터넷홈페이지 아이콘디자인 분석 연구」, 연세대학교 석사학위논문, p.12.
9) 한근아(2003), 「디지털시대의 시각 언어인 아이콘에 관한 연구」, 전남대학교 석사학위논문, p.7.

며 사용자의 오류를 방지하기 위한 공통적 아이콘이 개발되고 있다.

[그림 6] 익스플로러의 아이콘

(3) 이모티콘

이모티콘(Emoticon)은 문자, 기호, 숫자를 조합하여 사용자의 감정이나 대상을 표현하는 도구로 사용되고 있다. 커뮤니케이션의 목적을 위해 만들어진 이모티콘은 네트워크의 등장으로 대중화되었으며 텍스트만으로 전달할 수 없는 감정이나 비언어적 메시지를 전달하는 역할을 수행한다. 이모티콘은 이메일, 채팅과 같은 텍스트 기반 CMC에서 고유한 기능을 수행하고 있고 인스턴트 메신저에서는 이미지화된 형식으로 사용되고 있으며, 점차 동적 형식을 갖추면서 사용자가 직접 제작하여 사용하는 방식으로 변화하고 있다.

[표 1] 이모티콘의 예

감정표현		동물		캐릭터	
^)^	웃는 눈	<◀:=	오징어	~~m(^0^)m~	호빵맨
{{(>.<)}}	추울 때	(@(..)@)	코끼리	>(:)(<>)=8	보라돌이
^.^	부끄러울 때	Vm~	여우	=:^B	서세원
♡.♡	사랑에 빠질 때	/)/) (˙˙=)	토끼	d^_^b	엄정화
<@_@>	어지러울 때			% ^ ^ %	앙드레김
m(_ _)m	죄송합니다	<:3)~~	쥐	(..)*-(..)-*	클론
○_○	충격받았을 때	(:)))))))))	굼벵이	7:^]	도날드 레이건
=8-○	겁에 질렸을 때	_@/"	달팽이	/:-=(	히틀러
>:-@	화날 때			<]:*)	산타할아버지

(4) 온라인의 시각적 커뮤니케이션 특성

온라인의 시각적 커뮤니케이션의 예들을 살펴보면 오프라인과는 다르게 진행되고 있다는 것을 알 수 있다. 즉, 오프라인에서는 이미지로부터 시작하여 문자로 발달된 커뮤니케이션 과정을 겪었다면, 온라인에서는 그와 반대로 진행되고 있다. 오프라인에서는 시각적 커뮤니케이션이 그림이라는 형식으로 이루어짐에 따라 표현의 제약이 상대적으로 적었다면, 온라인에서의 시각화는 그래픽의 구현 기술을 요구하는 과정이었기 때문에, 텍스트를 기반으로 한 초기 컴퓨터 인터페이스는 문자를 사용한 시각화 과정을 시도한 것이다. 온라인에서 보이는 시각적 커뮤니케이션은 그 목적에 있어 오프라인과 차이를 보이지 않는다. 우리는 의미 전달의 목적과 미적 추구의 목적으로 나누어 볼 수 있는데, 오프라인의 문자도와 온라인의 캘리그램은 예술적 접근이라는 동일한 목적을 갖고 있으며 온라인의 아이콘과 이모티콘은 오프라인의 상형문자나 픽토그램과 동일한 의미 전달의 목적을 갖는다.

[표 2] 온라인과 오프라인의 시각적 커뮤니케이션 비교

시각화 특성 구분	오프라인	온라인
예술적 접근	문자도	캘리그램
의미 / 메세지 전달 동일한 행동 의식 형성	상형문자 픽토그램	아이콘 이모티콘

시각적 커뮤니케이션의 특성이 온·오프라인에서 동일하게 나타난다면 다른 CMC와 달리 인스턴트 메신저에서 시각화가 활발한 이유는 무엇 때문일까. 이러한 이유를 알아보기 위하여 우리는 CMC의 특성과 인스턴트 메신저의 특성을 비교·검토해 보고자 한다.

4. 인스턴트 메신저에서의 시각적 커뮤니케이션

(1) CMC의 커뮤니케이션 특성

컴퓨터 매개 커뮤니케이션(CMC)은 컴퓨터를 매개로 하여 문자화된 메시지를 통해 일대일, 일 대 다수, 혹은 다수 대 다수 간의 의사교류가 행해지도록 하는 커뮤니케이션 과정이다.[10] 즉, 오프라인에서 대화의 참여자들이 직접 만나 행하는 면대면 커뮤니케이션과 달리 CMC는 커뮤니케이션 참가자가 같은 공간과 시간 안에서 존재하지 않고 컴퓨터를 매개로 하여 메시지를 교환하는 방식을 갖는다. 오프라인에서는 면대면 커뮤니케이션을 통해 얼굴 표정, 제스처, 음성의 변화 등 여러 방식을 통해 대화 참가자의 감정과 상황을 파악할 수 있지만 온라인에서는 문자로 커뮤니케이션이 진행됨에 따라 상대방의 감정과 상황을 유추하여 커뮤니케이션을 진행해야 한다. 기존 연구에서는 CMC의 특성을 상호작용성, 탈대중성, 비동시성, 익명성으로 설명하고 있으며 그중 오프라인과 온라인의 비교를 통해 커뮤니케이션적 특성을 설명한 분석에서는 CMC의 특성을 '쌍방향성, 비동시성, 공간적 거리의 극복, 비언어적 요소의 부재, 사회적 실재감 결여, 익명성, 문자화된 메시지 교류, 지배 효과의 약화'의 8가지 특성으로 나타내고 있다.[11]

(2) 인스턴트 메신저의 커뮤니케이션 특성

인스턴트 메신저는 CMC의 형태 중 하나이면서 동시에 CMC와는 다른 커뮤니케이션적 특성을 갖는다. CMC는 커뮤니케이션 참가자들이 동

10) 김유정(1998), 『컴퓨터 매개 커뮤니케이션』, 커뮤니케이션북스, p.17.
11) Ibid., pp.69~70.

일한 공간과 시간상에 있지 않는 비동시성을 갖는 반면, 인스턴트 메신저는 사용자들이 접속함과 동시에 커뮤니케이션의 가능성이 성립하게 된다. 상대방의 접속 여부는 인스턴트 메신저를 통해 즉각적으로 알려지며 이를 통해 대화 참여에 대한 가능성을 전제로 갖게 된다. 또한 대화 참여자는 상대방이 접속 되었을 경우 대화에 대한 반응이 상대방으로부터 발생하리라 기대하게 된다.

CMC의 경우 대화 참여자가 익명성을 갖는 것과 달리 인스턴트 메신저에서는 대화 참여자의 신원에 따라 커뮤니케이션 참여 여부를 사용자가 결정하게 되는 비익명성을 갖는다. 이는 대부분 오프라인에서 진행된 친분 관계에 따라 결정되고 CMC와 달리 대화 참여자에 대한 선행 정보를 갖고 대화를 진행하게 된다.

인스턴트 메신저의 커뮤니케이션 특징은 다른 CMC와 달리 정보 교환보다는 간헐적인 대화를 계속하고 대화 참여자와 연결되어 있다는 느낌을 유지하는 데 그 기능적 특성이 있다.[12] 오프라인의 친밀성을 기반으로 진행되는 인스턴트 메신저의 커뮤니케이션은 대화 참여자 간에 공감대 형성과 동일한 맥락을 형성하는데 다른 CMC와 달리 어려움을 갖지 않는다. 이러한 특성에 의하여 인스턴트 메신저는 사회정서적 이용이 기존 CMC보다 크다.[13] 오프라인의 면대면 대화를 통해 알고 있는 상대방에 대한 정보는 상대적으로 짧게 이루어지는 인스턴트 메신저의 대화만으로도 전체적 의미를 유추할 수 있게 한다. 인스턴트 메신저를 통한 커뮤니케이션은 면대면 커뮤니케이션과 유사한 사회적 실재감을 갖는다.

---

12) 염동수(2003), 「인스턴트 메신저를 통한 대인관계 유지에 관한 연구」, 서강대학교 석사학위논문, p.18.
13) 고현주(2004), 「인스턴트 메신저 커뮤니케이션 특성에 관한 연구」, 이화여자대학교 석사학위논문, p.24.

일반적으로 사회적 실재감의 특성을 갖는 커뮤니케이션은 업무 지향적이 기보다는 사회 정서적 커뮤니케이션을 이루어지게 한다.[14]

(3) 이모티콘을 통한 시각적 커뮤니케이션의 특성

인스턴트 메신저는 다른 CMC 와 달리 오프라인의 면대면 대화를 통해 친밀감이 형성된 후 커뮤니케이션이 진행되기 때문에 온라인상에서도 상대방과 정서적 거리가 가깝게 형성되는 특징이 있다. 이러한 비익명성과 정서적 공간의 형성은 자연스럽게 자신의 감정을 표현할 수 있도록 한다. 또한 동시성을 갖고 진행되는 커뮤니케이션은 사용자가 표현하려는 내용이나 상황을 즉각적으로 전달해야 하고 그 파악을 통해 커뮤니케이션이 유지되게 된다. 이모티콘은 이러한 문제의 해

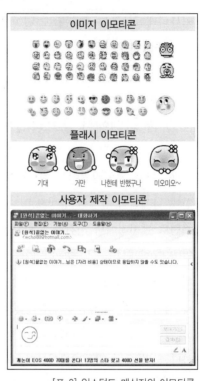

[표 3] 인스턴트 메신저의 이모티콘

결책으로 기능한다. 사회 정서적 커뮤니케이션에서 감정을 자유롭게 표현하고 사용자가 느끼는 감정과 상황을 즉각적으로 표현하는 데 있어 이모티콘은 효과적인 커뮤니케이션 수단이 된다.

이모티콘은 커뮤니케이션 과정에서 감성 표현에 적합하며[15] 대화 참

---

14) Ibid., p.50.
15) 이지은(2002), 「디지털 커뮤니케이션 환경에서의 시각적 감성표현에 관한 연구」,

여자의 감정을 보다 명확히 인식하게 한다.16) 인스턴트 메신저에서는 이러한 특성을 갖는 이모티콘이 지속적으로 개발되고 있다. 이는 인스턴트 메신저가 오프라인의 커뮤니케이션에서 이루어진 친밀감과 대화 참여자에 대한 정보를 공유한 채 동시적으로 진행되기 때문이며, 사회 정서적 커뮤니케이션을 진행하는 데 있어 이모티콘이 적합한 역할을 하고 있기 때문이라 판단된다.

5. 온라인에서 오프라인으로

온라인과 오프라인에서 보이는 커뮤니케이션의 시각화는 온·오프라인에 관계없이 동일한 양상으로 나타났다. 이러한 맥락에서 CMC 중 인스턴트 메신저에서 시각화가 활발한 이유에 대해 기존 연구에서는 문자 언어의 한계성을 극복한 비언어적 표현 방식으로 접근해 왔다. 그러나 이 글에서는 메신저가 오프라인의 면대면 대화를 기초로 형성된다는 점과 비익명성과 동시성으로 인해 오프라인 커뮤니케이션의 특성을 보유하고 있다는 점, 그리고 대화 참여자 간의 개인적 감정에 대한 교류가 활발하다는 점 등이 커뮤니케이션의 시각화에 영향을 미쳤다고 분석했다. 오프라인의 커뮤니케이션적 특성이 유사한 메신저에서 시각화가 계속적으로 새롭게 시도되고 있으며 이는 대화 참여자 간의 친밀감에서 오는 결과라고 볼 수 있다. 따라서 자기감정을 표현하고 대화 참여자 간의 공감대를 형성하기 위해 시각화가 계속되는 것이다.

홍익대학교 석사학위논문, pp.64~66.
16) 구희령(2000), 「텍스트 중심 컴퓨터 매개 커뮤니케이션에서 이모티콘이 사회정서적 커뮤니케이션에 미치는 영향」, 연세대학교 석사학위논문, p.45.

이러한 온라인의 시각화는 오프라인에 영향을 주는데, 예를 들어 광고, 디자인 등 다양한 매체에서 온라인의 시각화 결과물이 사용된다. 이미 공감대를 형성하고 이해를 같이 하는 이모티콘이 온·오프라인을 순환한다고 볼 수 있다. 그렇다면 시각화 과정을 단순히 이모티콘만의 차원이 아니라 좀 더 다각적인 측면에서 볼 필요가 있을 것이다.

이모티콘은 문자로 이루어진 단계에서 이미지, 동적 요소가 포함된 형식, 그리고 개인이 제작하여 사용하는 단계까지 시도되고 있으며 이를 통해 이모티콘 만으로 자신의 감정을 전달할 수 있는 스토리를 이룰 수 있게 되었다. 간단한 대화의 내용은 이모티콘으로 표현한다는 점에서 이모티콘은 이제 과거의 상형문자의 역할과 동일한 기능을 수행하고 있다고 볼 수 있다. 이러한 현상을 바탕으로 살펴볼 때 앞으로의 시각화는 어떠한 형태로 발전하게 될 것인가, 그리고 이모티콘은 커뮤니케이션이라는 장에서 어떻게 평가되어야 하는가에 대한 연구가 지속적으로 이루어져야 할 것이다.

참고문헌

논문

고현주(2004), 「인스턴트 메신저 커뮤니케이션 특성에 관한 연구」, 이화여자대학교 석사학위논문.

구희령(2000), 「중심 컴퓨터 매개 커뮤니케이션에서 이모티콘이 사회정서적 커뮤니케이션에 미치는 영향」, 연세대학교 석사학위논문.

김정신(2000), 「캘리그램 표현의 활용과 그 특성에 관한 연구」, 신라대학교 석사학위논문.

김정희(1997), 「현대회화에 있어서 문자와 이미지의 관계에 대한 연구」, 동국대학교 석사학위논문.

문영신(2005), 「시각적 감성표현 도구로서 이모티콘의 효과적 활용방안에 관한 연구」, 건국대학교 석사학위논문.

박정연(2001), 「시각언어로서의 인터넷홈페이지 아이콘디자인 분석 연구」, 연세대학교 석사학위논문.

염동수(2003), 「인스턴트 메신저를 통한 대인관계 유지에 관한 연구」, 서강대학교 석사학위논문.

윤상임(2004), 「이모티콘의 커뮤니케이션적 특성 이해―미디어적 관점에서」, 숙명여자대학교 석사학위논문.

이재중(2006), 「프로세싱 언어를 이용한 실시간 아스키 아트 작품구현 연구」, 중앙대학교 석사학위논문.

이지은(2002), 「디지털 커뮤니케이션 환경에서의 시각적 감성표현에 관한 연구―이모티콘의 기호학적 접근」, 홍익대학교 석사학위논문.

한근아(2003), 「디지털시대의 시각 언어인 아이콘에 관한 연구」, 전남대학교 석사학위논문.

단행본

김유정(1998), 『컴퓨터 매개 커뮤니케이션』, 커뮤니케이션북스.

박기순(2000), 『인간 매체 커뮤니케이션』, 커뮤니케이션북스.

김우룡·장소원(2004), 『비언어적 커뮤니케이션론』, 나남신서.

가상세계에서의 자기노출
Second Life를 중심으로

1. CMC와 온라인 가상세계

인터넷을 기반으로 상호간의 커뮤니케이션이 가능한 미디어가 등장함에 따라 기존의 면대면 중심의 인간관계에도 많은 변화가 일어나고 있다. 컴퓨터 매개 커뮤니케이션(Computer Mediated Communication, 이하 CMC)이 하나의 의사소통 수단으로 자리매김하고 그에 따라 사이버공간은 하나의 사회적 공간으로의 역할을 수행하고 있다. 특히 CMC는 시간과 공간의 제약을 축소시켜 커뮤니케이션을 물리적 굴레로부터 벗어나게 해주며, 전통적인 문자 기반의 매체에 동시성이라는 요소를 더해서 사람들의 거리를 더욱 밀착시켜 주고 있다.

그러나 인터넷 이용자들의 수가 급증하고 사용시간이 증가함에 따라 오프라인에서의 면대면 접촉의 기회가 줄어들고 사회적 관계의 단절 및 고립을 가져오며, 정서적인 인간관계를 저해하는 문제점들이 제기되고 있다. '자기노출'은 인간관계를 형성하고 풍부하게 하는 데 있어서 중요한 요소 중의 하나로, 온라인 인간관계에서도 타인들에 대한 나의 태도나 상호작용을 통한 사회적 관계의 형성 등에 커다란 영향을 미칠 것이다.

CMC에서의 자기노출에 관한 기존 연구들은 이메일, 인스턴트 메신저, 블로그 등 텍스트 중심의 대화 채널을 통한 커뮤니케이션에 중점을 두고 있었다. 그러나 기술의 발달에 따른 온라인 가상세계의 등장으로 비언어적 단서까지 전달할 수 있는 커뮤니케이션 채널의 도입은 정보와 정서를 함께 전달하며 보다 구체적 사고가 가능한 커뮤니티를 형성하고 있다. 따라서 이 글에서는 상대방의 아바타(avatar)를 통해 얼굴표정과 시선, 제스처, 의상, 이동 등을 시각적으로 인지할 수 있는 3D 가상현실 서비스 '세컨드라이프'[1]를 대상으로 가상환경 커뮤니티에서 사용자가 느끼는 사회적 실재감과 그에 따른 자기노출의 정도가 어떻게 달라지는지 알아보고자 한다.

이 글은 다음과 같은 구성으로 진행되었다. 먼저 제2장에서는 자기노출과 사회적 실재감에 대한 이론적인 배경을 알아보고 CMC에서의 자기노출과 사회적 실재감이 어떠한 영향을 미치는지에 대한 내용을 다루었다. 제3장에서는 연구의 대상인 '세컨드라이프'의 특성과 현황을 파악하고 그 안에서 자기노출 및 사회적 실재감을 느낄 수 있는 요소에 대해 알아보았다. 그리고 제4장에서는 정리한 내용을 바탕으로 설문조사를 실시했으며, 제5장에서는 분석된 결과를 서술하였다. 마지막 제6장에서는 이 연구에서 나타난 한계점과 향후 연구 방향에 대해 간략히 언급하기로 한다.

---

1) 세컨드라이프 공식 사이트, http://www.secondlife.com

2. 자기노출과 사회적 실재감

(1) CMC에서의 자기노출

❶ 자기노출의 개념

자기노출이란 "한 사람이 다른 사람에게 자신의 개인적인 생각, 감정, 경험 등을 포함한 개인의 정보를 밝히는 과정"으로 자기 자신을 다른 사람이 알 수 있도록 드러내는 것을 말한다. 여기서 개인적인 정보는 다른 방법으로는 알아내기 어려운 내면의 생각이나 감정, 과거의 경험 등을 의미하므로, 타인에게 쉽게 말하지 않는 내면적 정보까지도 드러내거나 털어놓는 것을 포함한다.[2]

주라드(Jourard)는 자기노출 커뮤니케이션이 대인 커뮤니케이션의 한 형태로서 사람들이 서로 자신을 많이 공개할수록 메시지의 흐름은 쌍방향으로 흐르고 메시지가 더욱 풍부해진다고 보고 있다. 이메일과 메신저를 통해 개인의 정보를 전달하거나, 블로그를 이용하여 자신의 사진이나 글 등을 알려주는 것은 자기를 상대방에게 노출시키는 것과 연관지을 수 있다.

즉 자기노출은 인간관계 형성과 상호적인 관계에 있다. 상대방에게 자신을 드러냄으로써 서로에 대한 불확실성을 감소시키며 원만한 대인 관계를 형성한다. 적절한 자기 노출은 인간관계를 의미 있는 관계로 발전시키며 서로에 대한 신뢰를 높일 수 있는 계기가 된다. 한편 자기노출은 개인의 감정 및 심리적 상태와도 밀접한 관계가 있다. 원만한 대인관계를 통해 자신을 솔직히 표현하고 자신의 생각과 느낌을 자유롭게 표현하

---

2) Derlega, V. J.(1984), *Self-disclosure and Intimate relationships*, *In Communication, intimacy and closerelationships*. edited by V. J. Derlega, AcademicPress.

는 과정을 통해 자신을 더 잘 이해하게 되어 자기 성장에 도움을 줄 수 있게 된다.[3] 미디어가 발전함에 따라 네트워크를 기반으로 하는 가상세계 환경이 등장하고 그 공간에서 사람들은 새로운 커뮤니케이션 방식을 접하고 있다. 이러한 가상세계 환경에서도 사람들은 자기노출이라는 문제에 직면하게 된다.

❷ CMC에서 자기노출의 역할

일상에서의 커뮤니케이션 활동과 마찬가지로 CMC에서의 자기노출은 인간관계의 형성과 유지에 중요한 역할을 하고 있다. 온라인에서도 사람들은 친밀한 인간관계를 형성하며 이러한 인간관계에서 사람들과의 커뮤니케이션 중 자신을 드러내야만 하는 상황에 맞닥뜨리게 된다. 또한 CMC에서는 지리적, 물리적인 제약이 완화된다는 점에서 중요한 의미를 부여할 수 있다. 지리적으로 멀리 떨어진 친구와의 관계를 유지하거나, 자기노출을 통해 온라인상에서 만난 미지의 인물과의 인맥 형성을 쌓아, 면대면 커뮤니케이션과 마찬가지로 의미 있는 관계를 형성하게 된다.

(2) CMC에서의 사회적 실재감

❶ 사회적 실재감의 개념

마빈 민스키(Marvin Minsky, 1979)에 의해 'telepresence'라는 개념으로 처음 등장한 실재감은 멀리 떨어진 공간에서 무엇이 일어나는지를 인지하는 시스템으로부터 시작되었다. 이후 실재감은 인지적 작용이라는 공통분모를 바탕으로 개념이 정리되어 왔다. 슬래터(Slater, 1995)는 실재감

---

3) 옥경희(2000), 『인간관계 훈련이 자기노출과 인간관계의 이해에 미치는 영향』, 학생생활연구원 제7권.

을 "가상환경의 사용자가 가상환경에서 제공하는 자극 또는 효과를 경험하면서 실제로 자신이 있는 장소가 아닌 다른 환경-감각기관이 받아들이고 있는 정보에 의해 결정되는-에 있다고 확신하는 정도"라고 정의했다. 또한 실재감이 사람이 물리적으로 위치한 장소를 완전히 잊어버리고 다른 환경으로 이전하는 것은 아니며, 단지 거부감 없이 다른 환경을 동시적으로 받아들이고 주의를 기울이는 현상이라고 설명했다. 롬바드와 디튼(Lombard & Ditton)은 실재감의 특징을 다음의 6가지로 정의했다.

A. Social richness
B. Realism
C. Transportation — "you are there, it is here we are together"
D. Immersion
E. Social actor within medium
F. Medium as social actor

즉 실재감이란 "매체가 중간에 있음에도 불구하고 매체가 없는 것 같은 환상을 느끼는 것(perception of illusion of non-mediation)으로 정의할 수 있다.4) 여기서 "perception"은 인간의 지각하에 지속적인 반응을 인식하여 주변 환경의 시스템에 영향을 받는다는 것을 의미하고 "illusion of non-mediation"은 커뮤니케이션 환경에서 미디어의 존재를 인식하지 못했을 때 혹은 미디어가 존재하지 않는 것처럼 행동할 때 발생한다.

사회적 실재감은 다른 존재가 있다는 것을 감각적으로 지각하고 있을 뿐 아니라 그 존재와의 커뮤니케이션에 참여하고 있다는 사실을 상호 인식하고 커뮤니케이션에 심리적으로 관여되어 있을 때 가장 높아질 수 있다. 따라서 사회적 실재감은 매체의 기술적 속성에 크게 의존적이다. 매

---

4) Lee, K. M.(2003), "Why presence occurs : Evolutionary psychology, media equatioan and presence", *Presence*, 13(4) : 494~505.

체가 타인에 대한 정보를 많이 제공할수록 사회적 실재감은 높아지게 되며, 텍스트 기반의 전통적 미디어에서는 시청각적 단서를 풍부하게 제공할 수 없어서 사회적 실재감이 낮아질 수밖에 없다.[5]

❷ 사회적 실재감이 CMC에 미치는 영향

기술의 발달에 따라 다양한 CMC 매체들이 등장했으며 각각의 매체들은 다른 방식으로 커뮤니케이션을 가능하게 한다. 사람들은 다양한 매체를 사용하면서 각 매체에서의 사회적 실재감의 차이를 인식하고, 커뮤니케이션 과정 중 다른 반응을 보인다.[6] 예를 들면 모호한 상황일수록 풍부한 단서를 제공하는 매체를 선호하며, 메시지의 긍정 / 부정과 메시지에 나타난 자기제시가 자신 / 상대 중 누구에 관한 것인지에 따라 대화 상황을 나누고 그에 따라 매체를 선택한다.[7]

사회적 실재감의 관점에서 자기노출 문제를 살펴보면, 라이이마와 렁[8]의 연구를 대표적으로 꼽을 수 있다. 여기서 사람들은 인터넷의 사회적 실재감을 높게 지각할수록 개인적인 사실에 대한 노출을 더 많이 하였으나, 노출의 내용은 부정적인 것으로 나타났다. 이는 CMC에서 사회적 실

---

5) Short, J., E. Williams, and B. Christie(1976), *The social psychology of telecommunications*, New York : Wiley.

6) Joinson, A. N.(2001), "Self-disclosure in computer-mediated communication : The role of self-awareness and visual anonymity", *European Journal of Social Psychology* 31, pp.177~192. Tidwell, L., and J. Walther(2002), "Computer-mediated communication effects on disclosure, impressions and interpersonal evaluations : Getting to know one another a bit at a time", *Human Communication Research* 28, pp.317~348.

7) Rice, R. E.(1993), "Media appropriateness : Using social presence theory to compare traditional and new organizational media", *Human Communication Research* 19, pp.451~484.

8) Lai-yee Ma, M. and L. Leung.(2006), "Unwillingness-to-communicate, perceptions of the Internet and self-disclosure in ICQ", *Telematics and Informatics* 23-1, pp.22~37.

재감의 감소로 사람들이 자신에 대한 부정적이고 비밀스러운 사실을 노출하는 데 따른 위험이 감소되었기 때문으로 해석할 수 있다. 즉 매체의 사회적 실재감에 따라 해당 매체에서 이루어지는 자기노출의 내용에도 차이가 나타날 수 있다는 것이다. 따라서 CMC 매체의 사회적 실재감이 어떻게 지각되느냐에 따라 해당 매체에서 이루어지는 자기노출에 차이가 있을 것이라고 생각할 수 있다.

3. 세컨드라이프의 특성과 현황

(1) 가상세계의 개념

❶ 가상세계(Virtual World)와 메타버스(Metaverse)

가상세계는 인공현실(artificial reality), 사이버공간(cyberspace), 가상환경(virtual environment) 등 불리는 명칭이 다양하다. 이는 사람들이 일상적으로 경험하기 어려운 환경을 직접 체험하지 않고서도 그 환경에 들어와 있는 것처럼 느끼게 해주는 시스템으로 교육, 원격조작, 과학적 시각화 등 다양한 분야에 응용되고 있다. 가상세계 시스템은 사용자의 시점이나 동작의 변화에 따라 그에 대응하는 적절한 피드백을 가상환경에 적용하여 사용자의 현장감을 높여서 마치 실제 주변과 상호작용하고 있는 것처럼 만들어주는 인간－컴퓨터 사이의 인터페이스이다.

이러한 가상세계는 기술의 발달에 따라 구현 범위와 그래픽이 점차 현실과 닮아가고 있다. 사람들은 가상세계 속 아바타(Avatar)를 이용하여 사회, 경제, 문화적 활동을 하며 현실에서의 삶의 형태를 모방하고 있다. 1992년 닐 스티븐슨(Neal Stephenson)은 그의 SF 소설 스노우 크래쉬

(snow crash)에서 이러한 가상세계를 메타버스(metaverse)라 표현하였다. 사람들은 인터넷이 가능한 환경에서라면 언제 어디서나 단말기를 통해 가상세계인 메타버스에 접속할 수 있고, 다른 사용자들과 사회, 경제, 문화활동을 공유하며 현실의 다양한 응용 서비스를 제공받는다.

❷ 가상세계 속의 커뮤니티

사이버공간에서의 커뮤니케이션은 시공간을 초월해 동시적 혹은 비동시적으로 진행되며 대상자들의 신원을 모르는 채 이루어진다. 그러나 이메일, 인스턴트메신저와 같은 기존의 CMC 매체에서는 말이 아닌 글로 커뮤니케이션이 이루어진 반면에 가상세계, 즉 메타버스에서는 글뿐만 아니라 아바타를 통해 사용자의 외모, 시선, 이동, 제스처 등의 시각적 정보를 함께 제공함으로써 더욱 풍부한 커뮤니케이션이 가능하다. 여기서 커뮤니케이션 경험을 통해 인지되는 가상세계는 경험을 공유하는 사용자끼리 일정한 경계를 이루는 사회적 공간으로 발전하며 이를 통해 온라인 커뮤니티를 형성하게 된다.[9] 시공간의 제약이 없는 온라인상에서의 다양한 활동은 혈연·지연 중심의 인간관계로부터 커뮤니티를 통한 친분관계로 나아가게 한다. 사람들은 가상세계 속의 커뮤니티를 다분히 현실적인 개념으로 받아들이며 그 공간에 거주하는 자신을 완전히 분리해서 바라보지 않는다. 가상세계의 커뮤니티 역시 나름대로의 행동양식, 제도와 규범, 문화적 산물이 존재하며 일상에서의 삶과 같은 구체적 행위가 펼쳐지고 있다.

---

9) 박창호(2001), 『사이버공간의 사회학』, 정림사.

(2) 세컨드라이프

❶ 세컨드라이프

세컨드라이프는 2003년부터 미국의 '린든랩'이 운영하는 3D가상현실 서비스이다. 사용자가 창조하고 참여하고 공유하여 이루어지는 온라인 가상세계로 사용자는 가상세계 안에서 상상하는 인물을 창조하고 세컨드 라이프 내에 구축되어 있는 콘텐츠 개발 도구를 활용해 다양한 콘텐츠를 만들 수 있으며 다른 사용자들과 실시간으로 대화를 나눌 수 있다. 사용 자들은 땅을 구입하고 관리비를 지불하면 그 곳에 건물을 세우고 생활하 며 다른 이용자와 교류하거나 사업을 하는 등 현실과 다름없는 가상의 삶을 이룰 수 있다. 실제로 아디다스, 도요타, 소니BMG 같은 오프라인 기업들이 세컨드라이프 내에 사이버지점을 설립했고, 델 컴퓨터는 게임 을 즐기는 가상체험 공간을 구축하고, 실제 PC를 주문 받고 있다. IBM 의 CEO 샘 팔미사노는 세컨드라이프 내에서 2006년 11월 글로벌 이니 셔티브 프레젠테 이션을 가졌으며, IBM 직원 300여 명은 세컨드라이 프를 통해 업무 를 하고 있다.

현재(2007년 3 월 기준) 약 500 만 명의 사용자를 확보하고 있으며 2007년 2분기에

[그림 1] 세컨드라이프의 홈페이지 화면. http://www.secondlife.com

놀이 공간 | 예술 공간 | 디지털 광장 | 디지털 기계

한국 지사를 설립하고 한국어 서비스를 시작하였다(http://secondlife.com/world/kr/).

❷ 세컨드라이프에서의 커뮤니케이션

세컨드라이프 내에서는 다양한 커뮤니케이션 수단들이 존재한다. 가장 기본적인 소통의 수단은 문자를 통한 대화로서 사용자들 사이에 동시적으로 이루어진다. 여기에 시각적인 요소들이 더해짐에 따라 사용자는 대화를 하는 도중에도 상대방의 현재 상태(타이핑을 하고 있는지 아닌지)는 물론 아바타의 시선을 통해 상대방의 대화집중 정도를 파악할 수 있다. 이것은 동시성을 가지는 측면에서는 유사한 CMC 매체인 인스턴트 메신저와의 가장 큰 차이점으로 온라인 가상세계 시스템이 면대면 의사소통의 수단과 유사한 양상으로 발전하고 있음을 보여주는 것이다. 예를 들어 대화 도중 시선을 바꾸거나 위치를 이동하는 것은 화면상에 그대로 반영되므로 이것은 비언어적 의사소통 수단을 통해 상대방에게 자신의 의사를 전달하게 된다. 또한 악수나 춤추기 등의 제스처는 현재의 기분과 감정을 표현하는 소통의 방법으로 문자를 통한 의사표현보다 더 적극적인 커뮤니케이션 수단이다.

한편 세컨드라이프에서는 아바타의 외모와 의상을 통해서 자신을 드러냄은 물론 상대방에게 어필할 수 있는 기회가 주어진다. 사용자들은 자신의 욕구에 따라 외모를 선택, 조절하고 그에 따른 의상을 구입, 착용할 뿐 아니라 스스로 옷을 재단하여 아바타에 입힐 수도 있다.

이러한 시각적인 요소들은 기존 CMC에서 활용되지 못했던 부분으로 세컨드라이프의 사용자들은 보다 풍부한 커뮤니케이션 수단을 통해 온라인에서 만난 사용자들과의 인간관계를 형성하고 유지한다.

4. 자기노출의 실제

본 연구에서는 세컨드라이프를 경험해본 사용자를 대상으로 온라인 설문조사를 실시하였다. 2007년 6월 22일부터 23일까지 세컨드라이프 경험자 47명을 대상으로, 총 17가지 문항에 걸쳐 기본 인적사항과, 자기 노출의 양, 깊이, 방향성, 사회적 실재감에 대해 설문을 진행하였다. 주요 참여자는 네이버 세컨드라이프 카페 회원들과 한국과학기술원 문화기술 대학원 학생들이다.

자기노출 정도를 측정하기 위해서는 윌리스와 그로츠(Wheeless and Grotz)가 1976년에 개발한 수정된 자기노출 척도(Revised Self-disclosure Scale)를 사용하여 질문 문항들을 작성하였다.

[표 1] 자기노출의 척도

분 류	설 명
자기노출의 양	자신에 대한 사적인 정보를 얼마나 많이 드러내는가를 나타낸다.
자기노출의 깊이	자신에 대한 사적인 정보를 어느 정도 깊고 자세히 나타내는가를 의미한다.
자기노출의 방향성	자신에 대한 사적인 정보 중에서 주로 긍정적인 것을 밝히는지, 부정적인 것을 밝히는지를 나타낸다.

온라인 설문조사를 통해 얻어진 1차 데이터는 SPSS 12.0을 이용하여 분석하였으며 응답자들의 인구사회학적 속성은 아래와 같다.

[표 2] 응답자들의 인구사회학적 속성

구 분		빈 도(명)	비 율(%)
성 별	남 자	23	51.11
	여 자	22	48.89

[표 3] 응답자들의 연령 분포

만 18세 미만	만 19~25세	만 26~30세	만 31~35세	만 35세
1	12	23	5	5

5. 세컨드라이프에서의 사회적 실재감 분석

각각의 질문에 대한 신뢰도를 측정하기 위해 크론바흐 알파(cronbach's alpha) 계수를 계산했다. 크론바흐 알파는 각 문항간의 내적 일치도를 보는 것으로 .7 이상이면 신뢰도가 높은 것으로 .4 ~ .7이면 보통으로 본다. 결과는 자기노출의 깊이 항목에서 신뢰도가 약간 떨어지는 것으로 분석되었다.

[표 4] 자기노출, 사회적 실재감 측정 척도의 신뢰도

	자기노출의 양	자기노출의 깊이	자기노출의 방향성	사회적 실재감
Cronbach's alpha	.728	.527	.667	.764
항목 수	3	3	2	5

먼저 성별에 따라 사회적 실재감을 느끼는 정도를 t-검증을 통해 알아보았다. 그 결과 남성에 비해 여성 사용자들이 세컨드라이프에서 더 높은 사회적 실재감을 느끼는 것으로 나타났다($t=-.38$, $p<.05$). 즉 여성 사용자는 남성 사용자에 비해 세컨드라이프 내에서 자신의 아바타를 통해 실제처럼 더 자연스러운 인간관계를 형성할 수 있는 준비가 되어 있는 것으로 볼 수 있다. 이는 세컨드라이프의 사용자 중 여성의 비율이 더 높다는 보도기사와 맥락을 같이 하는 것으로, 가상 온라인 세계가 기존의 MMORPG게임과는 다른 양상으로 서비스가 진행되고 있음을 간접적으

로 보여준다.

[표 5] 성별에 따른 사회적 실재감의 차이 분석

성별	사례수	평균	표준편차	자유도	t
남	25	4.1040	1.18198	45	-.38
여	22	4.2273	1.01849		

p<.05

다음으로 사용시간과 연령, 친구 리스트의 수에 따른 사회적 실재감의 상관관계를 분석해 본 결과 사용시간의 양과 그에 따른 사회적 실재감 (r=.326, p<.05) 및 친구리스트의 수(r=.714, p<.01) 사이에 정적 상관관계가 존재하였다. 이것은 사용자가 세컨드라이프에서 적절한 커뮤니케이션을 형성하여 온라인 가상세계에 관심을 기울이고 그만큼 적극적으로 참여하는 데에서 비롯된 것이라 할 수 있다.

반면 연령과 사용시간 사이에 유의미한 상관관계가 없다는 점이 흥미로운 결과인데, 이는 특정 연령대에 서비스 사용자들이 집중되지 않고 전 연령에 걸쳐서 세컨드라이프 사용자들이 고루 분포되어 있다는 점을 보여주고 있는 것이다.

[표 6] 사용시간과 연령에 따른 사회적 실재감의 상관관계

구 분	항목	사용시간	연령	사회적 실재감
사용시간	상관계수			
	유의확률			
연 령	상관계수	.054		
	유의확률	.718		
사회적 실재감	상관계수	.326(*)	.219	
	유의확률	.025	.139	
친구리스트의 수	상관계수	.714(**)	.157	.529(**)
	유의확률	.000	.293	.000

*p<.05, **p<.01

다음으로 성별에 따른 세컨드라이프 내에서의 자기노출 정도를 t-검증을 통해 살펴보았다. 아래의 표에서 볼 수 있듯이 자기노출의 깊이와 방향성에서 상반된 결과가 드러났는데, 여성 사용자들이 보다 더 사적인 이야기를 드러내는 반면 그 방향성은 남성 사용자에 비해 부정적인 이야기를 하는 쪽으로 치우쳐 있었다. 남성 사용자들은 자신의 사적인 이야기를 깊고 자세히 하지 않는 반면 여성 사용자보다 긍정적인 이야기를 많이 하는 것으로 분석되었다. 한편 자기노출의 양에서는 남성, 여성 사용자간의 유의미한 차이를 살펴보기 힘들었다.

[표 7] 성별에 따른 자기노출 측정 척도의 차이 분석

구 분	성별	사례수	평균	표준편차	자유도	t
자기노출의 양	남	25	3.3599	1.33644	45	-.050
	여	22	3.3788	1.22284		
자기노출의 깊이	남	25	3.6399	1.17821	45	-.834
	여	22	3.9092	1.01412		
자기노출의 방향성	남	25	4.3800	.99247	45	1.012
	여	22	4.0455	1.27157		

$p < .05$

아래 제시된 표는 사용시간과 자기노출의 양, 깊이, 방향성 그리고 사회적 실재감 사이의 상관관계를 살펴본 것으로 전체적으로 모든 항목간에 정적 상관관계가 도출되었다. 이것은 세컨드라이프에 접속하는 사용자들이 온라인 가상세계 내의 커뮤니티 활동에 긍정적인 생각을 가지고 있을수록 보다 적극적으로 참여하고 자신을 드러내며, 오프라인에서의 활동과 마찬가지로 보다 발전적인 대인 커뮤니케이션을 지향하고 있음을 보여준다.

자기노출과 사회적 실재감의 관계에 있어서 사회적 실재감과 자기노출의 양, 깊이는 상당히 정적인 관계가 도출된 것을 볼 수 있는 반면, 자

기노출의 방향성은 그에 비해 낮은 상관관계가 보였다. 이것은 가상 온라인 커뮤니티에서 긍정적 혹은 부정적 이야기를 하는 정도는 사용자가 느끼는 사회적 실재감이 아니라 다른 요인에 의해 영향을 받는다고 해석할 수 있다. 즉 개인의 성향이나 심리적 변인 등에 의해 자기노출의 방향성이 결정된다고 추정할 수 있다.

[표 8] 자기노출과 사회적 실재감 사이의 상관관계

구 분	항목	사용시간	자기노출의 양	자기노출의 깊이	자기노출의 방향성
사용시간	상관계수				
	유의확률				
자기노출의 양	상관계수	.265			
	유의확률	.071			
자기노출의 깊이	상관계수	.115	.498(**)		
	유의확률	.440	.000		
자기노출의 방향성	상관계수	.406(**)	.236	.398(**)	
	유의확률	.005	.110	.006	
사회적 실재감	상관계수	.326(*)	.510(**)	.463(**)	.166
	유의확률	.025	.000	.001	.264

*p<.05, **p<.01

6. 한계와 전망

CMC가 일상생활에서 빼놓을 수 없을 만큼 중요한 커뮤니케이션의 수단으로 사용되고 있는 만큼 그 속에서의 자기노출이 어떻게 교환되는지, 얼마나 사회적 실재감을 느끼고 있는지를 알아보는 것은 CMC를 통한 발전적 인간관계 형성을 위해 꼭 필요한 과정이다. 특히 문자 기반의 전통적 매체가 발전하는 기술에 따라 시각과 청각을 자극하는 매체로 진화하고 있는 시점에서 새롭게 부상하고 있는 온라인 가상세계는 자신과 타인의 사이에서 이루어지는 사회적 관계를 변화시킬 것이다.

이 글은 온라인 가상세계 커뮤니티 '세컨드라이프'에서 사용자들이 느끼는 자기노출의 정도와 사회적 실재감의 정도를 측정하고 그 상관관계를 살펴보았다는 점에서 의의가 있다. 사용자는 더 높은 사회적 실재감을 느낄수록 지속적으로 세컨드라이프에 접속함은 물론 자기노출의 정도에 있어서도 더 많이, 더 자세히, 긍정적인 자세를 취하고 있었다. 남녀가 느끼는 사회적 실재감에 있어서는 여성 사용자가 남성 사용자에 비해 더 높은 것으로 드러났으며, 이것은 여성 사용자의 비율이 기타 온라인 게임에 비해 더 높다는 사실과 관계가 있는 것으로 보인다.

한편 온라인 설문방식을 통해 진행된 과정이 자기노출과 사회적 실재감을 측정하는 데 있어서의 심리적 상태와 개인의 성향 등을 고려하지 못했다는 것은 한계점으로 남아 있다. 분석결과에서도 볼 수 있는 것처럼 사회적 실재감 이외의 요소와 관련된 것으로 보이는 자기노출의 척도들이 있었으며 그것들은 보다 심층적인 인터뷰나 직접적인 관찰방식에 의해 그 원인 요소를 파악할 수 있을 것으로 보인다. 또한 설문 대상자를 충분히 확보하지 못했다는 점과 그 대상자의 사회적 분포성도 설문의 결과에 어떤 영향을 미쳤을 것이라 생각한다.

현재는 온라인 가상세계라는 시스템이 새로운 CMC의 영역으로 확장되고 있는 발전적 과정의 단계이다. 아직까지는 그 서비스들이 다양하지 않으며 사용자들 또한 폭넓게 분포되어 있지 않은 것이 현실이다. 그럼에도 불구하고 온라인 가상세계를 통한 커뮤니티의 구축과 이를 통한 새로운 공동체는 부유하는 주체들의 다양한 관심을 토대로 형성되는 발전적 공동체이다. 이러한 시스템들이 우리 사회에서 CMC를 통한 인간관계의 형성과 유지에 긍정적인 영향을 미칠 수 있도록 지속적인 연구가 진행되어야 할 것이다.

참고문헌

논문

김인경(2004), 「블로그 이용을 통한 대인커뮤니케이션에 관한 연구」, 중앙대학교 석사학위논문.

박수호(1998), 「CMC도입에 의한 사회적 관계의 변화」, 사이버문화연구소.

안미효(2004), 「사이버스페이스에서의 자아정체성 형성에 관한 연구」, 부산교육대학교 석사학위논문.

이정은(2006), 「컴퓨터 매개 커뮤니케이션에서의 자기노출에 관한 연구」, 연세대학교 석사학위논문.

최문희(2005), 「인터넷 매체 서비스 이용자의 심리적 변인에 관한 연구」, 홍익대학교 석사학위논문.

Derlega, V.J.(1984), "Self-disclosure and Intimate Relationships", In *Communication, Intimacy and Close relationships*, edited by V.J. Derlega, Academic Press.

Joinson, A.N.(2001), "Self-disclosure in computer-mediated communication : The role of self-awareness and visual anonymity", *European Journal of Social Psychology* 31.

Lai-yee Ma, M. and L. Leung.(2006), "Unwillingness-to-communicate, perceptions of the Internet and self-disclosure in ICQ", *Telematics and Informatics* 23-1.

Lee, K. M.(2003), "Why presence occurs : Evolutionary psychology, media equation and presence", *Presence*, 13-4.

Rice, R. E.(1993), "Media appropriateness : Using social presence theory to compare traditional and new organizational media", *Human Communication Research* 19.

Tidwell, L., and J. Walther(2002), "Computer-mediated communication effects on disclosure, impressions and interpersonal evaluations : Getting to know one another a bit at a time", *Human Communication Research* 28.

단행본

옥경희(2000), 『인간관계훈련이 자기노출과 인간관계의 이해에 미치는 영향』, 학생생활연구원 제7권.

놀이 공간 | 예술 공간 | 디지털 광장 | 디지털 기계

Barfield, W., Zeltzer, D., Sheridan, T., & Slater, M.(1995), *Presence and performance within virtual environments*, New York : Oxford University Press.

Byron Reeves, Clifford Nass(2001), *Media Equation*. Center for the Study of Language

Jourard, S.(1971), *The transparent self*. 2nd ed. New York : VanNostrand.

Short, J., E. Williams, and B. Christie(1976), *The social psychology of telecommunications*, New York : Wiley.

인터넷 사이트

세컨드라이프 공식 사이트, http://www.secondlife.com

세컨드라이프 한국 공식 사이트, http://www.secondlife.com/world/kr/

세컨드라이프 카페, http://cafe.naver.com/sl4korea.cafe

1. 만화, 영화를 잉태하다

(1) 만화 원작 영화의 증가 현상과 그 원인

2003년, 한국의 만화가와 애니메이터들은 <매트릭스 3>가 상영되는 극장을 나서며 농담 섞인 진담을 내뱉었다. "영화가 저 정도면, 이제 만화나 애니메이션은 그만둬야 하는 거 아니야?"

이제까지 SF와 판타지는 전통적으로 영화에 비해 만화나 애니메이션의 고유한 영역으로 여겨 왔다. 슈퍼맨, 스타워즈와 같은 선구자적인 몇몇 영화들이 장인적 수공과 번뜩이는 아이디어로 환상과 비현실의 영역을 넘보아 왔으나, 실사 영상의 특성상 기술적 제약으로 인한 표현의 한계를 감당할 수밖에 없었다. 그 동안 만화는 폭력성과 선정성, 혹은 단순히 글자가 적다는 이유만으로 저급하다는 비난을 받아 가면서도, 오로지 상상력이라는 최후의 무기 혹은 자존심으로 버티어 왔다. 80년대 이후 수많은 독자와 창작자들을 컴퓨터 게임 업계에 빼앗기면서도, 환상적 서사물로서의 만화의 위치는 여전히 독보적이었다.

그러나 최근 몇 년 동안 컴퓨터 그래픽의 비약적인 발전으로 그러한 통념이 깨지고 있음은 주지의 사실이다. 이제 영화는 '사실적인' 컴퓨터 그래픽이라는 날개를 달고, 만화 원작 서사들을 거침없이 집어 삼키며 지면 속에 갇혀 있던 각종 초인들, 동물들, 심지어 변신 로봇에 이르는 만화 주인공들을 스크린 위에 부활시켜 '살아 움직이게' 만들고 있다.

코믹스의 공습이라고까지 부를 만한 이러한 경향은 할리우드에만 국한된 것은 아니다. 만화의 왕국이라고 불리는 일본에서는 매해 만화 원작의 영화와 드라마가 꾸준히 만들어지고 있고, 한국에서도 타짜, 아파트, 다세포 소녀 등 만화를 원작으로 한 영화가 연달아 개봉되고 있다.

수직적·수평적 통합을 거듭하며 거대해진 미디어 기업들에게, 하나의 흡인력 있는 이야기가 창구를 달리하여 끊임없이 새로운 수용자들을 만날 수 있다는 가능성은 지속적인 이익 창출과 직결되는 매력을 지닌다. 그 가능성은 사실상 팬들의 욕구에 기대고 있다. 팬들은 그들을 매혹시킨 어떤 이야기 세계를 끝없이 탐험하고 싶어 한다. 탐험의 과정에서 이전에 감상하지 못한 새로운 면모를 발견하고, 또 다른 시각에서 그 이야기를 바라봄으로써 한 번 시작된 몰입을 가능한 한 지속시키기를 원하는 것이다.[1] 따라서 최악의 시나리오는 한때 매혹되었던 이야기가 핵심적 요소를 잃은 채 매체를 바꾸어가며 지루하게 반복되는 것을 지켜보아야 하는 것이다.

(2) 만화에서 영화로, 매체 간 번역의 문제

원작의 팬들은 한 매체에서 구축된 세계를 다른 매체로 옮기는 과정에

---

1) Henry Jenkins(2003), "Transmedia storytelling", in *Technology Review*, January 15, 2003.

서 일어나는 유실에 민감하다. 이러한 유실은 보통 작품의 완성도에도 좋지 않은 영향을 줄 수밖에 없다.

실패한 만화 원작 영화의 결점은 표면적으로는 내러티브에, 즉 플롯과 메시지에 있는 듯 보인다. 내러티브 구축에 실패하는 한 가지 원인은, CG로 감쪽같이 만들어낸 스펙터클을 보여주는 데에 집착한 나머지 메시지를 지나치게 축약하는 것이다. 그러나 현대의 관객들이 화면 쪽으로 달려오는 기차의 영상에 놀라지 않듯이, CG가 진짜 같아 보인다는 것에 경이를 느끼는 관객들은 점점 적어지고 있다. 또 다른 원인은 만화의 길거나 짧은 플롯을 영화의 고정된 시간에 맞는 플롯으로 각색하는 과정에서 일어나는 유실이다.

그러나 보다 근본적인 어려움은 만화 이미지와 영화 이미지의 속성 차이에 기인하는지도 모른다. 왜 엑스맨들은 영화에서 스판덱스 쫄쫄이를 벗어 던져야만 했던가? 어째서 유니폼을 걸친 영화 속의 수퍼 히어로들은 우스꽝스러워 보이는 걸까? 하나의 매체에서는 이상하게 보이지 않던 것이 다른 매체에서는 기이하고 우스꽝스럽게 보인다. 하나의 매체에서는 충분히 의미심장했던 메시지가 다른 매체에서는 졸렬한 것이 된다. 스크린 위에서 부활한 만화의 영웅들은 원작의 아우라를 잃고 좀비가 될 위험에 처한다. 이것은 단순히 감독이나 제작진이 '원작에 충실'하지 않았기 때문일까?

앞서, 만화 원작의 영화화는 현실과 구분하기 힘들 만큼 '자연스러운' 영상을 자유자재로 창조해낼 수 있게 된 컴퓨터 그래픽 기술에 힘입었음을 지적한 바 있다. 그러나 보다 사실적인, 보다 자연스러운 컴퓨터 그래픽으로 상상력을 표현하려고 노력하는 것이 만화를 스크린으로 옮겨올 때 영화가 추구할 수 있는 최상의 길일까? 아시아 만화보다 상대적으로 사실주의적 스타일을 구사하는 미국의 코믹스(comics)나 유럽의 그래픽 노블(graphic novel)조차도, 영화 영상과 비교하면 애초에 리얼리티와는 거리가 멀었다는 것을 되짚어 볼 필요가 있다. 어쩌면, 우리를 매혹했던 만화의 힘은, 그 '사실적이지 않은 표현'에 있었던 것 아닐까? 중세의 비잔틴 모자이크를 르네상스적 원근법으로 다시 그려낸다고 생각해보자. 비잔틴 모자이크 앞에서 받은 감동과 정확히 같은 감동을, 르네상스 회화로 재현할 수 있겠는가? 만화에서 영화로, 매체 간의 번역에는 단순한 성실성과 노력만으로는 뛰어 넘을 수 없는 장벽이 존재하는 것일지도 모른다.

> "그림을 바라보고 있자면, 그림 속에 묘사된 것이 실제가 아니라는 것을 잊어버리는 순간이 있다. 현실과 모사의 구분이 사라지는 것이다."
> (퍼스)[2]

기호학자들에 따르면 어떤 기호 체계도 현실을 그대로 재현해낼 수 없다. 매체를 통해 이야기를 듣는 사람들은 현실이 아님을 알고 있음에도 감동하고 눈물을 흘린다. 그렇게 할 수 있는 것은 수용자가 매체가 전달하는 이야기에 대한 진위의 판정을 자발적으로 유보하기 때문이다. 그러나 '자발적'이라고 해서 수용자가 의식적으로 그렇게 하는 것이 아니라, 하나의 매체의 기호체계에 익숙해진 나머지 '자연스럽게' 느끼게 되는 것이다. 매체와 매체의 관습에 익숙한 수용자는 매체의 존재를 곧 잊어버리고 이야기 속으로 빨려 들어간다. 매체는 투명해진다. 다시 말해, 매체에 익숙해진다는 것은 매체의 기호 체계를 관습적으로 받아들이고 그를 통해 현실을 인식한다는 것이다. 그런데 기호가 지닌 물질성 때문에

---

2) Peirce(1931~1958), *Collected Writings*(8 Vols.).(Ed. Charles Hartshorne, Paul Weiss & Arthur W Burks). Cambridge, MA : Harvar University Press / 대니얼 챈들러(2006), 미디어 기호학』, 소명출판, p.119에서 인용한 것을 다시 인용.

기호 체계가 재현할 수 있는 현실은 저마다 다를 수밖에 없다.[3] 기호 상호 간의 번역에 대해 움베르트 에코는, 서로 다른 기호 체계들 사이에서는 표현 실질의 근본적인 차이로 인하여 원전 텍스트(소위 <출발 텍스트>)와 <똑 같은 것>을 말하기 어렵다고 한다.[4]

(3) 재목적화가 아닌 재매개

하나의 기호틀에서 다른 기호틀로의 번역이 어렵다면, 번역 대상의 기호틀을 새로운 기호틀 내에 편입시키는 것은 어떨까.

어떤 영화들은 영화의 관습에서 표현하기 힘든 만화의 관습을, 영화 속으로 가져오는 것으로 기호 상호간의 번역 문제를 어느 정도 해결하려 한다. <300>, <씬 시티(Sin city)>, 그리고 <다세포소녀>와 같은 영화들은 일반적인 각색과는 사뭇 다른 접근을 취한다.

볼터(Jay Bolter)에 따르면 재목적화(repurposing)는 한 미디어가 갖고 있는 속성을 취해 그것을 다른 미디어에서 재사용하는 것이고, 재매개(remediation)는 한 미디어를 다른 미디어에서 표상하는 것이다. 일반적인 각색은 재목적화에 해당한다. 재목적화는 비매개, 즉 가장 자연스러운 현실을 지향하므로, 다른 미디어의 존재를 드러내지 않는다. 재매개는 타 미디어의 형식을 빌려와 미디어 내부에서 혼성적 형식을 구성한다. 비매

---

3) 퍼스는 기호 전달체와 '관계의 양태'로서 기호를 상징(symbol), 도상(icon), 지표(index)의 세 가지 형태로 구분하였다. 모든 기호는 세 가지 형태를 다 가지고 있지만 기호에 따라 그 정도가 다르다. 상징기호에서 기표와 기의 사이에는 아무런 유사성이 없으며, 근본적으로 자의적이고 관습적이다. 도상기호는 기표가 기의와 유사하거나 기의를 흉내 내는 것으로 인식되며 서로 유사한 특성을 공유한다. 지표기호에서 기표는 기의와 자의적이 아닌 물리적인 방식이나 인과 관계의 형태로 직접 연결되어 있다. 『미디어 기호학』, p.81.

4) Umberto Eco(2003), "Dire quasi la tesa cosa", in Milano : Bompiani / 김운찬(2005), 『현대 기호학과 문화분석』, 열린책들, p.206에서 인용한 것을 다시 인용.

개가 투명성에 대한 욕망이라면 재매개는 미디어에 대한 탐식이다.[5]

슈퍼맨 리턴즈나 배트맨, 강풀의 만화를 원작으로 한 아파트와 같은 영화들이 기존 영화의 관습에 따라 만화를 재목적화했다면, 앞서 예로 든 영화들은 볼터의 용어를 빌리자면, 영화 안에서 만화를 '재매개'하고 있는 것이다.

이후의 장에서는 먼저 만화와 영화의 기호 매체적 차이에 관해 살펴보고, 영화 <300>의 케이스 스터디를 통해 영화 속에서 만화의 재매개가 어떻게 일어났는지 밝히고자 한다.

2. 디지털 코드로서의 만화, 아날로그 코드로서의 영화

"철저히 계산된 커뮤니케이션이 디지털 코드의 지배적 특성이라면 아날로그 코드는 의도와 무관하게 발생하는 커뮤니케이션에 대한 것이다."[6]

영화의 지표 기호적 속성과 연속적 운동의 표현으로부터 아날로그 코드로서의 영화를 떠올린다면, 만화의 도상 기호적 속성과 운동의 의도적 분할로부터 만화 매체의 디지털 코드적 속성을 발견하게 된다.

(1) 영화의 지표 기호적 속성과 비매개성

영화의 이미지는 카메라를 통해 촬영된 대상과 광학적 관계를 맺고 있다는 점에서 지표 기호적 성격을 띠고, 현실을 '투명하게' 매개한다는 착각을 불러일으킨다. 실제로는 영화 이미지 또한 영상 언어와 소리를 통

---

5) Bolter, J. D. & Grusin, R.(1999), *Remediation*, London : The MIT Press.
6) Wilden, Anthony(1987), *The Rules Are No Game : The Strategy of Communication*. London : Routledge & Kegan Paul. /『미디어 기호학』 p.255에서 인용한 것을 다시 인용.

해 도상 기호, 상징 기호의 역할을 한다. 예를 들어 영화 속 주인공의 이미지는 실제의 사람과 닮은 가상의 인물, 즉 도상 기호이다. 그러나 영화의 스크린 위에 맺힌 주인공의 상은 동시에 그 주인공을 연기하는 배우를 지칭하고 있는 지표 기호이기도 하다. 영화 속 공간도 마찬가지이다. 영화 '밀양'의 배경이 되는 밀양은 서사 속의 가상적 공간이기도 하지만 동시에 실재하는 밀양의 모습을 전달하고 있다.

따라서 영화적 이미지는 상대적으로 아날로그적이다. 존재하는 대상을 촬영한다는 것은, 촬영의 의도만 남기고 그 이외에 존재가 지니는 여러 가지 측면을 여과해버릴 수는 없는 과정이다. 같은 선상에서 바르트는 사진 이미지는 아날로그적이라고 말한다.

(2) 만화의 도상 기호적 특성

같은 도상기호라고 하더라도, 회화보다 더 추상화된, 더 개념적인 도상기호라고 할 수 있다.

당연한 말일 수 있는데, 만화의 이미지는 도상 기호적 속성이 강하다. 만화 자체는 도상기호와 상징 기호의 다차원적 그물로 이루어진 매체라고 할 수 있겠다.

커뮤니케이션 학자 랜달 해리슨은 대중매체에서 일어나는 정보의 전달에 관한 알포트와 포스트맨의 이론으로 카툰 기법을 설명한다.[7] 알포트와 포스트맨에 따르면, 대중 매체에서 정보는 평탄화(leveling), 첨예화(sharpening), 동화(assimilation)의 과정을 거쳐 전달된다. 평탄화 과정에서 하나의 이야기는 단순화된다. 첨예화는 광범위한 상황 하에서 소수의 세부 항목에 대한 선택적 지각, 파지 및 전달을 의미한다. 이후 동화 과정

7) Harrison, Randall P., 하종원 역(1989), 『만화와 커뮤니케이션』, p.58, 이론과 실천.

에서 이야기는 화자에게 '이해할 수 있는' 형태로 발전한다. 카툰은 생략, 선별, 특징의 과장을 통해 전달하고자 하는 정보를 극명하게 드러낸다.

이 과정에서 도상기호에 일어나는 일은 추상화다. 카툰으로 그려진 나무는 사실주의적으로 그려진 나무보다 추상적이고, 보다 개념에 가까운, 광범위한 나무를 의미한다. 실제로 사람들은 사진에 찍힌 손보다 만화로 그려진 손을 더 빨리 인식한다는 연구 결과가 있다.[8]

❶ 만화의 도상기호적 캐릭터

만화의 캐릭터는 추상화된 선, 상징적인 의상과 머리 모양으로 도상기호적 성질을 얻는다.

스콧 맥클루드는 카툰의 도상기호적 성질이 (사진이나 회화에 비해) 자기 동일시를 이끌어내고 몰입을 강화한다고 말한다.[9]

일본 만화의 대부 오사무 데스카는 스스로 자신의 캐릭터는 기호라고 말하였다. 카툰의 도상기호적 속성은 만화 캐릭터로부터 어느 정도의 물질성을 탈락시키기 때문에, 만화 캐릭터의 초인적인 능력이나 불사의 능력이 자연스럽게 받아들여질 수 있는 것이다.[10]

그리고 잉여를 털어버린 기호성과 시각적으로 호소하는 도상성 덕분에, 만화 속의 캐릭터는 다른 어떤 매체의 캐릭터보다도 가볍고, 평면적이며, 강한 호소력을 지닌다. 이 점이 만화가 환상을 그토록 손쉽게 다룰 수 있었던 한 요인이며, 동시에 아이들이나 보는 유치한 창작물이라는 원색적 비난을 들어야 했던 원인이기도 하다.

---

8) Ryan, T. A. and C. B. Schwartz(1956), "Speed of perception as a function of mode of representatio", In *American Journal of Psychology* 96 : 66~69 / 『미디어 기호』, p.119에서 인용한 것을 다시 인용.
9) McCloud, S., 고재경 역(1999), 『만화의 이해(Understanding Comics)』, p.51, 아름드리.
10) 오오쯔 에이지, 최윤희 역(2001), 『망가, 아니메』, p.23, 써드아이.

❷ 만화의 도상 기호적 공간

만화의 공간 또한 실재하는 공간으로서의 물질성보다는 분위기를 만들어내고 캐릭터의 감정을 표현하는 하나의 기호로서의 기능이 강조된다.

스콧 맥클루드는 만화 공간에서 서양 만화의 전통과 일본 만화의 전통의 차이에 대해 지적한다. 코믹스에서 배경은 인물보다 더 사실주의적 기법으로 그려지지만, 일본 만화의 배경에는 각종 도상 기호들이 활약한다는 것이다. 특히 순정 만화에서 자주 쓰이는 흩날리는 꽃 배경, 소년 만화에서 과다하게 쓰이는 속도선 등은 기호적 배경의 대표적 예라고 할 수 있다.

그러나 사실주의적 스타일로 그려진 배경이라고 할지라도 만화의 배경은 일관된 컬러톤과 스타일로서 만화만의 도상 기호적 공간을 만들어낸다. 색은 현실성을 고려하여 채색되기보다는 서사를 보조하기 위한 감성적 요소와 인지를 보조하기 위한 요소로 디자인되며, 카툰 기법에서는 종종 배경의 공간과 색상이 콘티뉴어티를 고려하지 않은 상징적 기호가 되어버리기도 한다.

❸ 운동의 분할

영화 속의 운동이 연속적 운동의 기계적 분할을 초당 24프레임으로 이어 붙인 것이라면, 만화 속의 운동은 한 두 장면의 특징적인 순간, 혹은 개념적인 순간으로 포착된다.[11] 이 순간은 결코 운동의 물리적 실재를 전달하기 위해 선택된 순간이 아니다. 이 순간은 운동의 정서적 특징을 전달하기 위해 선택된 순간이다. 따라서 독자가 경험하는 만화 속의 시간은 칸과 칸 사이의 빠르고 희미한 시간과, 한 칸 내의 느리고 강렬한 시간들로 구성된다.

---

11) 요모타 이누히코, 김이랑 역(2000), 『만화 원론』, 시공사, p.36.

(3) 만화의 하이퍼매개적 특성

영화의 캐릭터, 공간, 시간의 지표적 속성은 영화가 현실을 투명하게 매개한다는 착각을 불러온다. 특히 시간의 문제에 있어, 영화는 편집을 통해 이어 붙이거나 속도를 조절하지만, 적어도 기본적으로 한 쇼트 내에서 실재하는 시간의 흐름과 동일한 시간을 전달하고 있다. 관객은 필름이 돌아가는 속도에 맞추어 주어진 시간을 기계적으로 경험해야 한다. 그러나 만화의 시간은 만화의 칸과 칸 사이에서, 또 한 칸 내에서 주관적으로 흐르고, 이 시간을 진행시켜 나가는 것은 순전히 독자의 몫이다.[12] 만화의 시간은 2차원 평면 위에 공간적으로 표현되고, 독자들은 칸과 칸으로 이루어진 평면을 누비면서 만화적 시간을 마음껏 체험한다. 만화의 칸은 그 안에 기본적으로 문자와 이미지라는 상이한 전통을 재매개한다. 여기서 만화의 하이퍼매개성이 조심스럽게 제기된다. 하이퍼텍스트가 등장하면서 스콧 맥클루드를 위시한 일군의 만화가들이 하이퍼텍스트 만화를 시도한 것은 이러한 만화의 본질에 착안한 것이었다.[13]

(4) 환상의 만화, 리얼리즘의 영화

만화에 대한 비난들, 생각하지 않게 만든다거나 유치한 것이라는 폄하는 만화의 빠르고 직접적인 정보 전달 방식, 즉 만화의 디지털 코드적 속성에 기인한다. 그러나 이러한 생략과 축약의 디지털 코드는 미메시스보다 알레고리적 서사를 전달하는 데에 제격이다.

반면 영화에서 리얼리즘은 한때 도그마로까지 성역화되었다. 영화에서 내레이션은 정보를 지나치게 직접적으로 전달(혹은 강제)한다는 이유로

---

12) 『만화의 이해』, p.76.
13) 그들의 작품활동에 대해서는 다음 링크를 참조할 수 있다.
   http://www.scottmccloud.com

회피된다. 이러한 전통 하에서 현재까지도 만화를 원작으로 하는 영화들, 환상적 이야기 공간을 구성하는 영화들이 리얼리즘의 잣대로 평가 받고 있는 것이다.

(5) 재매개의 과제

이러한 맥락에서 만화를 재매개하는 영화는 크게 세 가지 실제적 문제를 가지게 된다. 디지털 코드를 어떻게 아날로그 코드 속에 포함할 것인가, 즉 캐릭터 기호성의 재매개, 공간 기호성의 재매개, 운동 분할의 재매개가 각각 문제가 된다.

3. 케이스 스터디 : 영화 〈300〉의 재매개 전략

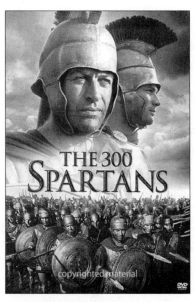

[그림 1] 영화 〈300〉의 포스터

〈300〉은 1998년 Dark Horse Comics 사에서 출판된 그래픽 노블로, 〈Sin City〉의 작가로 잘 알려진 프랭크 밀러(Frank Miller)가 글과 그림을 그리고 린 발리(Lynn Varley)가 채색했다. 프랭크 밀러가 어릴 때 본 1962년의 〈The 300 spartans〉라는 영화에서 영감을 받아 제작되었다고 한다. 보통 판형보다 가로로 두 배가 더 넓은 시네마스코픽(cinemascopic) 판형으로, 평원에서의 전투, 군중 신의 효과적인 연출을 가능하게 한다. 이러한 판형과 프랭크 밀러의 스타일리시하면서도 사실적인 그림체는 실사 영화로 비교적 자연스럽게 옮겨진다.

영화 <300>은 영화 <Sin City>의 성공에 힘입어, 잭 스나이더(Zack Snyder) 감독, 원작가인 프랭크 밀러가 제작자 및 컨설턴트로 참여해 제작되었다. 대부분의 장면이 블루스크린 기법으로 촬영되었고, 감독은 기본적으로 만화의 각 장면을 영화의 쇼트로 그대로 옮겨 오기 위해 노력했다고 말했다.

[그림 2] 원작 만화 〈300〉의 표지

❶ 캐릭터 기호성의 재매개

영화 <300>의 캐릭터들은 극단적인 분장과 CG를 통해 배우의 얼굴 위에 만화 속 캐릭터의 이미지를 덧씌운다. 크세르크세스 역의 배우는 상당한 인지도가 있었음에도 영화를 본 관객들은 전혀 다른 사람으로 인식할 정도였다. 그의 외모는 본 모습보다는 차라리 만화 속의 크세르크세스와 같았으며, 그의 키는 만화 속 설정과 동일하게 조정되었다. 즉 배우들은 영화 <300>에서 자신의 필모그래피를 통해 구축해온 이미지—배우 자신의 지표 기호—가 아닌, 철저히 만화 속 캐릭터의 도상 기호로서 움직였던 것이다.

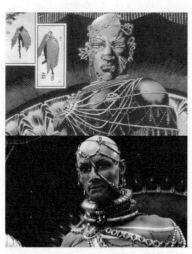

[그림 3] 만화 속에 표현된 크세르크세스(위), 영화의 크세르크세스(아래)

대조적 예로서, 만화를 재목적화하는 영화들은 만화 캐릭터의 이미지를 상대적으로 물질화시키는 경향을 보인다. <슈퍼맨 리턴즈>에서 슈퍼맨은 원색의 푸른 스판덱스 의상과 빨간 망토가 '비현실적'이고 '유치'하다는 이유로, 한 단계 채도를 낮춘 색상의, 한 눈에도 고급스러워 보이는 '질감'으로 제작된 옷—다시 말해 물질성이 강조된 옷—을 입었다. 또한 <X-men>에서 엑스맨들은 만화 속의 스판덱스 의상을, 마찬가지로 '유치'하다는 이유로 벗어 던진다. 이로서 그들은 보다 '현실적인' 캐릭터로 재탄생한다.

❷ 공간 기호성의 재매개

영화 <300>은 블루 스크린을 이용한 디지털 영상 합성 기술을 통해 만화 속에 묘사된 공간을 영상으로 가져온다. 영화 속 공간의 색은 만화와 같은 톤으로 진행된다. 대부분 일관되게 탈색된 듯한 붉은 색으로 처리된다. 디지털 기술로 창조된 배경 공간은 더 이상 현실의 매개가 아니라 환영(幻影, simulacrum)이며, 그저 거기 있는 '현실'이 아니라 오로지 서사적 목적을 위해서만 존재하는 디지털 기호로서 작용한다.

[그림 4] 블루스크린 촬영(위), CG 처리 후 화면(아래)

❸ 운동 분할의 재매개

<300> 후반부의 전투 장면에서 감독은 슬로우 모션, 스탑, 패스트 모

션을 조절하며 움직임의 '보여 주어야 할 부분'을 보여 주기 위해 노력한다. 움직임이 일시적으로 정지될 때 화면의 구성 요소들은 이상적인 구도로 배치된다. 이는 만화를 읽을 때 경험하는 시간을 모사하려는 시도임이 분명하다. 그러나 만화적 시간이 독자 개개인의 주관적 해석에 의존하는 데 반해, 영화의 시간은 강제될 수밖에 없다는 점에서 한계를 가지게 된다.

4. 영화, 만화를 통해 도약하다

만화를 재매개하는 영화는 그 지표적 속성, 아날로그적 속성을 벗어던지고 도상적 기호, 디지털 코드로 거듭난다. 이들 영화에서 컴퓨터 그래픽 기술은 영화 속에서 사실적인 이미지를 재현하기보다는 서사 기호적 공간과 시간, 인물을 창조하고 있다. 지표성을 지우고 도상성을 드러냄으로써 영화는 매체의 한계를 극복하고 환상과 알레고리에 대해 이야기할 수 있는 기회를 얻는다.

볼터는 비매개의 충족할 수 없는 욕망이 미디어들로 둘러싸인 현실 즉 하이퍼미디어의 세계로 대리된다고 설명한다. 만화를 재매개하는 영화는 본래의 비매개성 대신 하이퍼매개성을 전면에 내세우면서, 트랜스미디어 스토리텔링 세계 속에서 영화가 차지하는 자리를 재조정한다.

사실 영화에서 만화의 재매개가 주류적 경향이라고 할 수는 없다. 그러나 드라마, 영상에서 만화적 형식의 차용—즉 재매개는 쉽게 발견되고 있다. 군이 만화 원작의 영화가 아니더라도, 만화 형식의 재매개는 향후 영상 미학의 한 양식으로서 지속적으로 발전할 가능성을 지니고 있다고 본다.

참고문헌

논문 및 단행본

김운찬(2005), 『현대 기호학과 문화분석』, 열린책들.

대니얼 챈들러, 강인규 역(2006), 『미디어 기호학』, 소명출판.

오오쓰카 에이지, 최윤희 역(2001), 『망가, 아니메』, 써드아이.

요모타 이누히코, 김이랑 역(2000), 『만화 원론』, 시공사.

Bolter, J. D. & Grusin, R.(1999), *Remediation*, London : The MIT Press.

Harrison, R. P., 하종원 역(1989), 『만화와 커뮤니케이션』, 이론과 실천사.

Jenkins, H.(2003), "Transmedia storytelling", in *Technology Review*. January 15, 2003.

McCloud, S., 고재경 역(1999), 『만화의 이해(Understanding Comics)』, 아름드리.

Miller, F. & Varley, L.(1999), 300, Dark Horse.

인터넷 사이트

스콧 맥클루드의 홈페이지, http://www.scottmccloud.com

영화 〈300〉의 홈페이지, http://www.300movie.co.kr

놀이 공간 | 예술 공간 | 디지털 광장 | 디지털 기계

예술 공간과
소통하기

로커티브 아트(Locative Art)에서의 인터스페이스 분석

윤아연

1. 현실공간과 가상공간

가상공간은 더 이상 현실공간과 분리된 개념이 아니다. 현실공간과 가상공간의 밀접한 관계에 대한 연구는 이미 20세기 초부터 존재했다. 예를 들어 프로이트(S. Freud)는 꿈으로 대표되는 가상공간은 오히려 현실공간에서는 드러나지 않는 무의식을 표현하기 때문에 현실보다 더욱 현실적인 곳이라고 했다. 일찍이 헤겔(George W. F. Hegel) 또한 현실공간으로 구성되어 있는 가상공간은 현실공간을 배제함으로써 느낄 수 있고 가상공간으로 구성되어 있는 현실공간은 가상공간을 배제함으로써 느낄 수 있기 때문에, 현실공간과 가상공간은 활발한 상호작용을 통해 서로 밀접하게 연결되어 있는 것이라고 이야기한 바 있다(Slavoj Zizek, 2001). 이러한 현실공간과 가상공간에 대한 연구는 오늘날 두 공간이 혼합된 '제 3의 공간'에 대한 연구로 이어진다.

디지털 혁명 이후, 대다수의 아날로그(analog)적 삶의 요소들은 디지털 (digital)로 변화했다. 음악, 책, 쇼핑, 게임, 정치, 교육 등은 재빠르게 MP3 음악 파일, e-book, 전자상거래, 온라인 게임, 인터넷 민주주의, 사이버 교육 등으로 디지털화한 것이다. 하지만 이러한 총괄적인 움직임이 우리의 모든 생활을 디지털 공간 속으로 끌고 가지는 못한다. 디지털이 아무리 발달한다 하더라도 아날로그 공간을 완전히 대체할 수는 없기 때문이다. 즉, 인터넷 소설에 의해 기존 문학 장르가 아예 없어지는 것은 아니며, 디지털 미디어를 이용한 미디어 아트의 등장으로 아날로그적 회화 작품이나 조각이 완전히 사라지는 것은 아니라는 것이다. 이러한 디지털 공간 속 생활 요소들은 아날로그 공간의 동일 요소들을 '대체'하는 것이 아니라 단지 이들을 '보충'할 뿐이다.

무어의 법칙(Moore's Law)에 따라 무한증식의 양상을 보이던 디지털이 이제 거의 정점에 다다르면서, 점차 유비쿼터스(ubiquitous) 공간으로 넘어가고 있다. 유비쿼터스 공간은 가상공간과 현실공간이 완전하게 합일되는 지점을 말한다. [그림 1]과 같이 디지털 혁명이 발발한 직후에는 가상공간과 현실공간의 구분은 매우 뚜렷했고, 이 두 공간은 완전히 분리되어 있었다. 하지만 점차 그 경계선이 느슨해지면서 이 두 공간은 합쳐지기 시작했고, 이제는 유비쿼터스 공간을 바라보게 된 것이다. 이런 관점에서 볼 때 현재 우리는 유비쿼터스로 나아가는 길목에 위치한다고 할 수 있다. 즉, 앞에서 제기한 '제 3의 공간'은 현재 우리의 모습, 바로 [그림 1]의 인터스페이스(Interspace) 지점을 가리키는 것이다.

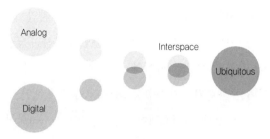

[그림 1] 아날로그, 디지털, 그리고 유비쿼터스의 관계

여기서 유비쿼터스 공간이 가상공간과 현실공간이 '합일'되는 지점이라면 제 3의 공간은 두 공간이 '혼재(혼합)'된 지점이라고 정의할 수 있다. 이렇게 두 공간의 개념을 구분하는 이유는, 유비쿼터스 공간에서 독립된 제 3의 공간에 대한 연구를 통해서만 현 상황에 대한 냉철한 통찰과 판단을 할 수 있고 이를 바탕으로 미래에 대한 올바른 방향을 찾을 수 있기 때문이다.

이 글에서는 먼저 현실공간과 가상공간이 결합·혼재된 제 3의 공간을 인터스페이스로 규정하고, 3장에서는 이것이 가장 적극적으로 표현된 로커티브 아트(Locative Art)의 케이스 스터디를 통해 인터스페이스의 특징을 분석하며, 4장에서는 이를 귄터 안더스가 제시한 '팬텀(Phantom)'과 비교·분석함으로써 이에 대한 깊이 있는 이론적 고찰을 수행하고자 한다.

2. 인터스페이스

인터스페이스(Interspace)의 사전적 의미는 '① 사이의 공간(시간), 짬 혹은 ② ~의 사이에 공간을 두다(남기다), 빈 데를 차지하다'이다.[1] 하지만 현 CaiiA-STAR 학장이자 텔레마틱 아트의 창시자인 로이 에스콧(Roy Ascott)은 이 단어를 현실공간과 가상공간이 교차하는 공간에 사용하였다. 즉 현실공간과 가상공간 사이의 공간, 이 두 공간이 혼합된 또 다른 공간이란 의미를 표현하기에 '인터스페이스'가 적합했던 것이다. 애스콧은 자신의 저서를 통해 인터스페이스를 '현실이 재처리되어 새로운 의식이 구체화되는 가상과 현실 사이의 공간(Found between the virtual and the actual, where reality is re-negotiated and the new consciousness is embodied., Roy Ascott, 2003)'이라고 규정하였다. 즉, 인터스페이스는 가상공간과 현실공간의 충돌로 생겨난 '제 3의 공간'이자 양 공간의 융합 공간인 것이다. 이는 단순히 두 공간이 물리적으로 통합된 것이 아니라, 각 공간의 역할이 재정립되어 물질과 정보가 혼연일체 된 '살아 숨 쉬는 공간(living Space)'을 뜻한다.2)

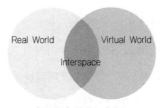

[그림 2] 인터스페이스

3. 미디어 아트 속 인터스페이스

인터스페이스의 개념을 좀 더 명확히 하기 위해 이를 활용한 예술 장르를 분석해보고자 한다. 미디어 아트 이후 인터스페이스는 예술장르에서

---

1) 네이버영어사전, http://endic.naver.com
2) 이정교·이경선(2003), 「전시공간에서 Digital Media의 효과와 상호작용성에 관한 연구」, 『미술디자인 논문집』 9호

주(主)무대로 이용되었기 때문이다. 관람객의 인터랙티비티(interactivity)를 중시하는 미디어 아트 작품일수록 이러한 경향은 더욱 뚜렷이 드러나는데, 대부분 미디어를 이용한 가상공간과 현실공간에서 벌어지는 관람객의 인터랙티비티를 동시에 보여주고 있기 때문이다. 하지만 최근 새롭게 등장한 로커티브 아트는 기존 미디어 아트와는 좀 더 다른 방식으로 인터스페이스를 활용하고 있다.

(1) 로커티브 아트

로커티브 아트(Locative Art)는 2002년 'Latvian Electronic Art and Media Center'에서 주최한 워크숍에서 처음 제기된 용어로, 'locative[locətiv]'는 '장소'라는 뜻의 라트비아어로 영어의 'in', 'at', 'on', 'by' 등에 비슷하게 대응하는 단어이다. 위치기반 미디어예술 등으로 번역되는 로커티브 아트[3]는 GPS, 컴퓨터, 모바일 기기 등의 디지털 미디어 단말기를 사용하여 현실 세계에서 사회적인 인터랙션을 발생시키고 장소와 다른 사람과의 관계에 대해 인식하고자 하는 미디어 아트의 한 장르이다.[4] 로커티브 아트의 특징으로는 일반적으로 로커티브 미디어(Locative Media),[5] 즉 PDA, GPS, 모바일 기기 등과 같은 위치기반 미디어를 사용한다는 점을 꼽지만, 여기에서는 이보다 인터스페이스를 이용한다는 점을 더욱 부각시키고자 한다.

---

3) 위키 백과에 따르면 Locative Art를 다음과 같이 정의내리고 있다.
  Locative Art is one of the art, which uses locative media such GPS or Wi-Fi as its medium. It is a sub-category of Interactive Art or New Media Art, which explores the relationships between the real world and the virtual or between people, places or objects in the real world.
4) 우숙영(2006), 「장소 특정적 공공미술로서의 위치기반 미디어 예술(Locative Media Art) 연구」, 이화여자대학교 석사학위논문.
5) 위키 백과에 따르면 Locative Media를 다음과 같이 정의하고 있다.
  Locative Media are media of communication bound to a location. They are digital media applied to real places and thus triggering real social interactions.

(2) 로커티브 아트에서 인터스페이스의 의미

영국의 로커티브 아티스트 그룹인 Blast Theory는 2003년 <Uncle Roy All Around You>6)라는 프로젝트를 진행했다. 이는 낯선 도시에서 참가자들이 서로 협업을 통해 한 시간 내에 로이(Roy)의 사무실을 찾아내야 하는 일종의 게임이다. 여기에서 가장 특징적인 것은 참가자들이 온라인 게이머(Online Player)와 오프라인 게이머(Offline Player), 이렇게 두 그룹으로 나누어진다는 점인데, 오프라인 게이머는 게임 시작 전 해당 도시의 지도와 자신의 위치, 온라인 게이머의 위치 등이 표시되어 있는 조그만 포터블 컴퓨터(portable computer)를 제공받아, 이를 이용하여 도시를 돌아다니면서 미션을 수행하게 되어 있다. 게이머들에게 쪽지를 보냄으로써 사무실을 찾기 위한 실마리를 지속적으로 제공해주는 로이는 마치 MMORPG 게임7)에서 퀘스트를 주는 NPC8)와 흡사하다. 온라인 게이머는 컴퓨터를 통해 해당 도시의 지도와 사진, 오프라인 게이머의 위치 등의 정보를 가지고 게임에 임하는데, 이들도 똑같이 로이의 쪽지와 다른 게이머들과의 커뮤니케이션을 통해 미션을 수행하도록 되어 있다.

이처럼 로커티브 아트는 현실공간과 가상공간을 동등한 위치에서 혼재시킨다는 특징이 있다. 이와 같은 관점에서 보면 로커티브 아트가 위치기반 미디어를 사용한다는 점도 궁극적으로는 이러한 혼합 공간을 창출하기 위한 수단에 불과한 것이다. 즉, 현실공간과 가상공간을 동시에

---

6) http://www.blasttheory.co.uk
7) MMORPG(Massively Multiplayer Online Role Playing Game) : 동시에 수천 명 이상의 플레이어가 인공적으로 구현된 게임 속 가상현실 세계에 접속하여 각자의 역할을 맡아서 플레이하는 온라인 네트워크 게임으로, 리니지나 WOW(Word of Warcraft) 등을 예로 들 수 있다.
8) NPC(Non-Player Character) : 게임에서 사람이 직접 조작하지 않는 캐릭터로, 플레이어가 하지 않는 캐릭터를 맡음으로써 게임 세계의 깊이를 더해주는 역할을 한다.

이용하기 위해 위치기반 미디어의 사용이 필수적인 것이지, 위치기반 미디어를 사용하기 때문에 인터스페이스가 창출되는 것은 아니라는 것이다. 그러므로 인터스페이스는 넷 아트(Net Art), 소프트웨어 아트(Software Art), 컴퓨터 아트(Computer Art) 등과 같은 다른 미디어 아트를 로커티브 아트와 구분시켜 주는 가장 중요한 요소가 된다.

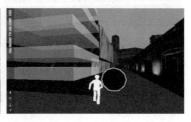

[그림 3] Uncle Roy All Around You

(3) 미디어 아트 내 인터스페이스 활용도 비교

앞서 말했듯이 인터스페이스를 활용한 예술 장르에 단순히 로커티브 아트만 포함되는 것은 아니다. 현실공간에서 관객의 참여가 있어야 작품이 완성된다는 측면에서 보면 인터랙티브 아트(Interactive Art)에 속하는 미디어 아트는 모두 인터스페이스를 이용한 것이기 때문이다. 하지만 이들의 활용은 로커티브 아트의 그것과는 차이를 보인다. 대표적인 초기 미디어 아트 작가인 제프리 쇼(Jeffrey Shaw)의 <The Legible City>(1988~1991)[9] 관객이 프로젝션 앞에 설치된 고정자전거를 타고 핸들을 조정하면 그 움직임이 프로젝션 안의 캐릭터에도 똑같이 적용되어, 관객에게 글자로 만들어진 도시를 이리저리 활보한다는 느낌을 주는 작품이다.

하지만 이러한 인터랙티브 아트는 가상공간과 현실공간을 결합 또는 혼재시킨 것이 아니라 단순히 연결시키기만 했다는 데에 한계가 있다.

---

9) http://www.jeffrey-shaw.net

즉 여기에서의 현실공간은 가상공간과 대등한 위치에 있는 것이 아니라 단순히 보조 역할만 수행할 뿐, 작품에서 주(主)를 이루는 요소는 가상공간인 것이다.

[그림 4] The Legible City

또 다른 종류의 미디어 아트 작품인 조지 레그레디(George Legrady)의 <Packets full of Memories>(2001)[10]를 보아도 이러한 상황은 마찬가지이다. 이 작품은 사람들이 자신이 소중하게 생각하는 물건을 스캐너에 스캔하면 이를 한데 모아 그 앞에 설치된 프로젝션에 띄워놓은 것으로, 데이터베이스 아트(Database Art)의 대표적인 작품 중의 하나이다. 이 작품 또한 현실공간에서의 관객의 활동을 통해 현실공간과 가상공간의 혼합을 꾀하고자 하나, 로커티브 아트에 비해 굉장히 '소극적'으로 인터스페이스를 활용하고 있음을 알 수 있다.

[그림 5] Packets full of Memories

---

10) http://www.georgelegrady.com

로커티브 아트는 매우 '적극적'인 태도로 인터스페이스를 수용한다. 제레미 우드(Jeremy Wood)의 <Walking on Basel>(2004)11)은 스위스 바젤(Basel) 지역을 도화지 삼아 66.7km를 걸어 GPS(Global Positioning System)로 Basel이라는 글씨를 새긴 프로젝트이다. 즉, 현실공간에서의 활동을 통해 가상공간에 자신의 흔적을 남기고자 하는 것이다. 이 작품 또한 현실공간에서의 걷는 행위와 가상공간에 남겨지는 흔적이 대등한 위치에서 서로에게 밀접한 영향을 미치고 있음을 알 수 있다. 현실공간에서의 행위가 바로 가상공간에서의 결과가 되는 것이다.

[그림 6] Walking on Basel

뉴욕 대학의 Interactive Communication 전공 학생들은 <Pacmanhattan>(2004)12)을 통해 1980년대 유행하던 컴퓨터 게임 팩맨(Pac-Man)을 맨하탄(Manhattan)이라는 현실공간에 옮겨 놓았다. 이 작품은 팩맨의 옷을 입은 참여자들이 위치기반 미디어를 이용하여 자신의 위치를 근처에 있는 팀 주장들에게 전송하면 팀 주장들이 컴퓨터에 입력된 게임 지도를 보고 어디로 가야 할지를 지시해주는 형식으로 진행된다. 이는 또한 현실공간을 게임의 현장으로 제공하여 현실공간과 가상공간을 넘나드는 묘미를 느끼게 해준다.

11) http://www.gpsdrawing.com/workshops/galleries/viperbasel.htm
12) http://www.pacmanhattan.com

[그림 7] 〈Pacmanhattan〉

이와 같이 로커티브 아트에서 인터스페이스는 ① 현실공간과 가상공간이 대등하게 연결되고, ② 이 둘이 밀접한 관계를 가지고 서로 영향을 미친다는 면에서 다른 미디어 아트들의 인터스페이스와 차이를 보인다. 이를 그림으로 나타내면 [그림 8]과 같다.

소극적 수용
기존 미디어 아트

적극적 수용
로커티브 아트

[그림 8] 인터스페이스 활용도에 따른 기존 미디어 아트와 로커티브 아트의 차이점

[그림 1]에서와 같이 옅은 색 원을 현실공간(analog), 짙은 색 원을 가상공간(digital), 그리고 이 두 원이 완전히 포개진 형태를 유비쿼터스 공간이라고 보았을 때, [그림 8]은 그 포개짐의 정도에 따라 인터스페이스의 활용 정도를 나타낸 것이다. 즉 왼쪽 그림은 인터스페이스를 소극적으로 수용하는 기존 미디어 아트를 표현한 것이고, 오른쪽 그림은 적극적인 태도로 인터스페이스를 구현하는 로커티브 아트를 보여주는 것이다. 포개지는 면의 넓이를 통해 기존 미디어 아트보다 로커티브 아트가 유비쿼터스에 더 가까이 다가가 있음을 알 수 있다. 이를 좀 더 명확하게 표현하면 다음 그림과 같다.

0%	기존 미디어 아트	로커티브 아트	(?)	100% (유비쿼터스)

[그림 9] 인터스페이스 활용도와 미디어 아트

인터스페이스 활용도가 0%인 곳에는 소프트웨어 아트나 넷 아트와 같이 가상공간에서만 이루어지는 작품, 또는 회화나 조각 등과 같이 현실공간만을 이용하는 아날로그 작품이 속한다. 이후 점점 인터스페이스 활용도가 높아지면서 관객의 인터랙티비티를 강조한 미디어 아트가 등장하게 되고, 최근 들어 이보다 더 적극적으로 인터스페이스를 활용한 로커티브 아트가 생겨난 것이다. 즉 이를 통해 인터스페이스의 활용도가 미술사의 진행 방향과 완벽하게 일치함을 알 수 있다. 디지털 시대 이후로 역사는 인터스페이스의 활용도가 증가하는 방향으로 흘러가고 있는 것이다.

4. 팬텀과 인터스페이스

인터스페이스와 비슷한 개념으로 독일의 미디어 철학자인 귄터 안더스(Guenter Anders)는 팬텀(Phantom)이란 개념을 제시했다. 안더스는 자신의 저서 『팬텀과 매트릭스로서의 세계』를 통해 텔레비전에 의해 만들어지는 이미지를 가상도 실재도 아닌 제 3의 존재라고 비판하며, 팬텀이란 용어를 사용했다.

뉴스를 통해 보도되는 살인 사건은, 사건의 진실여부에 상관없이 텔레비전 앞에 앉아 있는 사람에게는 단지 가상의 이미지이다. 즉, 텔레비전

---

13) 물음표는 현재 시점으로는 로커티브 아트 이후 이보다 더 적극적으로 인터스페이스를 활용할 예술 장르가 나올지에 대해 예측할 수 없음을 나타낸 것이다.

을 통한 이미지는 '존재하지도 않고 부재하지도 않는' 것이다. 이렇게 현실도 아니고 허구도 아닌 제 3의 존재층을 안더스는 팬텀이라 부르며, 이를 '사물로서 등장하는 형태'로 정의했다. 즉, 팬텀은 마치 진짜 사건이나 사물인 것처럼 등장하는 그림인 것이다.[14]

팬텀에 의해 만들어지는 세계는 허구이면서 동시에 실제로 존재하는, 존재하면서도 실은 존재하지 않는 모호한 공간을 창출한다. 즉, 이와 같은 팬텀 공간(Phantom Space)은 가상공간과 현실공간의 구분이 모호하다는 점에서 인터스페이스와 비슷한 맥락에서 이해될 수 있다.

하지만 이 둘 사이에는 근본적인 차이점이 존재한다. 먼저 인터스페이스는 가상공간과 현실공간을 모두 긍정하는 반면, 팬텀 공간은 이를 모두 부정한다. 인터스페이스가 가상공간과 현실공간을 모두 이용하기 위해 구분을 없애려 하는 반면, 팬텀 공간은 그 자체가 가상도, 실재도 아닌 공간으로 두 공간을 모두 인정하지 않기 때문이다.

둘째로, 미디어 속성의 인지 여부에 따라 두 공간이 구분된다. 팬텀 공간은 현실공간과 가상공간의 경계선을 모호하게 함으로써 혼동을 불러일으킨다. 텔레비전 속 영상을 보면서 가상 이미지를 현실 이미지로 착각하는 것이 바로 이 때문인 것이다. 이는 텔레비전이라는 미디어의 인터페이스(interface)적 속성을 인지하지 못해 발생하는 것으로, 제이 데이비드 볼터(Jay David Bolter)가 제시한 투명성의 비매개적(transparent immediacy)[15] 특성과 맞닿아 있다. 이에 반해 인터스페이스에서는 오히려 인터페이스로서의 미디어의 존재감이 전면으로 부각되어 하이퍼매개

---

14) 진중권(2001), 「팬텀과 매트릭스-귄터 안더스의 미디어 이론」, 『방송문화비평연구저널』 5호.

15) 투명성의 비매개성 : 보는 자가 미디어의 존재를 잊고 자신이 표상 대상물의 존재 속에 있다고 믿게 할 목적으로 만들어진 표상 양식으로, 미디어의 흔적을 지우려는 특성을 말한다.

적(hypermediacy)[16) 특징을 보여준다. 로커티브 아트에서 위치기반 미디어의 사용이 필수적이라는 점은 바로 이러한 특성을 나타내는 것이다. 인터스페이스에서는 이를 통해 현실공간과 가상공간을 자유롭게 넘나들게 한다.

[표 1] 팬텀 공간과 인터스페이스 비교

Phantom Space	Interspace
가상공간과 현실공간의 경계선이 모호	
가상공간과 현실공간 모두 부정	가상공간과 현실공간 모두 긍정
미디어 속성 인지 못함	미디어 속성 명확하게 인지

앞서 살펴본 바와 같이 우리 생활의 근간을 이루는 공간(space)은 시대적으로 아날로그 공간(현실공간)에서 디지털 공간(가상공간)으로, 그리고 현재의 혼합 공간(인터스페이스)을 거쳐 유비쿼터스 공간으로 향하고 있다. 이러한 공간의 개념을 가상성과 현실성이라는 두 축을 기준으로 나누어 보면, 아래와 같은 '공간 모형(Space Model)'을 만들 수 있다.

이 모형에서 아날로그 공간은 가상성 0%, 현실성 100%인 부분을, 그리고 디지털 공간은 가상성 100%, 현실성 0%인 부분을 차지하게 된다. 디지털 공간과 아날로그 공간의 경계가 뚜렷하지 않은 부분은 크게 두 종류로 나눌 수 있는데, 이것이 바로 팬텀 공간과 인터스페이스이다. 팬텀 공간은 가상공간과 현실공간을 모두 부정하기 때문에 가상성과 현실성을 둘 다 고려하지 않는 공간 즉 가상성과 현실성이 모두 0%인 부분에 속하고, 반면 인터스페이스는 이 두 공간의 혼합을 꾀하므로 가상성과 현실성의 두 요소를 충분히 인정하고 수용하는 공간인 가상성과 현실

16) 하이퍼매개 : 보는 자에게 미디어를 환기시켜줄 목적으로 만든 시각 표상 양식으로, 미디어의 존재감을 전면적으로 내세우려는 특성을 가리킨다.

성이 모두 100%에 가까운 부분을 차지하게 된다.

이와 같이 공간 모형은 앞서 제기된 네 가지 공간−아날로그 공간, 디지털 공간, 팬텀 공간, 인터스페이스−의 개념과 특징을 좀 더 명확하게 보여준다는 장점이 있다.

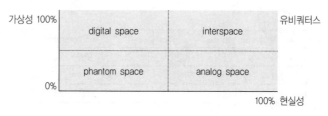

[그림 10] 공간 모형

또한 공간 모형에 시대적 변화 양상을 적용할 수 있는데, [그림 12]와 같이 아날로그 공간에서 디지털 공간으로, 그리고 다시 유비쿼터스 공간으로 화살표를 이어보면, 팬텀 공간이 역사상 큰 의미를 가지지 못하는 이유를 짐작해볼 수 있다. 즉, 역사의 진행 방향에서 팬텀 공간이 차지하는 자리가 없다는 것이다.

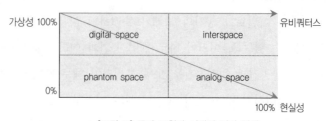

[그림 11] 공간 모형과 시대적 변화 양상

이 외에도 앞서 제기한 예술 장르를 공간 모형에 결부시킬 수 있다. 이를 통해 가상성 100%, 현실성 0%인 ①에는 소프트웨어 아트나 넷아트가 속하고, 그 반대의 ②에는 회화와 조각과 같은 아날로그 작품이 속한다는 것을 쉽게 짐작할 수 있다. 그렇다면 인터스페이스 내의 두 회색점(③, ④)은 인터스페이스의 활용도에 따른 분석 결과와 일치하는 것으로, 왼쪽에서부터 각각 기존 미디어 아트와 로커티브 아트를 나타내는 것이다. 물론 이들의 정확한 위치를 잡으려면 각 작품별로 가상성과 현실성의 정도를 조사하고 이들의 평균값을 계산하는 과정을 거쳐야만 하지만, 이 글에서는 공간 모형과 그 활용도를 제시하는 것으로 한정하도록 한다.

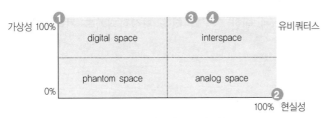

[그림 12] 공간 모형과 예술

5. 인터스페이스의 미래

현대에 들어와 공간(space)이 갖는 의미는 단순히 사람이 생활하는 곳만이 아니다. 이는 심리학자 프로스한스키(Proshansky)가 '의미 있는 행동에 관한 기억과 생각, 감정, 태도, 가치 선호, 의미 등을 통해 현실 세계와 관계된 개인의 정체성을 정의하는 자아정체성(self-identity)을 구성하는 가장 기본적인 구조'로 공간을 정의 내린 것을 보아도 알 수 있다. 프로스한스키는 현실공간과 가상공간 모두 인간의 활동이 벌어지는 장소로, 이미 현대의 복잡한 인간 활동은 이 두 공간의 경계를 수시로 넘나들고 있다고 이야기한다. 즉, 새로운 도시 공간의 본질이란 이처럼 인간의 행위와 인간이 공간에 대해 갖는 생각이 현실공간과 가상공간을 넘나들며 시시각각으로 변화한다는 것이다.17) 이러한 공간에 대한 연구는 공간의 중요성이 날로 커지고 있음을 보여준다.

이 글은 이러한 시대적 요구에 따라 바로 지금 우리가 직면해 있는 공간인 인터스페이스에 대해 분석하고 공간 모형 속에 이를 배치함으로써, 현 상황에 대해 정확히 판단하고 이를 통해 앞으로의 방향을 제시하고자 했다. 이런 분석 자체가 처음 시도된 것이니만큼 이 글만으로 인터스페이스의 특징이 확립되었다고 말할 수는 없다. 하지만 이를 바탕으로 앞으로 인터스페이스에 대한 연구가 더욱 활성화되기를 기대한다.

---

17) 우연광(2003), 「이동 통신 매체와 도시 공간의 관계」, *Wirless Art and Culture*, Art Center Nabi.

참고문헌

논문

김보영·박승호(2006), 「모바일-텍스트를 이용한 Urban Inter-Space 표현 연구」, 『디지털디자인학연구』 11.

우숙영(2006), 「장소 특정적 공공미술로서의 위치기반 미디어 예술(Locative Media Art) 연구」, 이화여자대학 석사학위논문.

우연광(2003), 「이동 통신 매체와 도시 공간의 관계」, *Wirless Art and Culture*, Art Center Nabi.

이원곤(2000), 「이미지의 교환, 이미지에 의한 교환과 예술의 변용에 관한 고찰」, 『조형』 22, 서울대학교 미술대학.

이원곤(2003), 「비디오 설치에서의 인터스페이스에 관한 연구-샤머니즘과의 구조적 유사성을 중심으로」, 『기초조형학연구』 제4권 2호, 한국기초조형학회.

이원곤(2004), 「복합현실기술의 공간적 특성과 상호작용형 설치예술」, 『기초조형학연구』, 제6권 3호.

이정교·이경선(2003), 「전시공간에서 Digital Media의 효과와 상호작용성에 관한 연구-신체움직임의 조형성을 적용한 전시공간계획을 중심으로」, 『미술디자인 논문집』 제9호, 홍익대학교 미술디자인공학연구소.

진중권(2001), 「팬텀과 매트릭스-귄터 안더스의 미디어 이론」, 『방송문화비평연구저널』 5호.

John Geirland(2003), 「제3커뮤니티_물리적, 가상커뮤니티의 확장으로서의 모바일 커뮤니티」, *Wireless Art and Culture*, Art Center Nabi.

Slavoj Zizek(2001), "From Virtual Reality to the Virtualization of Reality", *Reading Digital Culture*, blackwell.

Roy Ascott(1996), "The Museum of the Third Kind", *InterCommunication* No. 15.

사전

네이버영어사전, http://endic.naver.com.

인터넷 사이트

로커티브 아티스트 그룹, http://www.blasttheory.co.uk

미디어 아티스트 제프리 쇼, http://www.jeffrey-shaw.net

미디어 아티스트 조지 레그레디, http://www.georgelegrady.com

제레미우드의 walikng on basel, http://www.gpsdrawing.com/workshops/galleries/viperbasel.htm

Pacmanhattan, http://www.pacmanhattan.com

이은영

디지털 미디어 시대의 음악산업과 테크놀로지의 상호작용
CMC적 관점에서 본 음악에 대한 Digital Technology의 사회적 영향에 대한 고찰

1. 디지털 미디어 시대 : 음악산업의 특수성

우리는 지금 디지털 미디어 시대 또는 정보 산업 시대라고 일컫는 시대에 살고 있다. 현대 사회인들에게는 '음악 파일'이라는 용어가 매우 익숙한데 비해 불과 십여 년 전만 하더라도 이 용어는 음악 레코딩이나 미디어 관련분야 전문가 이외의 일반인들에게는 생소한 단어였다. Fraunhofer-Gesellshaft라는 독일계 회사가 개발한 MP3라는 포맷[1]이 널리 알려져 사용되기 전까지 사람들은 대부분 라디오, TV 쇼, 카세트 테이프, 또는 오디오 CD 등의 매체를 이용하여 음악을 감상하였다. 당시까지만 하더라도 원본의 음질과 전혀 차이가 없는 '디지털 복제'를 이용한 '음악의 공유'는 일반 대중들 사이에서 흔히 볼 수 있는 행위가 아니었다.

---

1) 독일(1989년)과 미국(1992년)에서 특허 인하. M. Bellis, "The History of MP3", About.com,

그러나 PC의 대중적 보급, GUI(graphic user interface)의 발달, 음악 파일 생성 / 복제 / 재생 소프트웨어의 발달 등 디지털 미디어를 쉽게 다룰 수 있는 기술이 발전되어 보급되면서 컴퓨터를 이용하여 음악을 듣는 행위가 보편화되었고 그로 인해 20세기 중반부터 급성장한 LP, 카세트, CD 등의 저장매체를 이용하여 대중 상품화되었던 음악의 음반산업은 커다란 위기와 변화의 시대를 맞게 되었다. 2000년을 전후로 CD 오디오 파일과 비교하여 음질의 차이는 많지 않지만 훨씬 데이터 저장용량이 작은 MP3 파일로 음원들이 변환되었다. P2P Sharing[2])과 초기의 냅스터 (Napster)[3])와 같은 사이트를 통해 무상으로 파일이 공유되기 시작하면서 국내 및 해외의 기존 음반사들은 음반 판매량의 급락과 저작권 침해라는 커다란 난관에 봉착하게 되었고, 마침내 산업기반 자체가 흔들리는 위기 감을 겪었다.

디지털 시대 음악시장의 이러한 위축 현상의 원인이 <불법 파일 공유> 라는 의견이 공공연하게 또는 암묵적으로 인정되었지만[4]) Oberholzer와 Strumpf(2004)에서 지적한 대로 파일 공유와 음반 판매율간의 상관성은 별로 없다고 한다. 따라서 실질적으로 소비자의 음반 구매력 저하의 근본적 원인이 무엇인지를 파악하기 위해서는 많은 연구가 필요할 듯하다.

디지털 미디어 시대 초기 단계에 디지털 불법 복제와 파일공유는 마치

---

2) 인터넷에서 개인과 개인이 직접 연결되어 파일을 공유하는 것을 일컬음.
3) 개인이 가지고 있는 음악파일(MP3)들을 인터넷을 통해 안정적으로 공유할 수 있게 해주는 프로그램으로 1999년 노스트웨스턴대학교에 재학 중이던 대학생 패닝(Shawn Fanning)이 만들었다. 이 서비스가 CD음질의 음악파일을 무료로 다운로드할 수 있고, 오디오 파일을 쉽게 저장하고 전송할 수 있게 되어 사용자들의 폭발적인 인기를 얻자 미국의 음반사들은 냅스터사를 상대로 불법복제로 인한 저작권침해 소송을 제기하였고 여러 송사 끝에 결국 회사의 문을 닫게 되었음.
4) P. J. Alexander(2002), "Peer-to-Peer File Sharing : The Case of the Music Recording Industry", Review of Industrial Organization, vol. 20.

음반산업의 붕괴마저 초래할 수 있을지 모른다는 위기감을 조성했다. 그렇지만 현재까지의 경우를 살펴보면 점차 시장이 성숙해지면서 CD 음반 판매의 폭은 줄었으나 기존의 음악시장 구조에 몇 가지 다양한 요소들이 더하면서 산업의 다각화가 이루어진 것으로 보인다. 예를 들어, 모바일 커뮤니티의 발전은 휴대폰의 벨소리와 유·무선 통화연결음 등의 새로운 음원시장을 개척하였고, 인터넷 커뮤니티의 발전은 유료 포털사이트의 배경음악(BGM) 서비스, 새로운 음악 포털사이트와 기기의 등장(예 : 싸이월드의 배경음악과 애플사의 iTunes와 iPod)과 같은 다양한 매출을 창출하였다.

저작권법의 개정·강화의 영향으로 대부분의 음악 포털사이트에서는 유료화가 정착되었고 일렉트로닉 음악가들이 자신의 창작물을 특정 사이트를 통해 업로드시켜 다른 인터넷 사용자들과 공유할 수 있는(예 : http://www.propellerheads.se의 The Song Archive) 보다 적극적인 직접참여 방식의 커뮤니케이션도 나타났다. 인터넷의 발전과 더불어 스트리밍 서비스 기술, MP3파일 코덱5)과 파일공유 서비스 기술, 디지털 음악 제작 시스템의 발전(소프트웨어와 하드웨어), 모바일 음원 서비스 기술 등이 어우러져 음반산업은 약 십여 년 만에 오프라인 유통구조를 벗어나 온라인 유통구조 위주의 시스템으로 운영되는 커다란 탈바꿈을 하게 된 것이다.

음악산업은 음반산업뿐 아니라 공연이나 방송(TV와 라디오 방송), 노래연습장, 광고, 영화, 그외 다양한 OSMU6) 등의 분야에서 수익구조가 있는데 이 분야들은 대중음악산업과 밀접한 연관을 갖는다. 이 글에서는

---

5) 음성 또는 영상의 신호를 디지털 신호로 변환하는 코더(Coder)와 그 반대로 디지털 신호를 음성이나 영상으로 변환시켜 주는 디코더(Decoder)의 기능을 제공하는 소프트웨어.
6) One Source Multi Use의 약어, 하나의 소스를 여러 분야, 장르에서 활용하여 더 다양한 분야에서 고부가가치를 창출하는 사업을 뜻함.

음악을 수익구조에 따른 산업계의 측면에서 변화와 사회적 이슈를 주목하고 분석하기보다는 음악을 창작하는 의도, 즉 아티스트와 청자간 커뮤니케이션의 목적과 방법에 따라 음악산업을 대중음악과 예술음악산업으로 구분하여 조명하여 보고 각각의 주요 쟁점이 무엇인지, 미래 음악 교육의 형태에는 어떠한 변화가 생길 것인가를 살펴보려 한다는 것을 앞서 밝혀둔다.

❶ 음악이란?

21세기에 음악이란 어떤 역할을 하는 존재일까? 대한민국의 초등학교와 중학교, 그리고 대학 초년 시절의 음악교육을 통해 우리는 음악의 3요소가 리듬, 화성, 멜로디라고 배웠다. 그러나 필자가 뉴욕대학원에서 컴퓨터음악 전공자로서 교육을 받으면서 그 개념이 더 이상 유효한 것이 아님을 알았는데 이는 20세기 중반을 거쳐 전자음악이 발달하고 플럭서스 운동과 같은 예술활동이 전개되면서 Noise / Music / Organized Sound에 대한 예술가들의 새로운 태도와 시도가 기존 음악 요소들의 정의를 바꾸었기 때문이다.

> 우리는 늘 대부분 소음을 들으면서 지낸다. 우리가 그것을 경멸할 때는 소음은 우리를 괴롭힌다. 그러나 우리가 그것에 귀를 기울이는 경우에는 소음이 매우 재미있는 것임을 발견하게 된다. 트럭이 시간당 50마일의 속도로 달리는 소리, 방송 전파 주파수간의 잡음, 비. 우리는 이러한 소리들을 포착하고 제어하여 음향 효과로서가 아닌 음악적 악기로서 사용하고 싶어한다… 만일 "음악"이라는 단어가 18세기-그리고 19세기-악기들을 위한 전용의 것으로 제한된 것이라면, 우리는 더욱 의미 있는 용어로서 대용할 수 있다. 소리의 조직화라는.

> Whenever we are, what we hear is mostly noise. When we ignore it, it disturbs us. When we listen to it, we find it fascinating. The sound of a

truck at fifty miles per hour. Static between the stations. Rain. We want to capture and control these sounds, to use them not as sound effects but as musical instruments···. If this word "music" is sacred and reserved for eighteenth—and nineteenth—century instruments, we can substitute a more meaningful term : organization of sound

—John Cage, 1937[7]

새 음악이 점진적으로 수용이 되고 있기는 하지만 아직까지도 많은 사람들은 이것이 "흥미롭다"는 것은 인정하면서도 "그렇지만 그게 음악이 맞아?"라고 이야기한다. 1920년도뿐 아니라 최근까지만 하더라도 나는 내 자신의 작업에 대해서 이러한 이야기를 참 자주 들었었다. 나는 나의 음악을 "조직화된 소리"로, 그리고 나 자신을 음악가가 아닌 "리듬, 주파수, 그리고 음압을 다루는 작업자"로 부르기로 정하였다. 실제로, 완고하게 제약적인 귀에는 음악적으로 새로운 것은 늘 소음이라고 여겨졌다. 그러나 어쨌든 음악이란 조직화된 소음이지 아니한가? 작곡가는 모든 아티스트처럼 이종(異種)의 요소들을 조직화한다. 본질적으로 누군가가 싫어하면 그 어떠한 종류의 소리도 "소음"인 것이다.

Although this new music is gradually being accepted, there are still people who, while admitting that it is "interesting," say, "but is it music?" It is a questing I am only too familiar with. Until quite recently I used to hear it so often in regard to my own works, that, as far back as the twenties, I decided to call my music "organized sound" and myself, not a musician, but "a worker in rhythms, frequencies, and intensities." Indeed, to stubbornly conditioned ears, anything new in music has always been called noise. But after all, what is music but organized noises? And a composer, like all artists is an organizer of disparate elements. Subjectively, "noise" is any sound one doesn't like.

—Edgar Varèse, 1962[8]

7) J. Cage(1961), *Silence : Lectures and Writings*, Conn. : Wesleyan University Press.
8) Piero Weiss and Richard Taruskin(1984), *Music in the Western World : A History in Documents*, New York : Schirmer, p.520 인용.

우리는 음악이란 조직화된 소리 이상의 그 무엇도 아니라고 믿는다. 길거리의 소리, 우리들의 말소리 등 그 어떠한 것이든지 원하면 그것을 취해서 조직화함으로써 음악을 만들 수 있다.

We believe that music is nothing but organized noise. You can take anything—street sounds, us talking, whatever you want—and make it music by organizing it.

　　　　　　　　　　　　—Hank Shochklee(of the rap group, Public Enemy), 1990[9]

Cage나 Varèse와 같은 예술가들이 활동한 당시로서는 혁신적이고 이해되지 않는 감상하기에 불편한 음악들이 등장했을 때 대중들은 이러한 행동과 작업을 하는 사람들을 기인으로 보거나 날카로운 비평으로 공격하기도 하였다(사실 이러한 현상은 클래식 음악의 역사 전체를 보면 새로운 시대가 열릴 때면 늘 일어나는 현상으로 인간은 그 내용이 생경한 것일 경우 시각적 정보보다 청각적 정보에 매우 보수적으로 반응하여 익숙한 것을 선호한다고 널리 알려져 있다). 그러나 20세기 중반, 시대적 보편 관념을 허물고 새로운 시도로 좀 더 자유로운 사고와 표현을 표출한 수많은 아티스트들의 영향으로(예 : John Cage, 백남준, Edgar Varèse, Karlheinz Stockhausen, Brian Eno 등) 음악적 표현력의 범위가 넓어지고 개념예술이나 다양한 퍼포먼스 공연들과 새로운 음악적 시도를 섞은 작품들이 계속 등장하면서 더 이상 전통적 음악의 정의를 따르는 리듬, 화성, 멜로디의 3요소로는 현대 음악의 특성을 표현할 수 없을 만큼 음악의 폭과 다양성이 넓어졌다. New York 대학의 Kent Underwood 교수의 음악사 수업시간에 배웠던 20세기 후반의 음악 요소들을 소개하면 다음과 같다.

---

9) R. Walser(1999), "Rhythm, Rhyme, and Rhetoric in the Music of Public Enemy," *Ethnomusicology* vol. 39, p.198 인용.

음악의 요소 정의(해방주의 이후)

멜로디	음악적인 시간에 따라서 인과적으로 움직이는 조직된 소리들의 연속
리듬	음악적인 시간을 유기적으로 연결시키는 조직된 이벤트들
하모니	음악적 공간에서 동시에 일어나는 조직된 소리들의 집합
대위법	음악적인 공간과 시간을 따라 동시적으로 움직이는 조직화된 소리의 층(層)들

...

The Elements of Music Defined(Post-Liberation)

Melody	An organized series of sounds moving sequentially through musical time.
Rhythm	An organized series of events articulating musical time.
Harmony	An organized aggregate of sounds occurring simultaneously in musical space.
Counterpoint	Organized layers of sound moving simultaneously through musical space and time.

...

이렇듯 개념적으로 자유로워지고 표현력이 풍부해진 20세기 후반 음악의 중요한 특징은 먼저 음반 산업의 발전과 더불어 음악가들의 사회적 지위가 변했다는 점과 저작권법과 유통 시스템의 발달로 음악이 대중에게 전달되는 과정에 관여되는 수많은 개체들(사람과 기업을 포함)의 권리와 역할 분담이 체계화되었다는 것이다. 이러한 시스템의 발달은 어느 지점까지는 음반이라는 매체를 만들어내는 작업자들(작곡자, 연주자, 프로듀서, 음향 엔지니어 등을 포함)의 창의력(creativity)을 극대화하여 더 잘 팔리는 상품을 만들어내는 데 있어 중요한 사안일 수 있었다. 1990년대 중반까지만 하더라도 음반을 제작하는 과정은 무척이나 많은 공정 과정(production pipeline)을 거쳐야 하는 (전문 노동력과 음향 녹음실(recording studio)이나 대규모의 LP, MC, CD 복제공장 같은 제작 설비 사용 등) 것이었으며 이것이 대중의 귀에 들리고 그들이 구입할 수 있는 상품이 되기까지는 더 많은 인력과 자본이 투여되고 유통과 홍보 등이 더 잘 발휘되어야 했다. 물론 이러한 음반 산업의 구조는 앞으로도 얼마간은 그 명맥을 유지할 수 있을 것이라 생각된다.

그러나 21세기 디지털 미디어 시대의 음반 제작은 아날로그 시대에 견주었을 때 컴퓨터를 기반으로 하는 디지털 뮤직 시스템의 발달로 그 제작비용이 훨씬 절감이 되었고 제작에 관련된 1인이 할 수 있는 역할이 더욱 다양해지는(예 : 작곡, 편곡, 연주, 녹음, 믹싱의 과정 중 많은 역할을 할 수 있는 다재능한 음악인 / 음향인(multi-talented musician / engineer)) 커다란 변화가 있었다. 게다가 유통과정 체계가 오프라인 상점을 떠나 인터넷이나 모바일과 같은 디지털 디바이스와 연결된 상점이나 포털과 같은 새로운 채널과 마켓으로 변화했다는 점을 고려할 때, 미래의 시장에서 음악의 생산과 유통과정의 변화는 더욱 가속화할 것이다.

❷ 대중음악 대 예술음악

앞서 말했듯이 이 글에서는 현대의 대중음악과 예술음악을 구분하기 위해 창작의도를 기준으로 하여 분류를 하기로 했다. 여기서 말하는 창작의도란 ① 창작자가 음악을 대중(Mass)들의 감상의 대상이 되도록 음악을 만드는 것. 즉, 전달하고자 하는 메시지를 기존형식을 따르는 매체(미디어)에 담아내는 것과 ② 창작자가 기성 매체(미디어) 또는 기존 관념에 대한 도전의식이나 새로운 시도 등을 가지고 자신이 상상하는 것을 실상화(realization)시키는 수단으로 음악을 만드는 것 이렇게 두 가지의 구분된 개념을 뜻한다. 즉, ①의 의도에 더 많은 비중을 두어 제작한 음악의 경우를 대중음악(Music for Mass)으로, ②의 경우를 예술음악(Music for Art)으로 분류하는 것이다.

이러한 분류는 미디어 미학과 커뮤니케이션, 그리고 철학적인 관점에서 21세기 음악을 분석하여 현상을 분석하기 위한 하나의 시발점이 될 수 있다. 즉, 20세기 후반부터 급격히 성장한 미학적 예술표현의 수단으로서 음악의 가치와 의미를 대중을 중요시하는 음악과 함께 짚어보고 앞으로 미래음악은 어떠한 것일지를 고찰하기 위해 지금의 시각을 반영하자는 것이다. 기존의 통념적인 음악학(Musicology)적 분석이나 음악산업적 평가방법을 그대로 답습하는 것이 아니라 좀 더 현재의 시대적 철학을 반영하여 음악적 사회현상을 통찰하는 시각을 가지기 위한 알맞은 잣대로 활용하자는 것이다.

음악을 이렇게 21세기 미디어 미학적 시각으로 바라보는 것은 사뭇 19세기의 가장 저명한 음악평론가였던 보헤미아-오스트리아 출신의 한슬리크(E. Hanslick)의 주장과 아도르노(T. Adorno)의 주장의 차이점을 보는 것과 연결되는 점이 있는데 이들의 각기 다른 주장을 통해 오늘날의 대중음악과 예술음악의 기본적인 정신의 차이를 살펴볼 수도 있다. 아도르노의 주장을 보면 자본주의 사회적 관념을 따른 대중음악의 발전은 인간들로 하여금 사회적 삶에 대한 질문을 던지고 진정한 자유-full expression of human potential and creativity, genuine creative happiness-를 추구하는 것을 저해하는 퇴보적인 행동으로 간주된다.10)

반면 한슬리크는 음악은 오로지 '아름다움'을 추구해야 하는 것이라 주장했고 이러한 사상은 현대의 사이먼 퍼스(Simon Frith)와 같은 비평가에게 그 명맥이 유지되고 있다. 한슬리크는 바그너(R. Wagner)의 작품을 통렬히 비판하고 브람스(J. Brahms)의 작품을 호평했던 것으로 널리 알려져 있는데 현대 음악계에서 바그너가 지닌 독창성과 총체주의 예술성의 가치가 매우 위대하게 평가되는 것을 보면 한슬리크의 주장보다는 아도

10) http://en.wikipedia.org/wiki/Aesthetics_of_music, 아도르노에 대한 설명 참조 및 인용.

놀이 공간 | 예술 공간 | 디지털 광장 | 디지털 기계

르노의 탈자본주의적 예술 지향의 주장이 대중문화가 창궐하는 현실과의 괴리로 인해 고뇌하는 아티스트들을 더 자극할 가능성도 있겠다. 이것은 '숭고의 미학'과 맥이 연결되는 21세기 예술음악의 진정성을 추구하는 가치의 중요성을 보여주는 하나의 예라고 할 수 있겠다.

❸ 오늘날의 음악산업

20세기 중반, 음악 저장미디어와 플레이어의 보급으로 인해 상업 음반을 판매하고 방송하는 음악시장은 점차 산업이 커지고 보편화되기 시작했다. 그러한 대중음악은 자본주의 시스템에 적절히 잘 맞물리면서 엄청나게 그 영향력이 커졌지만 예술음악은 꽤 오랫동안 그 영향력이 가시적으로 눈에 띄지 않았지만 그러나 '작지만 중요한' 음악적 영향을 가져오거나 아카데믹한 울타리(대학) 안에서 살아남는 형태로 존재하게 되었다. 대중음악이건 예술음악이건 이들이 가진 공통점은 창작자에 의해 아이디어가 피상적으로 표출이 되도록 제작된다는 점과 제작된 작업물은 어떠한 경로를 거쳐 감상자에게 전달되도록 그 시스템이 연결되어 있다는 것이다.

예술음악의 경우 공연이나 전시를 통해서 감상자에게 연결될 수 있는 통로를 만드는 경우가 많이 있으나, 그 외의 수단으로 음반을 통해서 혹은 온라인 매체를 통해서 작품을 발표하는 경우도 종종 있다. 대중음악의 경우는 대부분의 경우가 음반출시를 기점으로 하여 아티스트를 공연과 각종 매체에 내세우면서 그 사업이 본격화된다. 굳이 아티스트 중심이 아닌 공연, 영화, 방송 등에서 사용되는 배경음악이나 사운드트랙과 같은 장르에서 결국 음반산업과 연결을 짓게 되는 경우가 대부분이다.

이렇게 음반의 역할이 큰 것은, 하나는 음악산업이 오래 전부터 그 중심 기반을 음악을 녹음하여 저장한 매체를 판매하는 음반산업에 두고 있기 때문이며, 다른 하나는 음반이라는 매체가 가진, 음악을 상품화하여 판매하는 수단으로서의 적합성이 두드러지기 때문이라고 생각된다. 한편, 디지털 미디어 사회로 변모하면서 점차 기술과의 다양한 접목을 통해 아티스트와 감상자 간의 유통 채널 시스템, 음악의 제작 시스템 등에 많은 변혁이 뒤따랐다. 나아가 이제는 1인 미디어 시대라는 말이 음악계에서도 어울릴 정도로 다양한 재능을 가지고 자신의 음악이나 소리예술 (Sound Art) 작품을 만들어내는 아티스트들도 생겨났다. 소리예술이나 현대음악(Contemporary Music), 또는 컴퓨터음악(Computer Music)이나 전자음악(Electronic Music)과 뉴 뮤직(New Music) 등의 다양한 이름 아래 해마다 여러 종류의 작품들이 저마다 예술적 의미를 주장하는 아티스트들에 의해 만들어지고 발표된다. 이러한 21세기의 음악산업과 테크놀로지의 상호작용 현상에 대하여 좀 더 면밀히 살펴보도록 하겠다.

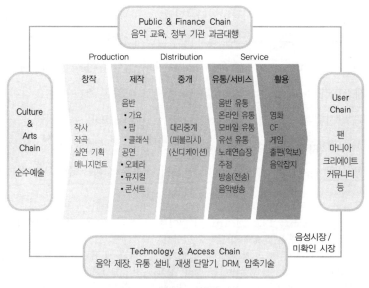

[그림 1] 음악산업 Digital Eco System[11]

2. 음악의 발전과 진화

음악은 그 역사를 살펴보면 새로운 기술이나 창의적인 발상의 접목과 같이, 한 시대에서 다음 시대로 넘어가는 흐름에서 무엇인가 발전적인 형태의 시도ー 때로는 기성 관념을 깨뜨리는 다소 불편한 형태인 적도 있었다ー가 이루어지면서 현대까지 꾸준히 진화·발전해왔다. 예를 들면, 중세 시대 수도원에서는 미사에 쓰이는 성악곡인 찬트(Chant)의 기보법이 발달되면서 음악이 구전(口傳)방식을 벗어나 원거리까지 전해지면서 널리 정리·보편화되기 시작했고 그 이후, 화성이 점차 발달하게 하면서 단선율음악(monophony)에서 다성음악(polyphony)의 시대로 전환되었다.

점차 인간의 목소리를 제외한 악기(instrumental) 위주의 곡들이 등장하게 되는 계기는 악기의 종류가 다양하게 발달함에 따른 것이었으며 점차 악곡들의 화성은 다양하고 그 형식도 복잡하게 발전하면서 음악은 더욱 화려하게 변모하기 시작하였다. 현악기, 목관악기, 타악기 등 다양한 기술로 만든 새로운 악기들이 점차 발명되면서 음악 연주의 형태도 2중주(Duet), 4중주(Quartet), 5중주(Quintet), 챔버 앙상블(Chamber Ensemble), 오케스트라(Orchestra), 오페라(Opera) 등으로 다양한 스타일과 다양한 규모로 발전했다. 디지털 기술이 발달하면서 미디(MIDI)[12]의 발달을 거쳐서 DAP(Digital Audio Processing)[13]과 다양한 음합성(Synthesis)[14] 기술이 발전해 이제는 한 대의 컴퓨터 안에서 작곡부터 마스터링[15]까지 자유

---

11) 『2006 한국문화콘텐츠 진흥원 음악산업백서』 참조.
12) Musical Instrument Digital Interface의 약어로 컴퓨터와 전자악기를 연결하거나 전자악기끼리 소통을 하도록 만들어주는 장치.
13) 디지털화된 데이터로 변형된 소리 시그널을 제어하는 데 관련된 기술 등을 뜻함.
14) 전자악기에서 소리를 만들어내는 것을 칭하는 용어로 FM(frequency modulation), AM(amplitude modulation), Subtractive, Granular 등 다양한 종류의 Synthesis 기술이 있다.

자재로 구현이 되는 현대기술로까지 진화를 해 왔다. 그리고 소비자들은 MP3 플레이어로 음악을 다운로드하거나 휴대폰으로 음악을 감상하고 마음에 드는 음악을 휴대폰 벨소리로 선물을 하거나 미니홈피의 배경음악으로 깔기도 한다.

이렇게 몇 가지 간단한 역사적 예만 보더라도 기술과 음악이 얼마나 가깝고 깊게 연관되어 있는지, 얼마나 깊이 상호작용을 하면서 발전하는지를 쉽게 알 수 있다. 특히 상호작용성, 비동시성, 공간적 거리의 극복, 그리고 가상현실과 같은 현대 디지털 미디어 시대의 음악산업이 드러내는 특징들은 CMC의 특징과 매우 유사한 점들이 있다. 그러므로 현대 디지털 미디어 시대의 음악문화에 있어 테크놀로지가 어떤 역할을 수행하며 그로 인한 사회적 영향과 특성은 어떠한 것들이 있는가를 이러한 시각에서 살펴보는 것은 현 시대적 음악현상을 분석하고 미래음악을 예측하는 데 있어 새로운 시도가 될 수 있을 것이다.

❶ 도구로서의 테크놀로지

많은 현대의 미디 작업자(작곡자 또는 아티스트)들은 더 이상 오선지와 연필을 직접 사용하지 않고도 음악을 창조한다. 예를 들면, 컴퓨터를 켜고 작곡 / 편곡을 도와주는 시퀀싱 프로그램(Sequencing Program)[16]을 작동시킨 뒤, 컴퓨터에 연결을 시켜놓은 미디 키보드(MIDI Keyboard)로 자신이 정해놓은 템포 클릭에 맞추어 직접 피아노 소리로 연주를 하면서 동시에 녹음을 한다. 곧 다른 트랙을 하나 만들어서 이번에는 같은 미디 키보드로 자신이 녹음을 한 피아노 소리를 들으면서 드럼 소리를

---

15) 음반제작이나 음향작업의 마지막 단계로 달리 녹음된 여러 곡의 음색과 소리를 전체적으로 균형 잡히도록 통일해 주는 작업과정을 일컫는다.
16) 작곡과 편곡을 컴퓨터상에서 할 수 있도록 해주는 미디 소프트웨어 프로그램.

연주함과 동시에 녹음을 하고, 또 다른 트랙을 하나 만들어서 같은 방식으로 이미 녹음된 피아노와 드럼을 들으면서 베이스 기타를 연주해서 녹음을 한다. 세 악기들의 소리를 동시에 들을 때 혹 악기들이 서로 박자가 어긋나는 부분이 있으면 퀀타이징(Quantizing)[17]이라는 편집 메뉴를 열어 자신이 연주한 음들의 타이밍을 조절하고 키 벨로시티(Key Velocity)[18]와 채널 볼륨(Channel Volume)[19]을 조절하여 음의 강약 크기를 조절한다.

그리고 녹음을 재생해서 들어보니 꽤 괜찮은 악절이 만들어진 것 같아 이것을 좀 더 변화시키면서 계속적으로 녹음과 편집 작업을 해서 곡을 확장·완성한다. 전체적으로 음악을 좀 더 듣기 좋게 만들기 위해 각 트랙을 오디오트랙(Audio Track)으로 변환/녹음한 뒤 리버브(Reverb), 딜레이(Delay), 컴프레서(Compressor) 등의 이펙트(Effect)와 음압장비(Dynamic Unit)을 사용하여 믹싱하고 스테레오 믹스(Stereo Audio Mix)로 만들어 낸 뒤, 곧바로 이것을 MP3파일로 변환시켜 자신의 홈페이지에 배경음악으로 깔아놓는다.

이와 같은 시나리오는 물론 전반적인 디지털음악의 제작과정을 아주 단순하고 쉽게 표현한 것으로 실제로 홈 스튜디오 세팅을 가진 뮤지션이 반나절 안에 할 수 있는 일이다. 물론 여기서 곡의 길이나 음악의 예술성, 또는 완성도 등의 질적(qualitative)인 사안은 깊이 고려하지 않는 것을 가정하고 이야기하는 것이다(음악의 질을 높이기 위한 작업은 경우에

---

17) 미디 시퀀싱 프로그램에서 녹음된 미디 노트(Midi Notes)들의 타이밍을 조절하도록 해주는 기능.
18) 미디 노트가 가지고 있는 데이터의 한 종류로 미디 키보드의 건반이 얼마나 빠르게 연주되었는가를 나타낸다.
19) 각 미디의 채널들이 얼마나 크게 연주되는지를 조절할 수 있는 미디의 제어 데이터(Control Data)의 한 종류.

따라 작업의 양이 다르다. 음반 작업의 경우 곡마다 편곡이 완성된 상황에서도 음악의 소리를 다듬기 위해서 며칠은 물론 몇 달을 작업하는 경우도 있다).

어쨌거나 이토록 쉽고 빠르게 고음질(24bit)로 음악을 제작해 낼 수 있는 것은 불과 1990년대 중반만 하더라도 쉬운 일이 아니었다. 퍼스널 컴퓨터의 CPU의 속도가 느리고 RAM의 용량이 지금처럼 풍부하지 못했던 때에는 미디 트랙들을 오디오트랙으로 변환하고 이펙트 장비(Effect Unit)들을 컴퓨터 안에서 실시간으로 처리하여 스테레오 파일(Stereo Audio File)로 녹음해 내는 것은 꽤 많은 시간이 걸리는 작업이었다. 하나의 오디오 파일을 가져다가 몇 군데를 잘라내는 간단한 편집을 하려고 하더라도 사운드 디자이너(Sound Designer)20)라는 프로그램을 사용하는 경우, 편집 명령을 실행한 뒤 맥킨토시 컴퓨터 앞에서 일이 처리될 때까지 컴퓨터 화면에서 아이콘의 움직임이 멈추고 마우스가 화살표로 다시 바뀔 때까지(즉 수행 완료가 될 때까지) 지루하게 최소한 몇 분씩 기다려야 하는 일이 다반사였다. 하지만 지금은 이러한 편집 명령의 처리속도가 매우 빨라져서 거의 실시간으로 처리되는 경우가 대부분이다.

또한 미디 악기가 실제로 작업자가 연주하는 내용이나 만들어내고 싶어 하는 특정 악기소리를 얼마나 잘 소화해 내는가 하는 문제도 1990년대 중반까지는 매우 중요한 사안이었다. 예를 들어, 컴퓨터에 연결되어 있는 미디 악기에서 여러 개의 미디트랙들을 동시에 연주하거나 또는 다성음원(polyphony, 여러 개의 레이어(Layer)로 만들어진 음원)을 사용할 때 동시에 몇 개까지의 보이스(Voice)를 출력해 낼 수 있는지의 여부가

20) 1990년 중반에 편리하고 실용적인 편집도구로 매우 널리 쓰였던 디지디자인사 (DigiDesign)의 준전문가(Semi-Professional)와 전문가를 위한 디지털 음악 편집 프로그램.

악기를 사용하는 데 있어 고려해야 할 사항이기도 했는데, 이러한 문제점들의 주원인은 미디의 데이터전송 속도가 31.25kbps(bits per second)라는 한계를 가졌기 때문이다. 또한 키보드의 터치패드(Touch Pad)가 얼마나 예민하게 반응을 하는지, 또는 미디악기 내에 저장되어 있는 소리들이 실제의 악기와 얼마나 비슷한지 등의 문제는 과연 디지털 테크놀로지가 인간이나 자연의 아날로그적 표현을 원형처럼 잘 재현해 낼 것인가에 대한 궁금증과도 연관이 있었다.

하지만 미디와 오디오 테크놀로지가 성숙기에 접어들기 시작하면서 점차 아날로그를 모방하는 것을 떠나 디지털의 원형을 그대로 표출하는 더욱 다양한 기술의 응용이 늘기 시작했다. 그러면서 기존의 미디 하드웨어 악기들 중 많은 제품들이 이젠 컴퓨터 속에서 처리되는 소프트웨어로 구현이 되었고 이러한 가상악기들은 예전의 미디악기들이 지니고 있던 문제점을 많이 해결하였다. 오늘날의 디지털 오디오 워크스테이션(Digital Audio Workstation)은 이렇듯 소프트웨어적인 발전과 더불어 하드웨어의 발전도 함께 어우러져 아티스트들이 언제 어디서나 쉽게 음악을 녹음하고 작업을 할 수 있도록 했다. 즉, 작업환경의 시공간적, 수단적인 자유를 제공한 것이다.

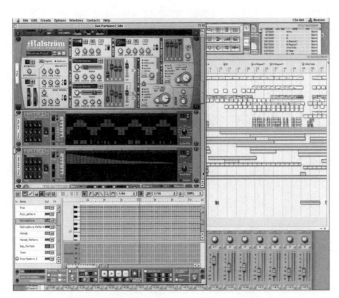

[그림 2] DAW 사용의 예. Digital Performer와 Reason의 연동 스크린샷

② 매체와 콘텐츠로서의 테크놀로지

최근 들어 디지털 오디오 작업을 하는 아티스트들 중에 컴퓨터와의 상호작용성(Interactivity)보다는 인간과의 상호작용성을 강조하는 작업을 시도하는 이들이 생겨나기 시작했다. 또한 멀티미디어나 각종 다른 장르와의 접목을 통한 예술적 표현을 하고자 하는 이들은 미디어 아트(Media Art)와 연결하여 독창적인 아이디어를 표현하고 있는 경우도 늘어났는데, 예를 들어 재커리 리버만(Zachary Lieberman)의 작업 중 Drawn이나 Manual Input Session을 보면 작품 참여자(감상자)가 만들어내는 비주얼 인풋(Visual Input)에 맞추어 사운드가 인터랙티브(Interactive)하게 어우러지는 것을 흥미롭게 경험할 수 있다.[21] 이렇듯 디지털 시대의 음악/음향은 기술과 상호작용적으로 영향을 미쳐 새로운 기술들을 융합하면서 한층 더 새로운 쌍방향성을 지닌 상호작용적 표현을 하는 방향으로도 진보하고 있다.

[그림 3] 〈Drawn Installation〉[22]

---

21) Zachary Lieberman과 그의 협력자들의 작업을 소개하는 웹사이트를 방문하면 더 자세한 내용을 알 수 있다. http://www.thesystemis.com/

22) 자료출처 : Zachary Lieberman & Collaborator's Site, July 2007
    http://www.thesystemis.com/

테크놀로지가 발달을 하면서 음악에 대한 새로운 분석과 연구가 이루어지고 있는 분야도 생겨났다. 인지과학(Cognitive Science) 분야가 인간에 대한 과학적 탐구를 활발하게 진행하면서 시청각을 자극하는 다양한 콘텐츠에 대한 인간의 감정, 태도, 반응 등을 탐구하는 연구들이 진행이 되고 있다. 음악에 대해서도 여러 시도와 연구가 일어나고 있는데, 신경음악학(Neuromusicology)이라는 분야도 생겨났으며 뇌신경과학자들과 음악학자들이 함께 인간과 음악에 대한 연구를 하는 프로젝트도 진행되고 있다.

이렇듯 음악에 대한 과학적 접근 또는 계산학적 방법(Computational Method)을 사용한 분석연구가 이루어지면서 최근에는 음악학(Musicology) 분야에서도 음악의 근원, 그리고 인간의 음악을 향한 애착과 본능에 대해 논의가 활성화되어 많은 학자들이 자신들의 주장을 펼치고 있는데, 이러한 상황은 하버드대학 심리학과의 스티븐 핑커(Steven Pinker, 1999) 교수의 주장에서 촉발된 것이다. 그는 "음악은 청각적 치즈케이크이다. 최소한 인간의 정신적 기능 중 여섯 군데를 자극하는 절묘하게 만들어진 설탕과자이다." 또한, "음악은 '기술'이며 '적응되는 특성'이 아니다."는 주장을 했고[23] 이에 대해 많은 음악학자들과 고고학자들이 서로 다른 주장을 펼치고 각자의 이론을 증명하는 여러 연구를 진행하면서 관련 연구들이 활발히 전개된 것이다.

이렇게 좀 더 과학적으로 음악에 관련된 다양한 주장들과 현상을 연구하고자 하는 이들은 fMRI,[24] PET[25] 등의 장치와 정신생리학적(Psycho-physiological) 연구 방법들을 활용하여서 인간 신체의 물리적 반응에 대

---

23) S. Pinker(1999), *How the Mind Works*. W. W. Norton & Company, p.534~539.
24) Functional Magnetic Resonance Imaging의 약어. 혈액 중의 헤모글로빈의 산소를 이미징하여 주로 뇌의 혈액 소모량을 측정하여 영상화하는 검사.
25) Positron Emission Tomography의 약어. 양전자를 방출하는 방사성의약품을 이용하여 체내의 미세한 변화를 영상화하는 검사.

한 근거를 밑바탕으로 하여 지금껏 심리학적으로 연구가 되었던 음악, 음향, 그리고 청각과 연관된 다양한 학설과 새로운 가설들에 대한 한층 더 심화된 조사연구를 벌이고 있다. 이러한 모든 연구는 어쨌거나 인간과 음악이 가진 관계에 대하여 좀 더 명확하게 규명을 하자는 것이며 더나아가 예술의 특성, 그리고 인간의 창조적 욕망과 그 보상심리 등에 대한 연구와 관련이 된다고 본다.

[그림 4] 〈PET Scanning Session〉 피아니스트가 J. S. Bach의 Italian Concerto의 3악장을 연주하는 동안 PET를 촬영하는 모습. (Photograph by Dr Stephan Elleringmann (Aurora / Bilderberg))[26]

3. 전통과 기술의 열린 교육을 위하여

지금까지 디지털 미디어 시대에 음악과 기술이 어떠한 상호작용을 하면서 사회적으로 영향을 미치고 있는가를 간략하게나마 다양한 측면에서 살폈다. 컴퓨터 기술이 발달하면서 음악분야에는 분명히 엄청난 변화와 도약이 있었다는 것을 확실히 알 수 있다. 하지만 기술이 우리에게 가져

---

26) Isabelle Peretz and Robert Zatorre(2003), *The Cognitive Neuroscience of Music*, ed., New york : Oxford University Press, pp.524~529.

온 것은 단지 긍정적인 면만 있는 것은 아니다. 우리는 기술이 발달하면서 얻은 무엇인가로 인해 예전에 우리가 즐겼던 그 무엇인가를 더 이상 같은 크기의 즐거움으로 즐기지 못하는 잃음도 가지게 되었다. 새로움을 추구하다 보면 옛 것의 소중함을 잃어버리기가 쉬운 일이듯이 우리의 옛 음악과 풍류, 그리고 그들을 누리는 여유로움을 기술과 맞바꾸지 않았는지 한번쯤 생각해 볼 일이다.

예술은 인간의 자취이자 현 모습이다. 예술이란 문화가 제의로부터 시작을 하였든 인간이 태어나면서부터 가지고 있는 본성이었든지간에 지금까지 인류가 지구 위에서 살아오면서 발전시키고 보존해왔던 그 자취들이 만들어 낸 중요한 결정체들이다. 한번 지나간 시간은 다시 돌아오지 않듯이 한번 있었던 예술 시대와 작품들은 다시 똑같이 재생될 수 없는 법이다. 아무리 복제가 원본을 넘어서는 시대라고 하여도 진정한 원본은 한번 없어지면 생길 수 없다.

오늘날 우리나라의 음악계의 현실을 보면 참으로 암담하게 느껴지는 경우가 많이 있다. 음악 전공자들이 대학을 졸업하고 난 뒤 갈 곳이 없어 좌절하는 일이 허다하다. 대학에서 교육되는 내용 자체들도 개선이 되어야 한다. 우리나라 음악 시장의 규모 자체가 작다고 하여 변화와 도전의 정신이 없는 흔해 빠진 대중음악만 계속 만들어내는 음반업계에도 문제가 많다. 또한 아티스트를 그들의 외모나 겉모양, 그리고 TV 등의 공중파에서 얼마나 재미있고 매력적으로 보이는가를 기준으로 판단하는 값싼 음악 감상력도 심각한 문제다. 가까운 나라인 일본과 비교를 해 보더라도 우리나라의 음악산업과 교육, 그리고 소비자들의 구매성향 등 모든 면에서 개선하여야 할 점들이 너무나도 많다.

이 모든 문제점들을 안고 있는 지금 우리가 가장 먼저 해야 할 것은 무엇일까? 무엇보다도 교육의 개선이 중요하다. 음악의 발전과 음악산업의 진화는 자본주의 사회 구조의 틀 속에서 '우수한 새 기술(new technology)을 어떻게 활용하는가'라는 명제와 '과거의 예술을 어떠한 방법으로 활용하느냐'는 사안과 긴밀한 연관성을 가지고 있기 때문이다. 즉, 전통적 교육과 디지털 교육이 혼합되고 다양한 예술분야와 기술과의 융합을 배울 수 있는 환경을 대학에서 제공하여 학생들이 자신의 실력을 충분히 연마할 수 있는 기회를 만들어 주어야 한다. 그리고 기술 우선 위주의 교육이 아닌, 인간을 이해하고 커뮤니케이션을 아는 인재들을 육성하여야 이들이 세상에 나아가 문화감상력을 높이는 사회구성원으로서의 역할을 할 수 있다. 사회가 음악을 예술로서 가치를 높이 평가하고 인정하는 문화가 이루어져야 우리가 음악문화의 강국으로 발전이 될 수 있는 기회가 올 것이다.

우리는 기술자를 키우는 것이 아닌 새로운 창조적 인재들을 육성하여야 한다는 브렌다 로렐(Brenda Laurel)의 주장이 음악교육에 있어서도 그대로 적용된다고 생각하며 그녀의 글을 인용하면서 이 글을 마무리 짓는다.

> 그러나 이러한 새로운 기회들은 기술의 제어가 기술자들에게서 벗어나 인간 존재를 이해하고 인간의 상호작용과 커뮤니케이션, 즐거움, 그리고 괴로움을 이해하는 사람들에게 넘어올 때에서야 비로소 생겨날 것이다.

> But these new opportunities will come to pass only if control of the technology is taken from the technologist and given to those who understand human beings, human interaction, communication, pleasure, and pain.
> —Brenda Laurel, 1991[27]

---

27) B. Laurel(1993), *Computers as Theater*, Addison-Wesley Langman Inc.

참고문헌

논문

F. Oberholzer and K. S. Strumpf(2004), "The Effect of File Sharing on Record Sales : An Empirical Analysis," *Journal of Political Economy*, vol. 115(2007).

P. J. Alexander(2002), "Peer-to-Peer File Sharing : The Case of the Music Recording Industry," *Review of Industrial Organization*, vol. 20.

R. Walser(1999), "Rhythm, Rhyme, and Rhetoric in the Music of Public Enemy," *Ethnomusicology*, vol. 39.

단행본

B. Laurel(1993), *Computers as Theater. Addison-Wesley Longman*, Inc.

Isabelle Peretz and Robert Zatorre(2003), *The Cognitive Neuroscience of Music*. ed., New York : Oxford University Press.

J. Cage(1961), *Silence : Lectures and Writings*. Conn. : Wesleyan University Press.

Piero Weiss and Richard Taruskin(1984), *Music in the Western World : A History in Documents.*, ed. New York : Schirmer.

S. Pinker(1999), *How the Mind Works*. W. W. Norton & Company.

인터넷 사이트, BBS 게시판 등

M. Bellis, "The History of MP3,", About.com, 2007.07.10
  http://inventors.about.com/od/mstartinventions/a/MPThree.htm

Wikipedia The Free Encyclopedia (English), July 2007
  http://en.wikipedia.org/wiki/Aesthetics_of_music

Zachary Lieberman & Collaborator's Site, July 2007
  http://www.thesystemis.com/

현대 패션 비즈니스에 나타나는 CMC 문화의 요소

1. 가상공간과 패션산업

패션산업은 다른 어떤 산업보다 변화가 빠르게 이루어지고 있는 분야이다. 새로운 환경, 가치, 감각은 패션을 이루는 본질이 되며 패션은 새로운 대상, 변화하는 가치와 의식을 예측하여 이를 적극적으로 받아들이고 표현하는 특징을 가지고 있다. 나아가 패션은 소비자를 위한 하나의 상품이며 동시에 입고 즐기는 문화이며 사회와 밀접한 관계를 갖고 인간의 가치관과 정체성을 표현하는 문화적 도구라 할 수 있다.

그런 의미에서 오늘날의 디지털 환경에서 변화해가고 있는 패션산업은 기술 자체에 중점을 두기보다는 하나의 '문화'로서 삶의 질을 향상시키는 방향으로 바라볼 필요가 있다. 그 대표적인 예로 과거에는 상상도 하지 못했던 온라인 의류쇼핑몰이 각광을 받고 있는 것을 들 수 있다. 그 어떤 산업보다 패션산업은 온라인 비즈니스에 있어서 가장 빠른 속도로

153

성장하고 있는 산업이 되었다.

더욱이 정보통신 기술의 발달과 각종 소프트웨어의 개발 및 보급과 함께 기술변화가 급격하게 이루어지고 있는 오늘날, 패션 산업, 특히 패션 비즈니스는 기존의 전통적인 방식에서 한 단계 더 진화된 새로운 변화를 꾀하고 있다. 그 변화는 일차적으로 패션 디자인부터 생산, 공정과 마케팅, 판매 등에 이르는 요소에 이르기까지 광범위하게 적용된다고 할 수 있다. 물론 그 변화의 가장 큰 핵심은 단연 전자상거래의 보편화에 있을 것이다. 다른 어떤 상품보다도 패션 아이템에 있어서 소비자와 생산자의 만남의 장이 전통적인 오프라인 매장에서 온라인 매장으로 자연스레 옮겨가는 변화가 두드러지게 나타난다.

하지만 기존 연구들은 패션의 디자인 요소, 특히 사회문화적인 변화가 패션 디자인 요소에 어떤 영향을 미치는지에 초점을 두고 있다. 그 결과 가시적으로 드러나는 의복의 디자인 요소 외에 패션 비즈니스 전반에 걸친 변화에 대한 연구는 아직 미약한 편이다. 그런 맥락에서 이 연구는 선행연구와 기존의 문헌을 바탕으로 오늘날 CMC(Computer-Mediated-Communication, 이하 CMC) 문화의 특징에 대해 알아보고 나아가 이러한 요소들이 패션 비즈니스에 반영된 구체적인 모습을 사례를 통해 알아보고자 한다.

2. CMC의 배경

1960년 후반 처음으로 네트워크라는 개념이 생긴 ARPANET 이후 1980년대부터 가시화된 개인용 컴퓨터의 보급 등 CMC의 역사는 어느덧 반세기에 접어들고 있다. 그리고 시대가 흐르면서 각종 정보통신 기술의 발전과 소프트웨어의 발명 등으로 이제는 하루라도 인터넷을 사용하지 않으면 불안할 정도로 CMC의 요소는 더욱 부각되고 심화되어 가고 있다. 그런 의미에서 디지털 시대에 도래한 CMC의 문화가 패션 비즈니스에 어떤 영향을 미쳤는가에 대해 연구하는 것은 의미 있는 일이다. 이 글에서는 이러한 영향이 패션 비즈니스에 어떤 개념과 모습으로 나타나고 있는지 먼저 문헌을 통해 알아보고, 이를 바탕으로 도출된 다양한 CMC 문화의 요소가 현대 패션비즈니스에 접목된 부분을 각 사례별 시각자료를 중심으로 실증적으로 분석해보고자 한다.

오늘날 기술의 발전과 함께 과거에는 드러나지 않았던 CMC의 다양한 속성이 추가되고 있다. 이 글에서는 그 가운데서 가장 최신의 영향관계에 대해 주로 고찰해보고자 한다. 따라서 이 글에서 살펴볼 사례들은 최근 실행이 되고 있으나 아직 소비자들에게 익숙하지 않은 사례일 수도 있고, 몇몇은 가까운 시일 안에 현재 개발되고 있는 내용일 수 있음을 밝힌다.

3. CMC 문화

(1) CMC의 정의와 출현

전통적으로 사람들 사이의 커뮤니케이션은 면대면(face-to-face) 상황에 기초한 대면적 커뮤니케이션을 통해 이루어져 왔다. 언어와 몸짓 / 표정으로 대표되는 비언어적 상징의 교환을 근간으로 하는 대면적 커뮤니케이션은 문자·인쇄술의 발명으로 인쇄 매체가 새로운 커뮤니케이션 매체로 등장하기 전까지 오랜 시기 동안 기본적 커뮤니케이션 유형으로 지속되었다. 이후 과학기술의 발전은 대면 접촉 외에 타인과의 의사교환을 가능하게 해주는 매체로 전화, 팩스, 컴퓨터 등 보다 신속하고 효율적인 커뮤니케이션 매체들을 하나둘씩 출현하게 되었고 이렇게 다양한 매체를 통한 의사소통이 새로운 유형의 커뮤니케이션 양식으로 자리매김하고 있다.

최근에 가장 널리 확산되고 있는 것은 컴퓨터와 그에 따른 컴퓨터 매개 커뮤니케이션(CMC) 유형이라고 할 수 있다. 1960년대 후반 미국 국방성에 의해 개발된 ARPANET에 의해 원거리에 떨어진 개별 컴퓨터 이용자들을 네트워크로 연결함으로써 상호 커뮤니케이션이 가능해지면서 CMC의 출현이 예견되었다. 그러나 CMC의 실제적인 출현은 1980년대 들어서면서 가시화되었다. 정보통신 기술의 눈부신 발전으로 개인용 컴퓨터가 보급되고 각종 소프트웨어의 개발과 보급이 이루어지면서 가격절감이 가능하게 되었다. 또 위성통신과 광섬유 등을 이용한 네트워크의 구축은 대용량 정보 전송을 가능하게 하면서 본격적인 CMC 출현의 토대가 되었다.[1]

이제 컴퓨터는 이용자들의 커뮤니케이션 행위를 원활하게 해주는 연결매체로 우리 일상생활 속에 깊숙하게 자리 잡고 있다. 그 형태도 Mobile, PDA 등 여러 가지로 다양화되었으며 이에 따라 사람과 사람간의 대화가 사람과 컴퓨터간의 대화로 변하면서 가족을 대하고 있는 시간보다 컴퓨터 모니터와 함께하는 시간이 더 많아지고 있는 현실이다. 디지털 키즈로 대표되는 신세대들에게는 직접 대면하는 인간관계보다 컴퓨터를 통해 만나는 것이 더 자연스러운 현상이 되어가고 있다. 이와 같은 컴퓨터 매개 커뮤니케이션 양식은 기존 전통적인 커뮤니케이션과는 다른 새로운 특성들을 가지고 자연스럽게 커뮤니케이션의 패러다임을 전환해 가고 있다. 그중에서 오늘날 강조되고 있는 CMC의 두드러지는 특징은 다음과 같다.

---

1) 박수호, 「CMC 도입에 의한 사회적 관계의 변화」, p.4.
   http://my.dreamwiz.com/wepia/kocult/c052608.htm

(2) CMC 문화의 특징

❶ 상호작용성

뉴미디어의 특징 가운데 하나인 상호작용성은 커뮤니케이션에 있어 기존의 매스미디어와 뉴미디어를 구분 짓는 가장 중요한 특징으로 1980년대 이후 디지털 시대 커뮤니케이션의 새로운 개념으로 주목 받으면서 뉴미디어의 발전 과정에 따라 다각적으로 논의되어 오고 있다.[2] 이런 상호작용성은 그 근간이 되는 기술적 요소에 기인한다. 구체적으로 살펴보면 뉴미디어로 대표되는 인터넷은 그 설계 당시부터 네트를 독립적이고 병렬적인 연결점(node)을 기반으로 정보의 분산과 공유를 목적으로 개발되어 누구나 정보를 이용할 수 있고 정보를 생산해서 제공할 수 있는 개방적인 커뮤니케이션 관계를 특징으로 한다. 기존 매체의 경우 정보의 연속적인 흐름 중심으로 정보가 일방적으로 전달되었지만 인터넷은 상호작용적인 정보의 생산과 가공, 처리를 가능하게 한다. 그러므로 CMC 환경에서 우리는 사회적 신분이나 경제적 위치, 권력관계 등과 같은 물리적인 관계가 아니라 커뮤니케이션 관계에 의해 다양한 사회적 관계를 형성하며 상호작용할 수 있게 되었다.

❷ 이동성

최근 '디지털 노마드(Digital Nomad)'라는 말이 부각되고 있다. 이것은 고도의 정보화와 통신기술의 발달로 이루어진 네트워크 사회에서 각종 휴대용 단말기로 언제든지 접속이 가능한 가상공간을 시공간의 제약을 받지 않고 자유로이 넘나들며 생활한다는 의미에서 비롯된 말이다. 유비쿼터스

---

2) 이민정, 「현대 패션에 나타난 디지털 커뮤니케이션 문화의 영향에 관한 연구」, 연세대학교 석사학위논문, p.46.

환경으로의 변화가 가속화될수록 각종 정보기기는 더 작아지고, 얇아지고, 가벼워지면서 인체와의 거리를 좁히는 방향으로 디자인되어가는 추세이다. 즉 CMC 환경은 이동성을 기반으로 언제 어디서나 연결되어 커뮤니케이션할 수 있는 방향으로 우리의 일상을 바꾸어 놓고 있다.

❸ 탈시공간성

자신이 원할 때 다른 사람에게 메시지를 보내고, 자신이 원하는 시간에 다른 사람이 보낸 메시지를 읽을 수 있다. 정보를 교환하는 시간을 선택할 수 있다는 것은 일상생활에서 탄력성을 갖게 한다. 이용자가 편리한 시간에 언제라도 이용할 수 있도록 해주기 때문이다. 바로 이러한 점에서 CMC는 대면적 커뮤니케이션의 시간적인 한계를 극복할 수 있는 힘을 얻게 되는데, 이는 컴퓨터의 기술적 특성인 정보저장 능력에 의해 가능해졌다. 한편 정보저장 능력은 공간적 거리감을 극복하는 토대가 되기도 한다. 그 결과 체계적이고 다양한 정보의 교환이 가능하게 되었다.[3] 즉 인터넷이 구현한 새로운 커뮤니케이션 환경은 시간과 공간의 장벽을 뛰어넘어 누구든 어디서나 접근하여 다양한 유형의 행동을 취할 수 있게 한다.

❹ 가상성

CMC의 특징은 물리적 시공간의 한계를 넘어 가상의 공간으로 커뮤니케이션을 확장한 것이라 할 수 있다. 즉 CMC는 고도의 상호작용과 익명성 보장에 따른 가상의 공동체를 형성한다. 가상 공동체 'Well'의 설립자인 라인 골드(H. Rheingold)는 'CMC 테크놀로지를 이용하는 사람들에

---

3) 박수호, Op.cit., p.5.

의해 언어와 인간관계, 자료와 부, 권력이 현재화되는 개념적 공간을 가상공간이라 정의하고 오늘날 수많은 사람들은 컴퓨터와 네트워크를 매개로 말과 생각을 교환하고 있다.'[4]고 주장한다. 물리적 사회관계로부터 이탈하여 자유롭게 자신의 생각을 표현한다는 점에서 가상 공동체는 앞으로의 사회와 문화에 있어서 핵심을 차지할 것이다.

이는 현실에 구애받지 않고 컴퓨터에 의해 구현된 상상의 세계에서 인간의 감각기관과 정신세계와의 상호작용을 통해 마치 거기 있는 듯한 현존감(being there)을 갖게 되는 새로운 경험의 양식과 영역의 확장으로 생각할 수 있다.

❺ 생산소비자화

기존의 매스미디어 환경에서 소비자는 정보의 사용과 대상에 대해 간접적이고 제한적인 권한만을 갖고 있었다. 매스미디어는 매체의 소비를 통해 비슷한 규범과 양식을 지닌 일단의 집단군을 형성하는 효과를 지녔으며 일반 대중은 미디어가 전해주는 정보를 소비하는 소비자에 불과했다. 그러나 인터넷의 경우 정보의 흐름은 소비자의 선택에 따라 움직이며 그 가치의 판단 역시 소비자의 몫이 될 수 있게 진화해가고 있다.[5] 특히 웹 커뮤니케이션 방식에서는 직접 정보를 만들어내고 제공하는 정보의 제공자 역할까지도 수행한다. 프로슈머(prosumer)의 개념처럼 정보의 이용자가 모두 수용자인 동시에 정보의 송신자로 존재하여 송신자와 수신자, 생산자와 소비자의 경계가 모호해지게 된다.

4) H. Rheingold(2000), *The Virtual Community : Homesteading on the Electronic Frontier*, The MIT Press, p.5.
5) 김상수(2003), 「디지털미디어 환경에서 감성 커뮤니케이션에 관한 연구」, 국민대학교 석사학위논문, p.27.

⑥ 융합화

CMC 문화의 대표적인 특징은 앞서 언급한 가상성, 이동성, 상호작용성 등의 특징들이 모두 융합되어 나타난다는 것이다. 이들은 네트워크 서비스에는 물론 각종 디지털 디바이스 자체에도 변화를 일으키고 있다. 최근 산업계의 화두가 되고 있는 디지털 컨버전스도 그 연장선상에서 생각해볼 수 있다. 방송과 통신의 융합, 유선 통신과 무선 통신의 결합, 인터넷, 케이블 사업의 유무선 통신으로의 확대 등 그 서비스의 결합이 다각도로 진행되고 있다. 이는 언제 어디서나 접속이 가능한 유비쿼터스 서비스를 갈망하는 소비자의 욕구를 파악한 업계의 움직이라고 할 수 있다.[6]

4. 현대 패션 비즈니스에 나타난 CMC 문화의 요소

이 장에서는 앞서 논의한 CMC 문화의 특징인 상호작용성, 이동성, 가상성, 탈시공간성, 생산소비자화를 패션산업과 관련하여 그 개념을 구체적으로 논의하고 이들이 현대 패션 산업에 어떠한 모습으로 나타나고 있는지 사례를 통해 알아보고자 한다.

앞서 언급한 융합화라는 특징처럼 패션 비즈니스에서의 CMC 문화적 요소도 사실상 어느 하나의 특징이 아닌 다양한 개념들이 혼재되어 나타나지만 전개의 편의상 보다 중점적으로 살펴볼 있는 특징을 기준으로 구분하여 서술했다는 점을 미리 언급하고 싶다.

---

6) http://blog.daum.net/fifvkfk5/595102

(1) 상호작용성

멀티미디어와 인터넷의 확산은 실질적인 양방향 커뮤니케이션을 가능하게 하여 메시지의 수용자를 더욱 적극적으로 커뮤니케이션에 끌어들이고 있다. 정보의 수용자에 불과했던 소비자는 이제 어떤 유무형의 콘텐츠를 언제, 어떻게 전달 받을지에 대해 보다 능동적으로 선택하고 시공간의 제약 없이 서비스를 즐길 수 있게 되었다.

❶ 인터넷을 통한 맞춤 디자인

패션 산업에서의 네트워크, 즉 인터넷의 활용은 빠르게 변화하는 패션의 흐름을 비즈니스로 정착시킬 수 있는 전략적 매체로서 잦은 트렌드 변화를 수용하고 소비자 욕구를 반영할 수 있는 장점이 있다. 특히 인터넷 상거래는 실시간 세계 각국의 유행정보에 접근할 수 있게 하며 유통, 홍보 등 각종 비용의 문제를 절감시켜준다.

최근 몇몇 패션 업체에서는 이런 흐름에 한 단계 진화된 형태로 전자상거래 방법을 통한 고객과의 다양한 의사소통을 시도한다. 현재 온라인 쇼핑몰에 있어서의 구매후기, 각종 Q&A 등의 항목은 이미 보편화되어 있는 서비스이다. 하지만 앞으로의 한 단계 진화된 고객과의 상호작용은 고객의 구미에 맞는 맞춤 디자인을 제공함으로써 더 극대화될 수 있다.

이미 몇 년 전부터 웹사이트를 통해 맞춤 남성 셔츠와 청바지를 제작하고 있는 사이트들이 큰 수익을 올리고 있다. 그 예로 국내에서는 Zenrico 등과 같은 온라인 매장을 통해 맞춤 셔츠를 판매하는 사이트를 들 수 있다. 또 산업자원부 지원으로 i-fashion 지원센터가 설립되어 고객 맞춤 디자인을 통한 유통체계 구축을 위해 박차를 가하고 있는 시점이다. 아래 [그림 1]에서와 같이 셔츠를 앞단과 주름, 컬러, 주머니, 소매 등의

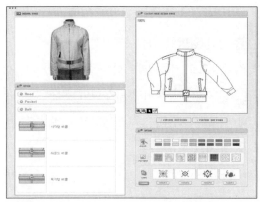

[그림 1] i-fashion 의류센터 시범서비스 사이트[8]

[그림 2] MyVirtualModel 가상착용 피팅서비스[7]

부분에 자신이 원하는 디테일을 선택할 수 있게 되어 있다. 서로 다른 디자인의 디테일과 다양한 소재를 조합하여 자신만의 디자인을 만들고 스타일을 연출할 수 있다.

해외에서는 거대 기업에 의해 이루어진 MVM(www.myvirtualmodel.com)이라는 사이트가[그림 2]가 개설되어 리바이스, 아디다스 등 유명 브랜드와 제휴하여 맞춤 디자인은 물론 자신의 피팅 모습을 친구들과 공유할 수 있는 등 다양한 서비스를 제공하고 있다. CMC의 상호작용성은 유통산업에 있어서 대량맞춤화(Mass Customization)를 가능하게 하고 있으며 앞으로의 온라인 패션시장 판도를 바꾸어나갈 수 있을 것으로 예상된다.

(2) 이동성

현대의 모바일 환경은 인간의 통신생활을 변모시켰고 나아가 인간의 생

---

7) MyVirtualModel, http://www.mvm.com
8) i-fashion 지원센터 베타 서비스 테스팅 사이트, http://goifashion.com

활을 많이 변화시킬 것이다. 변화하는 시대의 문화적 특징과 가치의 영향에 무엇보다도 빨리 반응하는 패션에 있어서도 현대의 디지털 기술과 모바일 문화의 영향이 뚜렷하게 나타나고 있다. 특히 컴퓨터, 통신, 디자인, 패션이 결합되어 통합된 웨어러블 컴퓨터의 개발이 이동성을 대표하는 상징이 될 것이다.[9] 앞으로의 미래사회에서는 번거롭게 Laptop이나 PDA 등을 휴대하지 않아도 의복 자체에 내장되어 있는 컴퓨팅 기술로 언제 어디서든 네트워크에 접속할 수 있는 시대가 도래할 것이다. 이처럼 웨어러블 컴퓨터는 의복 기능과 디자인 측면에 CMC 문화의 '이동성'의 요소가 반영된 대표적인 예라 할 수 있겠다. 그 외에도 패션 비즈니스 측면에서 살펴보자면 다른 산업보다 변화가 빠른 패션산업의 특성상 전자상거래에서 이동성으로 대표될 수 있는 M-commerce와 전자카탈로그의 보급이 가속화될 것으로 전망된다.

❶ M-commerce와 전자카탈로그

휴대폰을 이용한 전자상거래인 M-commerce 시대가 머지않아 도래할 것으로 보인다. 넓은 의미로는 휴대폰은 물론 각종 전자정보 통신기기로 상거래를 할 수 있게 되는 서비스를 말한다. 이제 머지않아 휴대폰으로 생활의 모든 상행위가 가능하게 될 것이다. 이러한 변화의 흐름에 패션산업도 예외일 수 없다. 실제로 얼마 전부터 침체기를 면치 못하고 있는 TV 홈쇼핑 관계자들은 TV를 대체할 새로운 매체로 모바일을 통한 전자상거래를 꼽기도 한다.

2~3년 후에는 잡지나 광고 등에서 원하는 상품에 핸드폰을 갖다 대기만 하면 실시간 쇼핑이 가능해질 것으로 전망된다. 즉 우리의 쇼핑패턴을

---

9) 이민정, Op.cit., p.111.

전면적으로 바꾸어 놓을 또 하나의 혁명으로 자리매김할 것으로 보인다. 패션 비즈니스에서는 이의 연장선상에서 각종 패션 전자카탈로그 사업에 집중하고 있다. 아직 전자카탈로그의 표준화 작업이 완성되지 않은 상태이지만 머지않아 온라인은 물론 모바일 기기 등에서 아래 [그림 3]에서처럼 고객이 원하는 패션 카탈로그를 전송받아 구매로 연결할 수 있는 서비스가 시작될 예정이다. i-fashion 지원센터를 필두로 산업자원부의 지원도 계속 이루어지고 있다. 즉 새로운 디지털 미디어 환경에서 갖게 된 CMC의 이동성이 패션 비즈니스에도 나타나고 있다는 조짐이라 하겠다.

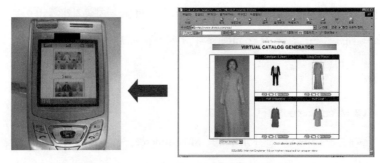

[그림 3] 전자카탈로그 기반의 패션 M-commerce, i-fashion 센터 개요

(3) 탈시공간성

각종 디지털 기술의 발달은 물리적인 시간이나 거리감과 더불어 사회적인 거리감 또한 극복하게 한다. 특히 패션비즈니스에서 디지털 패션쇼는 CMC의 특징인 상호작용성, 가상성과 탈시공간성을 반영하고 있는 대표적인 서비스로 꼽을 수 있다. 아직은 걸음마 단계이지만 앞으로 세계 각국에서 일어나고 있는 다양한 패션쇼 등의 이벤트에 쉽게 접근하고 우리의 것을 쉽게 알릴 수 있는 기회로 삼을 수 있다는 점에서 큰 성장 가능성을 내포하고 있다. 뿐만 아니라 CMC의 탈시공간성 요소는 경제적

측면에서 물리적 공간에서 치러야 하는 각종 비용을 절약한다는 의미를 내포할 수도 있겠다.

❶ 디지털 패션쇼

즉 해외 유명 패션쇼 현장을 직접 가지 않더라고 웹상에서 쉽게 패션 쇼를 감상하고 혹은 직접 모델이 되어 캣워크를 해보고 원하는 의상을 구 입할 수도 있으며 쇼 장면을 저장해 영원히 소장할 수 있는 다양한 서비 스가 구현될 수 있다. 즉 CMC의 탈시공간적 특성이 반영된 패션 비즈니 스의 요소로 디지털 패션쇼를 꼽을 수 있다. 패션쇼 기획자의 입장에서는 만들고 음향, 조명 등을 연출해 봄으로써 사이버공간에서 실제와 똑같은 패션쇼를 시뮬레이션 할 수 있어 제작시의 시행착오와 불필요한 제작비의 낭비 등을 막을 수 있다는 이점이 있다. 미국 MACY 백화점은 MACY passport '99라는 타이틀로 최초의 가상패션쇼를 구현하여 소비자가 원하 는 모델과 피부색, 헤어색상, 의상을 클릭함으로써 입체 영상의 패션쇼를 감상할 수 있는 서비스를 제공한 경험이 있다. 디지털 패션쇼는 CMC의 가상성, 상호작용성과도 물론 밀접하게 연관되어 있는 부분이다.

[그림 4] 가상모델이 옷자락 나풀거리며 워킹… '꿈의 패션쇼' 실현됐다.[10)]

10) <조선일보>, 2005. 4. 18.

(4) 가상성

디지털 기술은 이미 패션 디자인과 제작과정에 폭넓게 사용되고 있으며 동시에 실제로 존재하지 않는 의복에 대한 커뮤니케이션 방법으로서 가상현실 기술에 대한 연구가 활발하게 진행되고 있다. 패션비즈니스는 이제 실제의 의복이 아닌 가상 환경 속에서 유통되고 소비되는 의복을 위한 사업으로까지 확장되어 가고 있다.

❶ 세컨드라이프와 패션

가상세계의 대표로 떠오르고 있는 세컨드라이프에서 패션계의 움직임이 활발하다. 세컨드라이프에서 가장 많은 판매가 이루어지고 있는 품목이 다름 아닌 패션아이템이다. 일반 디자이너뿐만이 아니라 현실의 유명 디자이너들도 세컨드라이프 내에서 자신의 이름을 건 아바타 의상을 디자인해 판매하고 있다. CMC의 문화적 특징인 가상성은 이렇게 패션 비즈니스의 영역을 현실 세계에서 가상세계의 아바타 패션시장으로까지 확대시켜 놓았다.

세컨드라이프 통계를 보면 주로 돈이 소비되는 곳은 패션 업계로서 아바타를 꾸미기 위해 사고파는 장소가 가장 인기를 끌고 있다. 개성이 중요한 사이버 세상인 만큼 타인과 다름을 중요시 하고자 하면 이는 CMC의 요소인 가상성의 특징에서 비롯된 것이라 할 수 있겠다. 이 뿐만이 아니라 세컨드라이프는 마케팅의 장으로도 활용되기 시작하였다. 바로 가상환경을 이용한 패션마케팅이 그것이다. 얼마 전 세계적인 패션브랜드 크리스찬 디올은 자신의 신작을 세컨드라이프 안에서 발표했다. 이 외에 세계 유명 명품 의류업체에서도 새로운 시즌에 앞서 소비자의 반응을 파악하기 위해 세컨드라이프 안에서 먼저 발표하는 사례가 속속들이 등장하고 있다. 이제 게임, 커뮤니티 등 가상세계에서의 아바타 패션 비즈니스도 엄연히 패션 산업의 한 영역으로 편입되고 있는 추세이다.

[그림 5] 세컨드라이프 메인 페이지[11]

[그림 6] 세컨드라이프 내 아바타[12]

(5) 생산소비자화

디지털 시대에는 소비환경도 변화하고 있다. 과거에 비해 정보 접근성이 증대되면서 선택할 수 있는 상품은 증대한다. 또 과거 아날로그 시대와 비교했을 때 디지털 시대의 소비자는 커뮤니티 구성을 통한 집단화 경향을 나타내며 보다 개인화되고 차별화된 욕구를 충족하기 위한 소비 행위를 진행한다. 즉 CMC 문화는 소비 환경을 변화시켜 과거 수동적 입장의 소비자에서 능동적 입장의 생산소비자(Prosumer)로 탈바꿈시키는 작용을 해오고 있다. 이에 따라 패션 비즈니스에 있어서도 이와 같이 적극적인 생산소비자의 태도가 반영되는 방식으로 온라인 상거래가 변화해 나가고 있다.

---

11) 세컨드라이프 공식 사이트, http://www.secondlife.com
12) 세컨드라이프 공식 사이트, http://www.secondlife.com

놀이 공간 | 예술 공간 | 디지털 광장 | 디지털 기계

❶ UCC 활용한 온라인 쇼핑몰

2007년 인터넷 업계의 화두는 바로 UCC(User Created Contents, 이하 UCC)이다. 네티즌들이 직접 만든 다양한 소재의 콘텐츠를 자신의 블로그나 미니홈피 등 자신의 개인 미디어를 통해 직접 올리는 것이다. 이러한 UCC 열풍이 패션업계에도 불고 있다. 과거 단순히 사고파는 온라인 쇼핑몰에서 이제는 일반 대중들이 자신의 개인 매체인 블로그나 미니홈피에 사용자 후기를 직접 UCC로 제작해 일반 대중에게 공개함으로써 제품에 대한 정보를 빠르게 전달하고 있다. 또 각종 인터넷 쇼핑몰에서는 고객평가단을 선발해 상품과 서비스에 대한 모니터링을 실시하여 평가한 결과를 동영상으로 담는 서비스도 실행중이다.

이제 밋밋한 상품설명과 가격만을 나열하는 프랜차이즈형 쇼핑몰은 점점 쇠퇴하는 경향을 보이고 있다. 4억 소녀로 유명세를 타 자신만의 브랜드를 만들어 성공한 김예진 씨의 경우, 쇼핑몰에는 그녀만의 UCC가 고객과 친밀감을 높이는 데 많은 도움을 주었다.[13] 쇼핑몰에 자신이 모델로 한 사진과 상품설명에 매스미디어의 동영상 UCC가 더해져 성공한 경우이다.

이보다 한 단계 더 진화된 형태의 쇼핑몰로 소비자가 자신의 개인매체를 활용하여 직접 판매자가 될 수 있는 가능성도 생기고 있다. 단순한 온라인 쇼핑몰에서 벗어나 '내 블로그에 쇼핑몰을 가져오는 신개념 쇼핑몰'도 등장하고 있다. 한 예로 미스드라마(www.missdrama.com) 사이트를 꼽을 수 있다. 원터치 퍼가기 기능이 탑재되어 있어 자신이 원하는 상품을 개인 미디어로 마음껏 퍼갈 수 있게 되어 있다. 그리고 자신의 커뮤니티

---

13) 「패션 의류 쇼핑몰 창업, 성공하려면 UCC를 활용하라」,
    http://blog.joins.com/tony4328/7257656.

를 통해서 구매가 이루어진 경우에는 일정금액을 페이백 받을 수 있는 사업모델이 부상하고 있다.[14) 즉 일반 소비자가 동시에 판매자가 될 수 있는 다양한 가능성도 열리게 된 것이다. 그 외에 [그림 7]과 같은 이티비몰(www.etvmall.com)은 전 사이트를 동영상화해 소비자가 상품 홍보 동영상을 보면 포인트를 제공하는 비즈니스 모델도 제시했다.[15) 예시로 든 두 사이트 모두 다루고 있는 제품이 패션 아이템인 것을 고려했을 때 패션 비즈니스는 다른 어떤 분야보다 CMC 문화의 특징을 신속하게 받아들이고 있다고 생각한다.

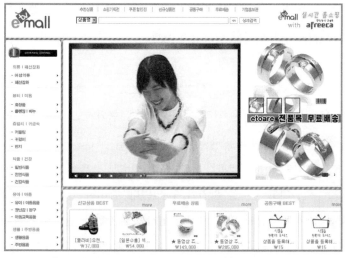

[그림 7] 이티비몰, 모든 상품에 UCC 동영상이 소개된다.[16)

14) http://blog.naver.com/hyoungwk?Redirect=Log&logNo=10016859382
15) http://www.etnews.co.kr/news/detail.html?id=200706110177
16) 이티비몰, http://www.etvmall.com

5. 패션 비즈니스의 미래

상호작용성, 이동성, 가상성, 생산소비자화, 탈시공간성 등의 특징은 디지털 기술의 발달과 함께 파생된 CMC 문화의 특징들이다. 하지만 앞서 언급한 대로 이러한 특징들은 각각 따로 진행되는 것이 아니라 서로 복합적으로 융합된 형태로 나타나고 있다. CMC 문화의 가장 두드러지는 특징인 양방향 커뮤니케이션, 즉 상호작용성이 무선 통신 기술의 발달에 따라 모바일 환경으로 이어지면서 이동성의 특징은 더 강화되어진다.[17] 나아가 가상현실의 기술, 사이버스페이스가 등장하면서 탈시공간성의 특징은 더욱 부각되어진다. 그리고 자연스레 이 같은 변화는 정보 수용자인 소비자가 처한 환경을 변화시켜 보다 능동적인 위치에 자리할 수 있게 하였다.

지금까지 살펴본 현대 네트워크를 기반으로 하는 패션 비즈니스에 나타난 CMC 문화의 특징은 각각 독립적으로 표현되기보다는 여러 가지가 서로 혼합되어 나타나고 있다. 그리고 IT혁명을 근간으로 빠르게 진행되고 있는 디지털 시대의 변화가 다른 어떤 산업보다 패션 산업에 보다 적극적으로 적용되고 있음을 확인할 수 있었다. 소비자는 가상의 쇼핑몰에서 직접 선택과 조합에 의해 자신이 원하는 디자인을 완성해 간다. 세컨드라이프로 대표되는 가상공간에서의 아바타 패션은 가장 활발하게 성장하고 있는 분야이다. 뿐만 아니라 실제 현실과 연계되어 유명 디자이너와 브랜드의 마케팅 공간으로 활용되고 있기도 하다.

또한 비슷한 맥락으로 3D 스캔 및 모션 캡처 등을 활용한 가상 패션 쇼 기술로 시공간의 제약을 넘어서 세계 각국의 유명 컬렉션을 장애 없

---

17) 이민정, Op.cit., p.142.

이 감상할 수 있는 길이 열릴 날도 얼마 남지 않았다. 그 외에도 아직 걸음마 단계인 전자카탈로그가 활성화되고 모바일을 이용한 전자상거래가 보편화되면 언제 어디서나 원하는 상품의 쇼핑이 가능하게 될 것이고, 따라서 패션비즈니스는 더욱 성장할 것으로 예측된다. 이와 같이 각종 정보통신 기술이 발전함에 따라 CMC의 문화적 요소는 패션 비즈니스에 있어서 더욱 적극적으로 반영되고 있다. 특히 최근의 두드러진 특징은 전통적인 온라인 쇼핑몰을 넘어서 UCC를 활용한 새로운 비즈니스 모델들이 속속들이 출현하고 있다는 점이다. 이런 환경에서 소비자는 생산소비자로서 자리매김하며 상품 제작은 물론 상품구매와 홍보에 있어 능동적인 위치에 설 수 있게 되었다.

미래에는 CMC 문화의 특성이 더욱 부각되는 방향으로 패션 비즈니스가 변화될 것으로 예측된다. 물론 이에 앞서 보다 현실감 있는 재질의 표현, 3D 바디스캔의 보급 등 아직 더 보충되어야 할 기술요소들이 남아 있다. 하지만 머지않아 가상현실 기술 등의 진전으로 인간의 '오감'을 최대한 활용할 수 있는 가상 의복환경이 구축될 것으로 예측된다. 이를 바탕으로 소비자와의 직접적인 상호교류를 통해 개개인의 감성과 개성, 자아의 표현이 제품에 완벽히 반영될 수 있는 미래의 패션 비즈니스 환경이 구축되길 기대해 본다.

참고문헌

논문

김상수(2003), 「디지털미디어 환경에서 감성 커뮤니케이션에 관한 연구」, 국민대학교 석사학위논문.

김수진 · 한명숙(2002), 「뉴미디어 및 인터넷 시대에 부응하는 패션산업의 새로운 동향」, 『복식문화연구』 제10권 제3호.

김유정(1998), 「컴퓨터 매개 커뮤니케이션과 일상 커뮤니케이션 상황의 변화」, 『정보화 시대의 미디어와 문화』, 한국언론학회 / 한국사회학회 편. 세계사.

박세진(2003), 「디지털 시대의 의류환경」, 『한국생활환경학회지』 제10권 3호.

박수호, 「CMC 도입에 의한 사회적 관계의 변화」,
　　　　http://my.dreamwiz.com/wepia/kocult/c052608.htm

박창규(2006), 「i-fashion 기술과 산업」, 『섬유기술과 산업 학회지』 제10권 3호, 건국대학교 섬유공학과.

이민정(2003), 「현대 패션에 나타난 디지털 커뮤니케이션 문화의 영향에 관한 연구」, 연세대학교 석사학위논문.

최영석(1999), 「컴퓨터 매개 커뮤니케이션(CMC)의 연구경향과 방향설정에 관한 연구」, 중앙대학교 석사학위논문.

Carolyn Ye-Phern Chin and Paula M.C. Swatman(2005),"The Virtual Shopping Experiences : Using Virtual Presence to motivate online shopping", *AJIS* Vol 13, No.1.

Hye-Shin Kim and Byoungho Jin(2006), "Exploratory study of virtual communities of apparel retailers", *Journal of fashion marketing and management* Vol.10 No.1.

단행본

김유정(1998), 『컴퓨터 매개 커뮤니케이션』, 커뮤니케이션북스.

성동규, 라도삼(2000), 『인터넷과 커뮤니케이션』, 한울아카데미.

H. Rheingold(2000), *The Virtual Community : Homesteading on the Electronic Frontier*, The MIT Press.

신문

〈조선일보〉, 2005. 4. 18.

인터넷 사이트, BBS 게시판 등

세컨드라이프 공식 사이트, http://www.secondlife.com

My Virtual Model, http://www.mvm.com

이티비몰, http://www.etvmall.com

미스드라마 쇼핑몰, http://www.missdrama.com

패션에서의 가상현실 시스템 응용,
　　　　　http://blog.naver.com/pomi_4ever?Redirect=Log&logNo=110014929346

m커머스가 생활까지 바꾼다,
　　　　　http://kimss58.cafe24.com/zero/zboard.php?id=kssline01&no=329

컨버전스(Convergence)와 다이버전스(Divergence), 성공하는 디지털 디바이스란_Play Station Portable,
　　　　　http://blog.daum.net/fifvkfk5/595102

UCC 시대의 신개념 온라인 쇼핑몰 '미스드라마' 인기!Z,
　　　　　http://blog.naver.com/hyoungwk?Redirect=Log&logNo=10016859382

디지털 광장과 소통하기

인터넷의 새로운 관계 모델

1. 인간은 섬일까

"어느 사람이든지 그 자체로서 온전한 섬은 아닐지니, 모든 인간이란 대륙의 한 조각이며 또한 대양(大洋)의 한 부분이어라. 만일에 흙 덩어리가 바닷물에 씻겨 내려가게 될지면, 유럽 땅은 또 그만큼 작아질지며, 만일에 모랫벌이 그렇게 되더라도 마찬가지며, 그대의 친구들이 나 그대 자신의 영지(領地)가 그렇게 되어도 마찬가지여라. 어느 누구의 죽음이라 할지라도 나를 감소시키나니, 나란 인류 속에 포함되어 있는 존재이기 때문이라. 누구를 위하여 종은 울리나—이를 위하여 사람을 보내지는 말지라. 종은 바로 그대를 위하여 울리기에."

영국의 시인 존 단은 그의 시 <누구를 위하여 종은 울리나>에서 "No man is an island"라 했다. 후에 본 조비는 그의 노래 'Santa fe'에서 휴 그랜트는 영화 <어바웃 어 보이>에서 같은 말을 외친다. 이 말은 역설적으로 '인간은 누구나 섬이 아닐까'라는 의심을 품게 한다. 특히 개인주

[그림 1] 인간은 섬이다? 영화 〈어바웃 어 보이〉 中

의, 이기주의가 미덕인 현대 사회는 누구나 외로움과 고립감을 느낄 수 있는 토양을 마련해 놓고 있다. 그렇다면 사람은 언제 외로움을 덜 느끼게 될까. 다른 사람이 함께 '있을' 때? 그렇다면 여기에서의 '있다'는 '대화 한다'를 내포하고 있을 것이다. 실제 발화를 하든지 그렇지 않든지간에, 육체로 하든지 마음으로 하든지 간에 교류와 교감이 있다면 외로움과 고립감은 덜하다.

사이버공간의 경우 시각적 또는 음성적 표현 외에 소통의 수단이 없는데다가 자아가 끊임없이 떠다니는 통에 고립감을 느끼기 쉽다. 심지어 대화를 하고 있는 중간에도 그렇다. 게다가 그것은 인터넷의 미덕이었기에 사회문제가 된다든가 하지는 않았다. 그러는 와중에 사이버공간상에서 형식과 기술이 뒷받침 되는 관계 맺기가 이루어지면서 고립된 섬을 탈피하고자 하는 사람들이 많아졌다.

2. 사이버 자아의 가상성과 일관성

(1) 사이버 자아

사이버공간상에서 자신의 인격과 자아를 형성해주는 요소로는 어떤 것이 있을까. 가장 눈에 띄는 것은 '이름'이다. 대부분의 사람들이 타의에 의해 얻게 되는 실제 세계의 이름과 달리 사이버공간상에서의 이름은 작위적이다. 그만큼 현재 자신의 모습이나 되고 싶은 모습과의 연관성이

크다. 그 사람의 성격, 유머도, 정치 성향,
좋아하는 연예인 등이 반영되기도 한다.
실제 이름을 사용하거나 이름과 관련된 닉
네임을 사용하거나 익명성과 가상성을 강
화하기 위해 무작위의 알파벳 조합을 아이
디나 닉네임으로 쓰는 경우도 있다.

아바타나 이모티콘도 인터넷에서의 자
신을 표현하기 위한 한 수단인데 평소 좋
아하는 패션 스타일이나 생김새 등 취향을
표출하기도 하고, 이모티콘을 이용하여 그

[그림 2] 닉네임, 아바타, 이모티콘.
사이버 자아의 표현 수단

때그때의 기분을 표현하기도 하는데 실제로 다른 사람들 입장에서는 상
대방을 파악하는 데 있어 그리 일조하지는 못한다.

시각적인 표현보다는 말이나 글이 사이버 자아를 형성하는 데 가장 큰
영향을 끼친다. 인터넷에서는 결국 말도 글로 표현되는데, 글의 어조나
사용 단어, 문장 부호의 사용, 그 외의 미묘한 것들이 발화자의 성격을
규정한다. '했어염'과 '했습니다'의 차이는 크다. 그러나 앞의 두 단어를
인터넷 공간에서 사용하는 사람들도 실제로 말을 할 때 '했어염'과 '했습
니다'를 자주 쓰지는 않는다. 말보다 글은 더 통제하기 편하고 '─인 체'
하기 쉽다. 사이버공간에서는 그래서 글, 이름 등으로 자신의 캐릭터를
통제한다. 글을 쓰는 빈도나 사진을 통해서도 그러하다.

인터넷에서의 자아 통제에의 유혹과 (가상) 사회적 욕구로 인해 실제
생활에서의 캐릭터와 괴리를 보이기도 한다.─때로는 인터넷 유행에 따
라 캐릭터가 변하기도 한다─사이버공간상에서의 '나'는 실제 공간에서
의 나보다 좀 더 쿨 할 수도 있고 감성적일 수도 있고 좀 더 도도할 수도
있고 만만해보일 수도 있다. 자신감 넘치게 자기를 표현할 수도 있고 다

른 사람 의견에 대해 비판적일 수도 냉소적일 수도 있다. 애국자가 될 수도 있고 아나키스트가 될 수도 있다. 사이버공간상에서만은 나도 미남 미녀, 킹카 퀸카일 수도 있는 것이고 음악 전문가, 영화 전문가, 악기 전문가, 서적 전문가, 음악 비평가, 영화 비평가, 서적 비평가일 수 있다. 축구 해설자를 능가하는 지식을 가질 수도 있고 국제 정세 전문가가 될 수도 있는 것이다. 절대 청각, 절대 미각, 절대 후각은 기본이다. 넘버 원, 넘버 투, 넘버 쓰리가 있어 때와 장소에 따라 다른 자아를 발동할 수도 있다. 물론 사이버공간의 자유로움이 억제되어 있던 그 사람의 자아를 자극하여 나타날 수도 있지만 여기에서 그것은 중요한 문제는 아니다. 중요한 것은 네트워크 공간이 현실의 '나'를 넘어선 새로운 존재가 될 수 있는 기회를 제공한다는 것이다. 왜냐하면 이것이 새로운 욕망의 충돌을 야기하기 때문이다.

(2) 정착 욕구와 유랑 욕구

[그림 3] 유랑 vs 정착. 김삿갓으로 살자 vs 인터넷에 집 짓자

고대의 인간은 생존을 위해 기거할 장소를 정했다. 경작이 시작되기 전에는 수렵과 채집이 잘 되고, 기후가 좋고 적당히 외부로부터의 위험을 피할 수 있는 동굴 등이 있어 '살기 좋은 곳'을 찾아 살았다. 유랑을

하며 살기 좋은 곳을 찾아다녔다. 그러다가 경작 문화가 시작되면서 오늘 심은 것을 내일 거둬들이기 위해 정착해서 살기 시작했다. 그래서 인간이 애초부터 정착해서 사는 것을 좋아하는 존재인지, 유랑하는 것을 좋아하는 존재인지를 판단하는 것은 어렵다. 어떻게 보면 의미 없는 물음일지도 모른다. 사람들마다 다르고 같은 사람이라 하더라도 때에 따라 다르지 않은가. 이와 같은 형세가 사이버공간에서도 나타난다.

사이버 김삿갓은 매혹적이다. 인터넷에서만은 자신을 규정짓지 않고 자신의 신상을 노출시키지도 않으며 실제 공간상의 자아를 벗어나 내가 원하는 모습대로 행동하고 발화하는 것을 김삿갓의 캐릭터와 닮았다고 할 수 있다면 말이다. 이것은 사이버공간의 미덕인 만큼 누구나 그런 욕망을 느낀다. 사회나 자신을 규정하는 것으로부터의 속박을 벗어남으로써 과감하고 솔직하게 자신의 다양한 모습을 표현하는 것이 가능해지기 때문이다. 나이, 성별, 학력, 지역 등을 숨기고 발화하는 것의 내용만이 전달되고 평가받는다. 감히 영화 20자 평을 올리고도 멋쩍거나 부끄럽지 않다. 잘난 척 한다는 질책도 면할 수 있다. 오늘은 나라를 염려하고 인권을 존중하는 모범적 애국자가 될 수 있고, 내일은 잘 생긴 영화배우에 넘어간 '빠순이'가 될 수 있다. 촌철살인 공세를 벌이는 사이버 궁사가 될 수 있고, 어리숙한 척 순한 양이 될 수도 있다. 이렇게 종이 인형이 옷 갈아입듯 사이버 상에서의 자신의 캐릭터 내지 자아를 바꾸는 유랑의 욕망은 사이버공간의 성격을 규정하고 유지하는 힘이 된다. 표현은 자유롭고 개방적이다. 사회적 욕망이나 개인적 욕구도 보다 잘 반영된다.

반대로 누구나 자기 자신으로서 인정받고 싶은 사회적 욕구를 느낀다. 설사 실제 공간의 나의 캐릭터와 다를지라도 사이버공간에서도 일관성 있는 하나의 존재가 되어 사람들과 소통하고 인정하고 인정받고 싶다. 내가 쓴 글을 내가 썼다고 알아줬으면 좋겠고 내가 찍은 사진으로 '역시 그 사람이네'라는 평가를 받고 싶다. 나의 글과 사진과 나의 사이버 캐릭터를 맘에 들어 하고 좋아하는 사람들이 생겨 만만년 평화롭고 행복하게 살았으면 한다. 실제 공간에서의 캐릭터와 같은 것일 필요는 없다. 사이버공간에서는 더 멋있는 사람이 되고 싶고 더 똑똑한 사람이 되고 싶다면 그렇게 되면 된다. 단지 그곳에서도 '나'라는 하나의 고정된 실체이자 존재로 인정받으면 된다.

'인터넷에 집 짓자'라는 광고 카피가 있었다. 홈페이지는 그런 곳이 될 수 있다. 인터넷에 나의 주소를 만드는 것이다. 수렵, 채집, 유랑 생활을 끝내고 인터넷에 집 지어 글 쓰고 사진 올리면 경작하며 수확한 관심과 명성을 먹고 살아가려는 것이다. 키워드는 '경작'이라기보다 '수확'이다. 아무도 들어오지 않는 홈페이지는 유랑보다 쓸쓸하다. 유랑 생활 청산하고 살아보겠다는데 얻는 게 없으면 다시 떠돌거나 같이 살 부족을 만들 수밖에 없다.

3. 인터넷 커뮤니티

사회 집단은 다양한 구체적 목적을 위하여 결성되고 활동하지만, 크게 세 가지의 일반적 기능을 수행한다고 볼 수 있다.[1]

① **임무 수행 기능** : 그 물리적·생물적 또는 사회적 환경에 대하여 객관적 효과를 끼치려고 하는 집단의 지향. 예컨대 제품의 생산, 자원의 개발이나 보존, 전쟁이나 게임에서의 승리 등
② **통제적 기능** : 행동 규범·가입 규범에 따라 그 자신의 내부 구조의 유

---

[1] 필립 K 보크, 임지현 역(1997), 『인간이란 어떤 것인가 ─ 현대 문화 인류학 입문』, 문학사상사.

지 (및 성장)을 꾀하려고 하는 집단의 지향. 예컨대 집단 구성원의 문화화와 훈육 및 필요에 따라 유자격자를 새 구성원으로 가입시키는 것 등

③ **표출적 기능**：그 구성원의 심리적 욕구를 만족시키려는 집단의 지향. 이 요구에는 임무 수행의 활동 및 통제적 활동에의 개인적 참여에서 생기는 욕구도 포함된다.

[그림 4] 군대는 임무 수행 기능과 통제적 기능이 크게 작용하는 집단이다.

모든 인간 집단은 위 기능들 중 하나 이상을 지향하고 있다. 학교의 경우 표면적으로 위 세 가지 기능을 모두 표방하고 있다. 세 가지 기능 모두를 갖고 있는 경우가 많으나 집단에 따라 특수 기능이 부각된다. 예를 들어 군대는 임무 수행 기능과 통제적 기능이 주요하다.

(1) 인터넷 커뮤니티의 기능

인터넷 커뮤니티의 경우 첫 번째 '임무 수행 기능'을 띠고 생성되는 경우가 많다. 좋아하는 관심사나 직업, 취미에 따라 각자의 정보를 공유하고 실습한다. 커뮤니티가 성장하는 과정에서 커뮤니티의 안정적인 유지를 위해서 '통제적 기능'이 강화된다. 그래서 초반 커뮤니티 대문에는 자신에 대한 광고의 참여 독려 멘트가 올라와 있지만 집단이 성장하고 거대해지면, '안 되는 것'이 공고된다. 이러이러한 게시물도 안 되고 이러이러한 말투, 악플이 모두 금지된다. 승인 받은 사람만이 가입할 수 있

PASarang은 Performance Art, 공연 예술 사랑이라는 뜻의 우리 클럽 이름입니다.

출생의 비밀: '자기 소개하기'란을 참조하세요. ^^

[그림 5] 인터넷 커뮤니티의 출생. 인터넷 커뮤니티는 임무 수행의 기능을 띠고 만들어지지만 점차 통제의 기능이 커진다. 동시에 표출적 기능을 얼마나 잘 수행하느냐가 커뮤니티의 존폐와 깊이 관련된다.

는 곳도 많다. 그러나 초반엔 잘 운영되다가, 임무 수행 기능과 통제적 기능 사이에서 갈피를 못 잡고, '죽는' 커뮤니티들이 많다. 이들의 문제점은 무엇일까.

집단 중에는 그 구성원에 대하여 자기표현의 기회를 제공하는 것을 그 명시적 기능으로 삼고 있는 것이 있다.[2] 즉, 세 번째 '표출적 기능'을 표방하는 집단인데, 이러한 집단을 표출적 집단이라 하자. 실패한 인터넷 커뮤니티의 문제점은 집단의 표출적 기능을 간과했다는 것이 가장 크다. 인터넷의 특성상 모든 인터넷 커뮤니티는 설사 그것이 임무 수행의 목적을 위해 결성되었다 하더라도 기본적으로 표출적 집단이라야 한다. 사이버공간이 애초에 표출하기 위한 곳이기 때문이다. 그러나 어느 정도 규모가 있는 커뮤니티에서 내 소리를 내는 것이 쉽지 않다. 다시 잘난 척 한다고 손가락질 받을 수 있을 뿐더러 어느 순간 다시 타자가 되기 십상이다. 실제적 소외감을 다시 느끼기 시작하면서 회원은 이탈하고 커뮤니티는 기능을 멈춘다. 이와 같은 메커니즘으로 많은 커뮤니티들이 만들어지고 사라져갔다.

그렇다면 왜 이러한 인터넷 커뮤니티에서 표출이 제대로 되지 않은 것일까. 일단 인터넷 사용자가 어떠한 커뮤니티에 가입한다는 것은 무엇을

---

2) 필립 K 보크, Ibid.

뜻하는가. 일단 가입할 때 커뮤니티가 나의 취향과 얼마나 부합하는지를 본다. 커뮤니티의 존재 목적, 분위기 등을 파악하고 가입한다. 이는 곧―그 커뮤니티 안에서만 한정된 것이더라도―자아의 정착을 의미한다. 커뮤니티의 분위기와 내용 등을 고려해 커뮤니티 상의 '내'가 탄생한다. 정착이 성공하기 위해서는 경작할 집과 수확물이 있어야 한다. 그러나 커뮤니티에서 다수에게는 '내 자리'가 없다. 커뮤니티라는 것은 이미 그 이름이 암시하다시피 공공적이다. 공공장소에서 나서는 것은 아무리 사이버공간에서라도 쉽지 않은 일이다. 나선다 하더라도 적절한 관심과 반응이라는 수확물이 없다면 그 정착은 실패다.

공공장소는 언제든 떠나도 부담 없다. 소유도 없다. 그래서 오프라인의 집단보다 유대감이 약한 경우가 많다. 아니 유대감이 강했다가 약해지는 경우가 많다. 커뮤니티 안에서 친절하고 사이좋고 살갑게 지낸 사이더라도 돌아서거나 모르는 척 하는 것이 어려운 일이 아니다. 커뮤니티에 남아 있는 것조차 싫다면 당장 탈퇴 버튼을 누르면 된다. 그렇다 하더라도 커뮤니티 안에서의 인간관계나 의무에 대해 책임을 질 필요는 전혀 없다. 그대로 작별이고 아무도 이것을 이상하게 생각하지 않는다.

개인 홈페이지나 커뮤니티의 실패 원인은 모두 '인터넷 공간에의 정착과 사유화의 실패'에 있다. 나의 공간 내지는 영역은 온라인에서건 오프라인에서건 마찬가지로 중요하다.

4. 인터넷에서 관계 맺기

최근 성공하고 있는 인터넷 커뮤니티의 특징은 '나의 공간'의 확보에 있다. 맘 편히 기거하며 손님들도 자주 찾아오는 나의 작은 집을 만들어서 소외 현상을 줄이고 '주인공은 나'라는 인터넷으로의 몰입감을 높인다. 아울러 적극적인 관계 맺기로 탄탄한 웹 구조를 형성하고 있다. 이러한 특징을 갖는 곳으로 싸이월드와 네이버 블로그를 살펴보자.

(1) 싸이월드의 1촌 맺기

"싸이월드는 1999년 설립되어 꾸준한 인터넷 커뮤니티 서비스 운영을 통해 축적된 우수한 능력의 커뮤니티 기획, 디자인, 개발 인력이 포진되어 있으며 이를 바탕으로 기업의 커뮤니티 컨설팅을 수행하고 있는 인터넷 커뮤니티 전문업체입니다. 인터넷 커뮤니티 싸이월드 (cyworld.nate.com)는 실명제 인맥 기반의 가상사회, 신뢰기반의 정보공유를 컨셉으로, 사람과 사람 사이의 친분관계를 형성하고 도와주는 범용 커뮤니티 서비스입니다. 개인과 개인의 관계를 정의하며 시작되는 인맥, 각종 모임과 만남을 가능하게 하는 클럽, 개인과 개인의 관계에서 자신의 정보와 지인의 정보를 효율적으로 관리할 수 있는 도구인 미니홈피, 나의 기분과 감정을 드러내고 자유롭게 표현하는 미니룸 등 아는 사람끼리 더욱 친해지는 서비스를 제공하고 있습니다. 싸이월드 커뮤니티 컨설팅은 싸이월드 서비스 운영과 50개 이상의 외부 커뮤니티 구축 경험에서 축척된 지식과 노하우를 바탕으로 도출된 커뮤니티 개발 방법론에 따라 커뮤니티를 통한 수익모델 창출과 더불어 비즈니스 모델의 목표 달성에 도움을 주는 서비스를 제공한다. 기업과 사회환경이 급변하고 있는 Digital Life Space에서 성공적인 해법과 그 변화 속에서 고객과 최상의 관계를 형성해 나갈 수 있도록 하는 커뮤니티만의 장점과 폭발적인 효과를 제공합니다."[3]

싸이월드 홈페이지 회사소개 글이다. 이 글에서의 키워드는 '개인과 개인간의 관계'이다. 싸이월드가 성공할 수 있었던 가장 큰 요인은 커뮤니티에 앞서 개인을 먼저 정의했다는 것이다. 싸이월드의 이용자는 먼저 미니홈피라는 개인 공간을 갖게 된다. 남이 져준 집인데 공짜란다. 팬시한 크기

---

3) 싸이월드 홈페이지, http://www.cyworld.com, 2004. 6. 10.

와 유료의 아이템을 이
용하여 미니홈피를 꾸
미고, 컴퓨터 지식이
없어도 글과 사진, 그
림을 게시할 수 있는
블로그적 기술이 우선
의 성공 요인이었다. 이
는 홈페이지를 통한 자
기표현을 용이하게 한
다. 배경음악, 스킨, 미

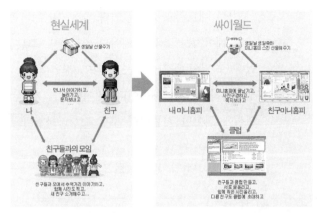

[그림 6] 싸이월드 개념도. 싸이월드는 오프라인에서의 인간관계의 재현을 표방한다. 출처 : 싸이월드

니룸, 첫인사, 사진 등이 미니홈피를 규정하는 동시에 나를 규정한다. 정착
생활을 위한 집이 마련되고 이 정도면 씨앗도 제대로 뿌린 셈이다. 그렇다
면 수확은?

　싸이월드는 '1촌 맺기'라는 성공적인 수확－수익이 아니다－모델을
제시한다. 싸이월드에도 본격적인 커뮤니티로서의 '클럽'이라는 것이 존
재하지만, 이곳에서는 미니홈피의 존재 자체가 커뮤니티의 멤버임을 보
증한다. 공공장소에 모여 어색하게 소통하기보다는 나의 공간을 바탕으
로 다른 공간과 연락한다. 싸이월드라는 커다란 또는 그 세부 커뮤니티
에서도 자신이 곧 공간을 뜻하고 공간이 곧 자신을 뜻하기 때문에 개인
은 소외감을 덜 받고 커뮤니티에 참여한다. '랜덤가기'를 통해 방문한 사
람들도 있어 나의 공간의 존재 이유는 점차 분명해진다.

　사실 싸이월드는 실명제이다. 그래서 관계를 맺은 1촌들은 대부분은
오프라인 공간에서도 아는 사람들이다. 어쩌면 그러한 기반 조건이 싸이
월드의 활성화를 돕는 것일지도 모른다. 그러나 싸이월드의 강점은 '싸이
에서는 3촌 건너면 아는 사람'이라는 말처럼 촘촘하고 복잡하기 얽힌 개

인 간의 네트워크 거미줄이다. 이 거미줄을 통해 사람들이 다녀간다. 기존 홈페이지는 몇몇 홈페이지 스타들의 그것을 제외하고는 종종 고립되었다. 타자의 공간이라는 느낌이 강한데다가 홈페이지 사이에 웹이 잘 생성되지 않았기 때문이다. 싸이월드는 개인 공간의 확보와 네트워크의 형성에 적합한 커뮤니티 모델로 성공하였다고 할 수 있다.

(2) 네이버의 이웃 블로그

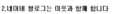

[그림 7] 네이버 블로그. 1인 미디어 블로그에 '관계'와 커뮤니티 성격을 추가한 네이버 블로그. 출처 : 네이버

2003년 4월, 살람 팍스라는 한 이라크 청년의 인터넷 일기가 전 세계에 보도되었다. 'Where is Raed?' 라는 제목의 이 사이트에서는 바그다드 현재의 상황이 생생하게 묘사되었다. 그의 일기는 전쟁에 대한 사회적인 파장을 불러옴과 동시에 '블로그'의 존재를 전 세계에 알리는 계기가 되었다. 블로그는 'web + log'의 약자로 개인의 콘텐츠를 쉽게 게시할 수 있는 시스템이다. 1997년 미국인 존 바거가 처음으로 도입한 개념인데 미국을 중심으로 퍼지기 시작해서, 2002년 경에는 한국에도 보급되기 시작했지만, 그 이전에는 널리 알려지지 않았다. 초기 블로그는 신변잡기적 이야기로 채워졌지만 9.11 테러 이후 블로그의 미디어적 성격이 강화되었다고 분석되고 있다.4) 이제 블로그는 '1인 미디어'라 평가되고 있다.

블로그는 사이버공간 상에서의 표출 욕구와 자아 정착 욕구가 맞아떨어진 예라고 볼 수 있는데, 싸이월드의 미니홈피보다 개방적이고 사유와 공공의 개념이 교차하는 공간이다. 싸이월드가 오프라인의 인간관계를 인터넷에 옮겨놓았다고 한다면, 블로그에서는 일관된 사이버 자아를 유지하면서 불특정 다수를 독자로 설정한다. 여기에 네이버 블로그는 '이웃'이라는 개념을 추가하여 싸이월드와 같은 웹 네트워크 형성에 의한 커뮤니티의 성격을 갖게 되었다. 이로써 역시 원활한 커뮤니케이션, 또는 정착과 수확의 시스템이 마련된 것이다.

(3) 자아의 정착 욕구와 유랑 욕구의 충돌

싸이월드 미니홈피나 네이버 블로그 모두 사이버 자아의 정착을 수반한다. 그러나 주요 독자나 '이웃'이 오프라인에서도 '아는 사람'이라는 점이 어떤 부자유스러움을 유발하기도 한다. 게다가 미니홈피는 실명제이므로 자신의 모든 정보가 다수에게 개방되어 있다는 점은 불안 요소가 된다. 또한 관계 즉 타자에 의해서 내가 규정된다는 제약도 있다. 이러한 부자유스러움과 불안은 인터넷의 '정보 공유와 열린 커뮤니케이션' 이념에 반하는 폐쇄적인 양상을 불러일으키기도 한다. 게시물을 1촌 공개하여 자신의 관리와 통제 하에 들어와 있지 않은 사용자가 나의 콘텐츠에 접근하는 것을 봉쇄하는 것이다. 익명성과 가상성이 주는 이완도 부족하다. 익명성이 주는 갖가지 자유로움, 열린 광장 등의 특징이 발현될 수 없는 구조이다. 오프라인 자아로부터의 일탈이 어려워지고 답답해질 때 미니홈피 사용자들은 이삿짐을 싸고 다시 인터넷의 바다로 유랑 생활을 시작한다.

한편, 싸이월드와 네이버는 모두 '랜덤가기' 기능을 두어 이러한 문제

---

4) 김익현(2003), 『인터넷신문과 온라인 스토리텔링』, 커뮤니케이션북스.

점을 해결하려 한다. 임의로 다른 사람의 미니홈피나 네이버로 이동하여 새로운 관계를 맺게 하는 이 기능으로 인터넷 유랑의 쾌감을 조금은 느낄 수 있다.

5. 인터넷 공간의 사유화

(1) 인터넷의 공공적 성격

"그런 말 하려거든 당신 홈페이지에나 하세요." 웹보드나 BBS에서는 간혹 볼 수 있는 이러한 반응은 무엇을 뜻하는가. 에티켓을 지키지 않거나 소소한 신변잡기를 늘어놓는 사람들에 대한 인터넷 공간의 자정 작업이다. 반말을 한다든가―그 대상이 설사 공공의 적이라 하더라도―욕설과 속어를 사용한다든가 악성의 리플레이를 단다든가 하는 것이 모두 비난의 대상이다. 그런데 이러한 것이 '당신 홈페이지'에서는 가능하지만 '여기'에서는 안 된다. '당신 홈페이지'와 '여기'의 차이는 공공과 사유의 차이이다. 홈페이지는 당신의 사유 공간이므로 그곳에서는 어떠한 말을 하더라도 상관하지 않겠다는 뜻인 동시에 '여기'는 공공 공간이므로 그에 맞는 예의를 지켜달라는 뜻이다. 각 인터넷 신문, 잡지 사이트, 포털 사이트, 카페, 클럽 등이 이러한 공공 공간에 속한다.

이렇듯 기본적으로 커뮤니케이션이 활발한 인터넷 공간은 공공성을 갖는 경우가 많다. 이러한 공간에서 인터넷 유랑민들은 집시 생활을 한다.

(2) 인터넷 공간의 사유화

인터넷 유랑민 중 일부분이 정착을 원하기 시작했다. 인터넷에 나의 공간, 나의 집을 마련하고 싶은 이러한 욕구가 홈페이지 붐을 불러왔다.

그러나 이러한 정착에는 수확이 없었다. 자신의 게시물과 콘텐츠를 봐주는 사람이 없다. 타자가 없이는 개인의 사회성이 무슨 의미가 있을까. 인터넷 바다에서 인간은 외로운 섬이다. 혼자만 살고 있는 섬은 외롭기 그지없다.

미니홈피와 블로그는 인터넷 공간의 사유화를 격려했다. 인터넷 사용자는 대부분 자신의 사유 공간을 갖게 되었다. 공간은 점점 개인을 대변하고 커뮤니케이션은 관계를 모방한다. 이는 사이버공간에 대한 몰입감을 증대시키는 동시에 커뮤니케이션의 성격을 변화시킬 수 있다. '나의 의견'을 표현하는 장으로서의 인터넷이 '나' 자체를 표현하는 곳으로 바뀌면서 인터넷은 독자적으로 진정한 커뮤니티의 성격을 갖게 될 것이다.

6. 정보의 바다에 섬, 게다가 군도 만들기

다시 존 단과 본 조비, <어바웃 어 보이>로 돌아가 보자. <어바웃 어 보이>의 독신남이자 유복한 백수 윌 프리먼은 누구나 섬이라고 중얼거린다. 여성과의 관계도 성적인 만남 이상이 아니다. 인간관계의 진지함과 결혼과 가족, 친구의 가치를 인정하지 않지만, 12살짜리 왕따 소년 마커스와의 만남을 통해 인간관계의 소중함을 알게 되며, 인간은 누구나 섬이 아니라는 것을 결국 인정하게 된다. 이는 곧 성장을 뜻한다.

인터넷은 바다다. 정보의 바다다. 이 바다에서 인터넷 유랑민들은 홀로 뗏목을 타는 것과 다름없었다. 정착을 통해서 이들은 드디어 섬이 되었지만 인터넷에서는 아직도 인간은 누구나 외딴섬이었다. 1촌 맺기, 이웃 블로그 등의 인터넷에서의 관계 맺기는 소통하고자 하는 '섬'들의 욕구를 충족시켜 주는 좋은 수단이었다. 사이버 바다에 사유 공간이 점점 늘어났고 커뮤니티적인 네트워크가 형성되면서 군데군데 군도도 생겨났다. 이를 존 단과 같이 대륙에 비유하기는 곤란하다. 사이버 자아는 오프라인의 그것보다 좀 더 독립적이고 개별적이다. 대륙에서 바다에 쓸려 내려가 도태되기보다는 섬을 벗어나 스스로 항해를 택한다.

이전의 인터넷에는 메시지만 존재했다. 누구나 와서 외치고 돌아서면 메아리만 남아 떠돌았다. 그러나 인간은 기본적으로 사회적인 존재이다. 이제는 화자 자체가 인터넷의 영역이 포함되어 사회를 구성한다. 관계 맺기는 이 사회 속에서의 화자의 존재를 굳건히 하고 활발한 커뮤니케이션을 돕는다. 오프라인과 온라인의 경계는 점차 허물어진다. 그러나 이러한 화자의 명확성은 인터넷의 익명성과 개방성을 약화시켜 자유로운 커뮤니케이션을 방해하고 프라이버시의 침해와 저작권의 침범을 유발하여 '관계'를 폐쇄적인 방향으로 변화시키고 있다.

이러한 문제점과 인간의 정착 욕구와 유랑 욕구 사이의 충돌이 인터넷을 오프라인 세계의 클론으로 만들지, '섬'들로 하여금 다시 유랑 생활을 택하게 할지, 반응의 평형을 이뤄 양쪽이 안정적으로 공존하게 할지는 좀 더 두고 봐야 할 것이다. 그러나 앞으로 모바일, 유비쿼터스 커뮤니케이션 모델에서도 인터넷의 그것과 같은 양상이 반복될 가능성이 높은 만큼 이러한 커뮤니케이션 방법과 관계 모델을 관찰하고 분석하는 것은 의미 있는 일일 것이다.

참고문헌

단행본

필립 K 보크, 임지현 역(1997), 『인간이란 어떤 것인가—현대 문화 인류학 입문』, 문학
　　사상사.
김익현(2003), 『인터넷신문과 온라인 스토리텔링』, 커뮤니케이션북스.

인터넷 사이트

싸이월드, http://www.cyworld.com
네이버 블로그, http://blog.naver.com

놀이 공간 예술 공간 **디지털 광장** 디지털 기계

디지털 민주주의

민주적 합의 도출을 위한 온라인 토론 인터페이스 제안

1. 새로운 사회적 소통 공간

　다양한 집단이 한데 모여 살고 다양한 사회문제들이 수시로 발생하는 현대 사회에서 토론의 필요성은 갈수록 증가하고 있으나 사람들이 같은 자리에서 평등하게 토론할 기회는 좀처럼 찾기 힘들어지고 있다. 이러한 시점에서 온라인 환경은 민주적 토론과 합의를 실현할 수 있는 새로운 방편으로 주목받고 있다. 사이버공간에서 이루어지는 토론에는 사용자가 물리적으로 어디에 있든 인터넷 접속이 가능하면 참여할 수 있고 시간적 제한도 없어서 비동시적으로 각자 원하는 때에 참여할 수 있으며 모든 참여자가 현실공간에 비해 동등한 입장에서 발언할 수 있는 기회가 주어지기 때문이다. 특히나 우리나라와 같이 인터넷을 통한 정보교류와 여론 형성이 보편화되고 활성화되어 있는 상황에서는 온라인 환경이 진정한 사회 공론의 장으로 발전할 가능성이 높다. 그러나 이런 장점들과 유리한 상황에도 불구하고 아직 온라인 토론은 최종적으로 민주적 합의를 도출하는 역할은 거의 하지 못하고 있다. 오히려 욕설과 비방이 난무하고 자기주장만 내세우는 대립의 공간이라는 비판이 일고 있는 상황이다. 이 글에서는 이러한 한계를 극복하기 위한 일환으로 온라인 토론에 존재하고 있는 문제들을 형식상의 측면들을 중심으로 탐구하고자 한다.

온라인상에서 이루어지는 토론에는 여러 종류가 존재한다. 닫힌 조직 안에서 내부적으로 이루어지는 토론과 사회 전체에 열려 있는 토론, 전문적인 작업을 위한 토론과 일반적 사안들을 위한 토론, 오프라인과 연계되는 토론과 온라인에서 완결되는 토론 등 온라인 토론은 목적과 사용자에 따라 여러 종류로 나뉘어 있다. 이 글에서는 사회문제 전반에 대한 민주적 합의를 목적으로 하기 때문에 일반인들이 토론할 때 온라인의 장점이 최대한 활용될 수 있도록 다음 세 가지 조건을 갖춘 온라인 토론장을 대상으로 정하였다.

(1) 독립된 웹사이트

온라인 토론장은 웹사이트에서 온라인상에서만 이루어지는 독립된 웹사이트와 오프라인의 보조 기능을 하는 웹사이트로 나뉠 수 있다.[1] 오프라인의 보조적 사이트의 경우 신문, 방송 등의 매스미디어 웹사이트와 정부 및 공공기관의 웹사이트가 대표적인데 이러한 구조 안에서 일어나는 토론은 독립된 웹사이트에 비해 현실 세계의 권력에서 자유롭지 못하고 사용자가 쉽게 참여하거나 논제를 올리지 못한다. 현실 세계의 상징적 및 구조적 제약에서 최대한 거리를 두기 위해 독립된 웹사이트 유형으로 범위를 정하였다.

---

[1] 최소란(2003), 「온라인 토론의 형식, 쟁점, 논증의 특성—인터넷 한겨레 토론게시판 분석을 중심으로」, 경희대학교 석사학위논문.

(2) 비동시적 의사소통

인터넷을 통해 멀리 떨어져 있는 사람들끼리 동시에 회의나 토론을 할 수 있는 소프트웨어들은 활발하게 개발되고 있다. 그러나 이들 소프트웨어는 대부분이 특정 작업을 함께 수행해야 하는 소그룹을 주요 사용자층으로 하기 때문에 사회적 이슈에 대해 일반인들이 토론하기에는 적합하지 않다. 수많은 사람들이 가지각색의 라이프스타일을 살아가는 현대 사회에서 민주적 토론을 실현하기 위해서는 사람들이 각자 원하는 시간에 참여할 수 있도록 하는 비동시적 의사소통 구조를 갖추는 것이 중요하다.

(3) 다양한 규모의 수용성

사회문제는 몇몇 집단과 관련된 작은 것일 수도 있고 국민 전체가 관련된 큰 것일 수도 있다. 다양한 사회문제가 다루어질 공간으로서 온라인 토론장은 다양한 규모의 토론을 수용할 수 있어야 한다.

2. 현재 온라인 토론의 모습

이 장에서는 온라인 토론이 현재 어떠한 형식으로 이루어지고 있고 온라인 토론에서 나타나고 있는 장단점이 그 형식과 어떻게 연관되는지 살펴본다.

(1) 온라인 토론의 특성

현재 온라인 토론은 여러 측면에서 기존과는 다른 특성들을 갖고 있다. 온라인 토론의 대표적인 특성은 특정한 형식이 없고 주어진 구조 안에서 참여자들이 익명으로 참여한다는 점이다. 더불어 진행을 이끌어가는 사회자도 없기 때문에 온라인 토론에서는 참가자들이 사회자의 역할을 직접 보완해가면서 토론을 진행하고 통제하기도 한다. 이러한 온라인의 특성은 오프라인 토론과의 비교해 볼 때 매우 특징적이다([표 1]).

[표 1] 오프라인 토론과 온라인 토론의 특성 비교

	오프라인 토론	온라인 토론
형식적 특성	정해진 형식이 확실하게 명시됨	특정한 형식이 주어지지 않음
	참가자의 수와 자격조건이 제한됨	참가자의 수나 자격조건 제한 없음
	사회자가 토론을 진행	참가자들이 사회자 역할 보완
	실명으로 참여	익명으로 참여
구조적 특성	면대면 구조	게시판 구조
	시공간의 제약에 따라 참여가 제한됨	시공간의 제약 없이 참여 가능
	동시적 쌍방향 커뮤니케이션	비동시적 쌍방향 커뮤니케이션

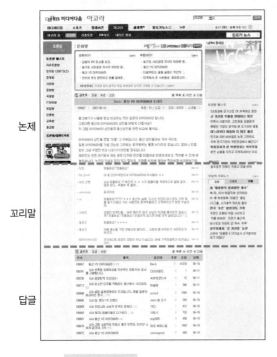

논제

꼬리말

답글

토론장의 특성은 형식적인 것과 구조적인 것으로 구분할 수 있는데 구조적인 부분들은 온라인 토론의 특성을 결정하는 요소로 크게 작용한다. 온라인 토론장의 대표적이고 일반적인 구조는 논제 아래 꼬리말과 답글이 1차원적으로 배열되는 게시판 구조이다([그림 1]).

[그림 1] 다음 토론방 사이트[2]에서 찾아볼 수 있는 일반적인 온라인 토론장의 구조

2) 다음 토론방 http://agora.media.daum.net/debate/

(2) 온라인 토론의 장단점

온라인 토론은 특징적인 형식 및 구조적 특성들을 가진 만큼 특징적인 장단점을 나타내고 있다. 대표적인 장점으로는 개방적인 구조 안에서 시공간의 제약 없이 평등하게 참여할 수 있다는 점이다. 이러한 환경은 다양한 의견과 의사 표현을 가능하게 하고 있다. 반면 그에 못지않게 단점들도 부각되고 있다. 여러 부정적 현상들을 정리해 보면 온라인 토론의 단점은 크게 세 가지로 나눌 수 있다. ① 즉흥적이고 비논증적인 주장들이 개진된다. ② 타협점을 도출하기 어렵다. ③ 소수의 사용자를 중심으로 토론이 진행되는 경향이 있다.

이러한 장단점들은 많은 부분 온라인 토론의 특성에서 기인하는 것이다. 온라인 토론의 문제를 규명하기 위해 앞서 언급한 형식적 특성과 구조적 특성이 온라인 토론의 단점과 어떻게 연결되는지 분석해 보았다([표 2]).

[표 2] 온라인 토론의 단점과 관련 특성

부정적 현상	단점 구분	관련 특성	특성 유형
논리적 사고에 기초하여 발언하기보다 개인적인 경험과 주관에 기초하여 주장	즉흥적이고 비논증적인 주장	익명성	형식적 특성
새롭고 창의적인 근거를 제시하기보다 자신과 주장을 같이하는 다른 사람의 글을 반복하거나 종합하여 재표명			
토론이 산만하게 분산되거나 변질되는 경향			
논제 자체에 집중하여 찬반 입장으로 주장 펴기보다 평소 정치적 성향에 맞물려 비판	타협점 도출 어려움	절차적 형식 및 사회자 부재	
대립적인 의견들이 차이를 좁히거나 타협점을 모색하는 방향으로 흐르지 않음.			
개방적인 상호질의나 응답이 잘 이루어지지 않음.			
일회적 참여자가 대다수이고 소수의 반복 참여자 중심으로 토론이 이루어지는 현상	소수의 사용자 중심으로 토론이 진행되는 경향	1차원적 게시판 구조	구조적 특성
참여자 수가 많고 논의가 활발하게 진행될수록 혼동을 일으킬 소지가 높음.			
중간에 들어온 사람은 논의의 맥락을 쉽게 파악하기 어려움.			

놀이 공간 | 예술 공간 | 디지털 광장 | 디지털 기계

온라인 토론의 주요 단점으로 확인된 즉흥적이고 비논증적인 글, 타협점 도출의 어려움, 그리고 소수 사용자를 중심으로 토론이 진행되는 경향은 각각 익명성, 절차적 형식 및 사회자 부재, 그리고 1차원적 게시판 구조가 주요 원인인 것으로 지목되었다.

익명성은 수평적 관계와 개방적 분위기를 제공하지만 사용자가 자신의 행동에 대한 책임감을 상실하게 하는 부작용을 낳기도 한다. 이런 익명성의 문제가 온라인 토론에서는 즉흥적이고 비논증적인 글들로 나타나는 것으로 판단된다. 타협점 도출이 어려운 것은 토론에 특정한 형식이나 토론을 타협점으로 이끌어주는 사회자가 없는 것이 주요 원인일 것이다. 더불어 사용자들 간의 의견 교환과 수렴이 어려운 게시판 구조도 이 문제에 한 몫 하는 것으로 보인다. 글들이 줄줄이 이어지는 게시판 구조는 내용에 대한 접근성도 떨어트린다. 결과적으로 논의가 활성화된 시점에는 처음 게시된 글부터 하나하나 살펴보고 머릿속에 논의를 구조화 시키는 노력을 기울이지 않으면 논의의 맥락을 파악할 수 없기 때문에 토론이 진행될수록 진입 장벽이 높아진다고 할 수 있다.

결론적으로 현재 온라인 토론은 의견 교류를 통해 합의에 도달하기보다 다양한 의견들이 무분별하게 개진되는 열린 공간의 모습을 띠고 있다.

---

3) 최소란, Ibid.
  김지수(2003), 「인터넷 게시판의 참여정도와 주제 형식에 따른 메시지 분석」, 연세대학교 석사학위논문.

3. 관련 연구

일반 시민을 대상으로 하는 온라인 토론에 직접적으로 연관되지는 않았어도 인터넷을 통해 원격으로 여러 사람이 효율적으로 의사소통하고 의사결정하기 위한 연구는 꾸준히 이어져왔다. 이 장에서는 이런 연구들 중에서 온라인 토론 문제를 다루는 데 참고가 된 연구들을 소개한다.

(1) 보다 나은 의사결정을 이루기 위한 온라인 의사소통 구조

마이크로 소프트 연구팀인 Virtual Worlds Group은 동시적 채팅을 통한 소규모 토론에서 더욱 효율적인 의사결정 과정과 질 높은 의사결정이 이루어지기 위한 연구를 한 바 있다.[4] 여기서 제안된 것은 구조화된 온라인 인터랙션이다. 기존의 채팅 방식에는 정해진 토론 형식이 전무했던 것에 반하여 구조화된 토론은 토론 과정을 여러 개의 장(場)으로 나누고 시간제한을 두었으며 장마다 지시문을 도입하였다. 이렇게 구조화하는 역할은 컴퓨터가 아닌 사람이 맡는다. 이는 온라인 토론에 사회자를 도입한 시도였다고 볼 수 있다. 시간제한이나 사회자 도입은 일반 시민을 대상으로 하는 대규모 토론에는 적합하지 않지만 토론 과정을 여러 개의 단계로 구분하여 의견수렴을 모색하는 방식은 타협점을 찾는 데 도움이 될 것으로 여겨진다.

(2) 원활한 지식 습득을 위한 표현 방식

Khalifa와 Liu의 연구는 지식 습득을 보다 원활하게 하는 표현 방식을

---

4) Shelly Farnham, Harry R. Chesley, Debbie E. McGhee, Reena Kawal, Jennifer Landau (2000), "Structured Online Interactions : Improving the Decision-Making of Small Discussion Groups", CSCW.

제안하였다.5) 여기서 제안된 시멘틱 표현방식(semantic representation)은 게시판 구조처럼 1차원적으로 내용을 연결하는 스레디드 표현방식 (threaded representation)과 달리 내용들 사이의 다대다(多對多) 관계를 표현할 수 있다. 시멘틱 표현방식은 지식 습득을 도와주는 만큼, 전개된 토론 내용을 게시판 구조보다 쉽게 파악할 수 있게 하는 방법으로 활용될 수 있을 것이다.

(3) 대규모 온라인 토론의 내비게이션을 위한 시각화

IBM 연구팀에서는 짧은 시간 안에 대규모 인원이 비동시적으로 원활하게 토론하기 위한 인터페이스를 제안하였다.6) 이 인터페이스는 비록 게시판 구조를 유지하지만 올려진 글들을 간단히 스케치하는 섬네일 (thumbnail) 작업을 통해 시각적으로 전체적인 글의 전개 상황을 쉽게 파악할 수 있도록 하였다. 더불어 섬네일로 시각화된 글들에 색깔을 적용하여 사람들에 의해 의미 있다고 판단된 글들을 한눈에 알아볼 수 있게 하였다. 동영상 스트리밍이 가능할 정도로 인터넷의 대역폭이 넓어진 지금, 온라인 토론장에서도 보다 원활한 의미 전달과 이해를 위해 다양한 시각화를 시도해볼 여지가 많다.

5) Mohamed Khalifa, Vanessa Liu(2006), "Semantic network representation of computer-mediated discussions : Conceptual facilitation form and knowledge acquisition", Omega.
6) Kushal Dave, Martin Wattenberg, Michael Muller(2004), "Flash Forums and ForumReader : Navigating a New Kind of Large-scale Online Discussion", CSCW.

4. 온라인 토론 인터페이스 제안

이 연구의 목적은 합의 지향적인 온라인 토론 환경을 디자인하는 것이다. 이를 달성하기 위해서는 앞서 도출한 온라인 토론의 세 가지 주요 단점들―즉흥적이고 비논증적인 주장, 타협점 도출의 어려움, 소수 사용자 중심의 토론 진행―모두가 개선되어야 할 것으로 판단된다. 각 단점들에 대한 개선 방안은 각각의 요인으로 분석되었던 온라인 토론의 특성을 중심으로 고안되었다.

주요 단점들을 개선하기 위해 관련된 요소들을 각각 다음과 같은 방향으로 디자인하는 것을 목표로 하였다.

(1) 진행 형식

기존 온라인 토론에서 절차적 형식과 사회자의 부재로 타협점 도출이 어려웠던 부분을 보완하기 위해 적절한 구조와 형식을 도입한다. 이 구조와 형식은 사용자간의 의견교환을 더욱 쉽게 하고 올려진 의견들을 수렴하는 방향으로 진행을 유도해야 한다.

(2) 내비게이션 구조

소수의 사용자들을 중심으로 토론이 진행되는 경향을 막고 모든 사용자가 쉽게 토론에 참여하여 사회적으로 의미 있는 합의를 이끌어낼 수 있도록 하기 위해서 더욱 직관적인 내비게이션 구조를 적용한다. 여기에는 토론 전개 상황의 파악과 도중에 참여가 쉬운 인터페이스가 필요하다.

(3) 익명성

즉흥적이고 비논증적인 주장의 주요 원인으로 지목되었던 익명성은 다루기 매우 어려운 요소이다. 축소된 익명성은 사용자에게 이러한 비생산적인 주장들을 개진하기 전에 한 번 더 생각해보도록 하는 책임감을 부여하지만 그와 동시에 평등한 참여와 개방성을 해치기 때문이다. 토론의 활성화와 동등한 참여는 유지하되 내용의 신뢰성과 참여자의 책임감을 강화하는 수준의 익명성을 찾는 것이 핵심 과제이다.

도출된 개선 방안을 바탕으로 아래와 같은 온라인 토론 인터페이스가 디자인되었다. 이 디자인이 기존의 게시판형 토론 인터페이스와 차별되는 핵심 요소는 단계별 진행 형식, 트리구조 내비게이션, 그리고 아이디 등급제이다.

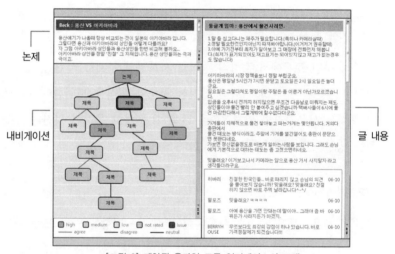

[그림 2] 제안된 온라인 토론 인터페이스의 모델

(1) 기본 사용법

온라인 토론장의 화면은 크게 세 영역으로 구분된다. 좌측 상단에는 논제가 배치되고 그 아래는 논의되는 글들이 트리구조로 시각화된 내비게이션 창이 배치되며 우측에는 사용자가 선택한 글의 내용이 표시된다. 논제는 누구나 올릴 수 있으며 참여자가 개진된 글 중 하나에 대해 의견을 올리기 위해서는 그 글과의 관계를 설정하고 글을 작성한다. 여기서 관계는 참여자의 의견에 따라 '지지'와 '논박' 중 하나가 선택된다. 이렇게 작성된 글은 내비게이션 창에서 사용자가 의견을 제기하고자 한 글 아래 연결선과 함께 아이콘 형태로 표시되어 트리구조를 형성하는 것이다. 내비게이션 창의 아이콘을 선택하면 해당 내용을 우측 창에서 확인할 수 있고 그 아래 꼬리말을 추가할 수 있다.

(2) 핵심 요소

도입된 핵심 요소들의 기능과 기대 효과는 다음과 같다.

❶ 단계별 진행 형식

토론의 진행을 단계별로 구분한 형식이다. 이는 의견이 무분별하게 개진되어 토론이 산만해지는 것을 막고 의견이 수렴해가도록 하기 위해 도입하는 형식으로서 대치되는 의견들에 대해 참여자들이 투표할 수 있는 기능이 포함된다. 투표의 시점은 해당 참여자들이 직접 정하지만 논의가 어느 정도 활성화되고 참여자들의 의견이 충분히 오고 갔을 때에 시행될 것이다. 여기서 참여자들의 투표를 통해 하나의 의견이 선택되고 이런 과정을 통해 하나의 논제 아래 대치되는 여러 의견들이 합의점을 향해 수렴되도록 한다.

❷ 트리구조 내비게이션

트리구조로 구축된 내비게이션은 의견들 사이의 관계를 더욱 직관적으로 표현한다. 게시판 구조에서는 여러 논의가 한꺼번에 일어날 경우 어떤 글이 어떤 글에 대한 반응인지 알아보기가 어렵다. 그러나 여기서 제안된 구조에서는 글들 사이에 지지 혹은 논박을 색깔별로 나타내는 연결선을 통해 각각의 논의가 이어지는 상황을 더욱 쉽게 파악할 수 있게 한다. 이것은 토론이 소수의 참여자들에 의해 진행되는 경향을 줄일 뿐만 아니라 참여자들 사이의 의견 교환을 더욱 원활하게 할 수 있다.

토론 상황을 더욱 쉽게 파악하는 방법으로 평점 기능도 도입하였다. 참여자들은 개진된 글들에 대해 논제와의 관련성과 논의의 중요성을 기준으로 평점을 부여하고 이 평점에 따라 내비게이션 창에 표현되는 글 아이콘의 색이 달라진다. 토론의 중간에 참여한 사용자는 중요도가 높은 것으로 표시된 글들을 위주로 읽어 보면서 토론의 맥락을 더욱 신속하게 파악할 수 있다. 이러한 평점 기능은 즉흥적이고 비논증적인 글들 역시 낮은 평점을 통해 한 눈에 알아볼 수 있게 하기 때문에 온라인 토론에 이런 글들이 나타나는 빈도수를 줄이는 효과도 가져올 것으로 기대된다.

❸ 아이디 등급제

평등하고 개방적인 토론장을 위해 익명을 유지하면서 사용자가 책임감을 갖도록 하기 위한 방안으로 등급제를 도입할 수 있다. 사용자마다 회원인증제를 통해 만들어진 아이디에 신뢰도 등급을 부여하는 것이다. 이 등급은 토론장에서 사용자가 작성한 글들에 매겨진 평점들에 따라 정해진다. 즉, 주로 합리적이고 의미 있는 글을 올린 사용자의 아이디는 높은 신뢰도 등급을 나타내는 반면, 비생산적이고 악의적인 글을 주로 올린 사용자의 아이디는 낮은 신뢰도 등급을 나타낼 것이다. 이러한 방법을 통해 토론의 참여자들은 현실 세계의 권력 구조에서 분리된 상태를 유지하되 토론장 안에서의 태도로 평가되는 자신의 존재에 대해 어느 정도 책임감을 갖게 될 것이다.

5. 설계자와 사용자가 이루는 발전

이 인터페이스가 실질적으로 합의를 도출하는 효과를 발휘하기 위해서는 완성도 높은 구현과 더불어 섬세한 인터랙션 디자인 작업이 필요할 것이다. 그러나 프로그래머와 디자이너의 노력만으로 해결되기 어려운 부분들이 있다. 앞서 제안한 평점과 등급 기능은 온라인 토론의 참여자들이 각자 심사원이 되어 직접 결정하는 요소들이다. 이 때문에 여기서 본래의 취지와는 어긋난 의도로 평가가 이루어질 가능성을 무시할 수 없고 이럴 경우 평점과 등급 기능은 순식간에 그 의미가 퇴색되어 버릴 수 있다. 이와 같이 기능과 구조의 적용만으로 해결될 수 있는 부분에는 한계가 있기 때문에 인터넷 사용자들의 올바른 온라인 토론 문화의 발전이 함께 이루어져야 할 것이다.

앞으로의 연구는 제안된 인터페이스의 효용성을 확인하기 위해 프로토타입을 구현하고 이를 사용하여 실험을 수행하는 것이다. 실제로 작동하는 프로토타입을 만들기 위해서는 고안된 기능 및 구조의 수행 방법을 사용자 입장에서 더욱 세심하게 고려해야 한다. 사이버공간에서 일어나는 사람들의 행동에 대한 깊은 이해와 이를 바탕으로 설계되는 디지털 기술은 단순히 생활에 편의를 제공하는 기능을 넘어 현대사회에서 민주적이고 문화적인 사회 발전을 만들어가는 데 큰 도움이 될 것이다.

참고문헌

논문

최소란(2003), 「온라인 토론의 형식, 쟁점, 논증의 특성-인터넷 한겨레 토론게시판 분석을 중심으로」, 경희대학교 석사학위논문.
김지수(2003), 「인터넷 게시판의 참여정도와 주제 형식에 따른 메시지 분석」, 연세대학교 석사학위논문.

Shelly Farnham, Harry R. Chesley, Debbie E. McGhee, Reena Kawal, Jennifer Landau(2000), "Structured Online Interactions : Improving the Decision-Making of Small Discussion Groups", *CSCW.*
Mohamed Khalifa, Vanessa Liu(2006), "Semantic network representation of computer-mediated discussions : Conceptual facilitation form and knowledge acquisition", *Omega.*
Kushal Dave, Martin Wattenberg, Michael Muller(2004), "Flash Forums and ForumReader : Navigating a New Kind of Large-scale Online Discussion", *CSCW.*
Marc Smith, JJ Cadiz & Byron Burkhalter(2000), "Conversation Trees and Threaded Chats", *CSCW.*
Marc Smith(2002), "Tools for Navigating Large Social Cyberspaces", *Communications of the ACM.*

인터넷 사이트

다음 토론방, http://agora.media.daum.net/debate/
네이버 토론장, http://news.naver.com/hotissue/discuss.php
토론실, http://www.toronsil.com/
인터넷 한겨레 토론방, http://hantoma.hani.co.kr/hantoma/theme_main.html

디지털 디바이드
장애인의 정보격차 해소와 '보편적 서비스'로서의 방송의 역할

1. 정보사회와 정보격차

'정보화 사회'의 출현과 발전을 바라보는 다양한 시각이 존재하지만, 그중 '대항문화'적 관점에서는 컴퓨터 테크놀로지가 사회정의 실현과 정신적 르네상스를 위한 도구가 될 수 있을 것이라고 주장한다. 즉 마르쿠제에서 보듯 컴퓨터 테크놀로지를 억압의 수단으로 간주하기보다는 이와 반대로 그것이 가지고 있는 해방적(liberatory) 가능성에 주목하는 것이다. 1960년대와 1970년대 이후 급속도로 발전해온 정보통신 기술 덕분에 적은 비용으로 컴퓨터 기기를 활용하면서 시작되었다.

주지하다시피 정보통신 기술의 발전에 따른 정보의 원활한 유통은 과거 권위주의 체제의 붕괴를 초래한 근본적인 원인이 되었다. 권력을 유지하는 주요한 수단 중 하나가 바로 정보의 독점과 통제에 있었다고 볼 때, 정보의 자유로운 흐름을 미덕으로 여기는 정보화 사회의 이념은 이

러한 권위주의 체제와 필연적으로 대립각을 세울 수밖에 없었고, 결과는 구시대적 이데올로기의 해체로 연결되었다. 이와 관련 빌 게이츠(1995), 에스더 다이슨(1997) 등은 정보화 사회가 '모든 사람을 위한 교양 있는 사회(informed society for everybody)'를 의미한다는 기본가정에 근거하여 미래에 대한 낙관적 시나리오를 제시하기도 했다.

하지만 정보화 사회를 바라보는 비관론자들은 컴퓨터를 통해 인터넷에 접속함으로써 정보를 많이 갖게 된 사람과 그렇지 못한 사람, 다시 말해 'users'와 'losers'를 만들어내는 디지털 디바이드(digital divide), 즉 정보격차 현상에 대해 우려를 나타낸다. 그들은 인터넷에 의해 사회가 두 계층으로 분리될 것이라고 예상했다. 이러한 우려는 정보와 지식이 사회적 권력(social power)으로 변형될 것이라는 가정과 연결되어 정치적으로 중요한 의미를 지니게 된다. 지식의 불평등은 사회적 자원(social resources)으로부터의 소외로 이어지고 결국 사회적 권력의 불평등을 초래하게 된다는 설명이다. 최근 ICT(Information and Communication Technology : 정보통신 기술)의 급속한 발전 및 보급에 따라 정보부자(information rich)와 정보빈자(information poor)의 격차는 더욱 심화되고 있다.

이러한 정보격차의 완화 및 해소는 지식기반 국가 건설을 통한 국가경쟁력 향상을 위해서, 국민 모두가 참여하는 정보화가 필요하다는 점에서, 그리고 생산성 및 효율성 증대, 생산적 복지실현, 사회통합 실현 등 사회복지의 차원에서 절실하게 요구된다. 이에 따라 선진 각 국은 고도의 정보통신 서비스를 소득, 장애, 지역에 관계없이 골고루 편리하고 저렴한 비용으로 이용할 수 있는 환경 조성을 위해 적극적으로 나서고 있다. 그렇다면 우리나라의 경우, 정보격차 문제, 그중에서도 특히 장애인과 관련된 정보격차의 수준은 어느 정도이며, 또 이의 해결을 위해 사회적 노력이 집중되어야 할 부분은 무엇일까?

2. 이론적 논의

(1) 정보격차 관련 이론

❶ 지식격차 가설

정보격차의 개념을 살펴보기 전에 그 개념의 기원이 된 지식격차 가설에 대해 먼저 살펴보자. 지식격차 가설은 1970년에 미국 미네소타대학교의 Philip Tichenor, George Donohue, Clarice Olien 등이 'Mass Media Flow and Differential Growth in Knowledge'라는 논문을 통해 처음 소개한 개념이다. 기본적인 가설은 다음과 같다.

> 사회체계에 대한 매스미디어 정보의 주입이 증가할수록 높은 사회경제적 지위를 가진 사람들이 낮은 사회경제적 지위를 가진 사람들에 비해 더 빨리 정보를 획득할 경향이 많다. 따라서 이 두 세그먼트간의 지식격차는 줄어들기보다는 오히려 늘어난다.

이 가설을 다음의 [그림 1]로 나타낼 수 있다.

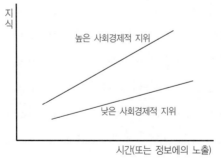

[그림 1] 지식격차가설[1]

---

1) Severin & Tankard, 김흥규 외 역(1999), p.329.

지식격차 가설은 미디어 캠페인이 적어도 그것을 필요로 하는 사람들 즉, 이미 동기부여 되어 있고 교양을 갖춘 세그먼트에게만 정교하게 전달됨으로써 '공중 전체에게 정보를 전달하는 데 있어서 대중 홍보기능의 명백한 실패'를 함축적으로 보여주는 20년 이상의 매스커뮤니케이션 효과 연구에 근거하여 만들어졌다. 따라서 이 가설은 매스미디어에 의한 정보의 확산이 모든 사람에게 영향을 주어 결국 더 나은 교양 있는 사회를 만들 것이라는 광범위한 믿음과는 반대되는 입장을 취한다. Tichenor 등(1970)은 낮은 사회경제적 지위(SES)에 속하거나/속하고 교육을 많이 받지 못한 사람들이 전적으로 무지한 상태에 남아 있거나 심지어 그들의 지식이 절대적인 수준에서 감소하게 될 것이라고 주장하진 않았다. 오히려 지식격차 가설은 높은 SES에 속하거나/속하고 교육을 많이 받은 사람들이 매스미디어로부터 공급되는 정보에 접근, 이용, 획득하는 속도가 더 빠르고 더 효율적이기 때문에 결국 그렇지 못한 집단에 비해 지식적 우위를 점할 것이라는 가정에 근거한다.

Bonfadelli(2000)은 지식격차 가설과 관련하여 시간적 요인 외에도 미디어 주제와 관련된 몇 가지 부수적인 조건들이 더 있다고 부연한다. 그 중 하나로 사회적 환경(societal setting)에 대해 언급하고 있는데, 이와 관련하여 그는 사회적 구조의 영향으로 인해 정보흐름이 모든 계층에 동일하지 않다는 주장을 내세운다. 이와 함께 지식격차의 생성에 영향을 주는 다섯 가지 요소로 ① 커뮤니케이션 기술(communication skills), ② 사전 지식(prior knowledge), ③ 적절한 사회적 접촉(relevant social contacts), ④ 정보의 선택적 노출, 수용, 저장(selective use, acceptance and storage of information), ⑤ 미디어시스템의 구조(structure of the media system) 등을 제시하고 있다.

한편 Bonfadelli(2000)는 지식격차 패러다임을 더욱 정교하게 만들기 위해 몇 가지 질문을 추가하고 있는데, 가장 핵심적인 논지는 바로 커뮤니케이션 과정의 어떤 시점에서 지식격차 현상이 발생되는가이다. 그는 지식격차가 발생할 수 있는 시점을 다섯 단계로 구분하고 있는데, ① 정보공급 단계에서의 격차, ② 접근 단계에서의 격차, ③ 정보이용 단계에서의 격차, ④ 정보처리 단계에서의 격차, ⑤ 지식축적 단계에서의 격차 등이다. 특히 그는 이 중에서 미디어 정보 이용의 차이로 인해 발생되는 지식격차 문제의 원인에 대해 미디어 이용자들이 가지고 있는 주제별 관심영역은 매우 다양하며, 미디어 정보는 이러한 선호에 부합되도록 차별화된 형태로 주어지기 때문이라는 점을 강조한다. 이 논의에 따르면 장애인과 비장애인의 관심영역은 상이할 수밖에 없으며, 비장애인이 다수를 차지하고 있는 사회 시스템 속에서 장애인의 관심영역은 왜소해질 수밖에 없고, 이로 인해 지식격차가 필연적으로 발생할 수밖에 없다는 점을 짐작할 수 있다.

❷ 정보격차 가설

Wresch(1996), Haywood(1998), Loader(1998), Perelman(1998), Wolpert (1999) 등은 정보화가 진전될수록 정보격차가 오히려 확대될 것이라고 주장하는데, 이것이 지식격차 가설에 근거한 정보격차 가설이다. 이들은 특히 디지털 매체는 그 성격상 끊임없이 진화하는 매체이므로, 기술확산의 속도가 중요한 문제가 되며 그 접근과 사용에 있어 계층화가 불가피하다고 주장한다. 특히, 매체의 구입능력 여부도 중요하지만, 이용능력의 차이로 인한 정보격차가 더 커질 가능성이 상존한다고 주장한다. 이 가설을 지지해주는 모델이 소위 '계층화 모델'로 기술 수용의 신속성 여부에 따라 수용자를 초기수용자·중기수용자·후기수용자로 나누어 볼 때, 시간이 흘러도 중기·후기수용자의 상당수가 여전히 정보에 접근할 수 없는 상황에 처하게 된다는 모델이다. 이런 가정 아래에서 정부는 저소득 주민에게 고용 및 교육기회를 제공하는 것과 같은 실질적 생활환경 개선 지원과 저소득 주민에 대한 정보통신기기의 무상보급 및 무료정보화 교육기회 제공, 정보의 공유 및 공공성을 강조하는 방향으로 정책을 전개해 나가야 한다고 주장한다(김영덕, 2002).

(2) 정보격차 해소를 위한 '보편적 서비스' 개념과 장애인 방송

보편적 서비스라는 용어는 단일 회사에 의한 독점체제하에 전화망을 구축한다는 의도에서 1907년 AT&T(American Telephone and Telegraph)의 초대회장인 베일(Theodore Vail)에 의하여 처음으로 사용되었다.[2] 보편적 서비스(universal service)의 기본 이념은 정치적 소수계층, 경제적 빈곤층, 사회 문화적 소외계층에 대해 그 사회에 소속되어 있는 사회구성원으로서 누려야 할 최소한의 정보접근 기회를 보호함으로써 그 사회의 미디어가 제공하는 각종 정보와 편익이 정치적 기득권층이나 경제적 부유층에 의해 편중됨으로써 발생하는 사회적 불평등 구조의 심화를 완화시켜야 한다는 것이다. 따라서 국가 등 공공 영역에 의한 정책적 개입을 요구하는 입장을 취한다.

송종길(2003)은 정보격차와 커뮤니케이션 소외문제의 중심에는 장애인이 위치하고 있으며, 장애인은 신체조건으로 인해 커뮤니케이션 채널에 접근하지 못하고 사회적 커뮤니케이션의 장에 참여하지 못하기 때문에 장애인이 의사소통 수단이나 정보획득의 수단으로부터 소외되어 다양한 사회적 참여에서 배제될 수밖에 없다고 주장한다. 결국 이러한 문제를 해결하기 위해 그는 방송이 보편적 서비스로서의 역할을 해야 한다는

---

2) 강휘원(1998), 「정보통신 보편적 서비스의 정책 이슈」, 『평택대학교 논문집』 11, p.255.

기대를 나타내고 있는데, 그러나 최근에는 방송의 상업성이나 경쟁원리가 강력하게 대두되면서 이러한 이념마저 위축되는 경향을 보이고 있다고 비판한다. 또한 나운환 등(2002)은 장애인이 정보화에 보다 쉽고 편리하게 접근할 수 있도록 하는 것이 국가적 의무이며, 장애인의 권리라는 것에 대한 공감대가 형성되는 것이 중요하다고 지적한다. 이를 위해서 보편적 서비스에 대한 선언적 의미의 법률이 아니라, 구체적인 법률을 제정하고 또한 정부가 국민들의 인식 개선에 앞장서서 장애인들이 쉽게 접근할 수 있는 보편적 서비스로서의 방송의 기반을 조성해야 한다는 점을 강조하고 있다. 이런 점에서 현재 입법이 추진되고 있는 장애인 차별금지법의 제정은 매우 의미가 있는 일이라고 할 수 있다.

3. 국내 장애인 현황 및 정보격차 실태

(1) 국내 장애인 현황

국내 장애인 현황을 논의하기에 앞서 장애인에 대한 법률적 정의를 살펴보자. 현행 국내의 장애인복지법 제2조에 따르면 장애인이란 "신체적·정신적 장애로 인하여 장기간에 걸쳐서 일상생활 또는 사회생활에 상당한 제약을 받는 자"를 말한다. 여기서 신체적 장애라 함은 주요 외부 신체기능의 장애, 내부 기관의 장애 등을 말하는 것이고, 정신적 장애라 함은 정신지체 또는 정신적 질환으로 발생하는 장애를 말한다(동법 제2조 2항). 장애의 범위는 보건복지부가 2005년 장애인 실태조사를 통해 밝히고 장애유형 분류 기준에 따라서 정하고 있는데, 지체장애, 뇌병변장애, 시각장애, 청각장애, 언어장애, 정신지체, 발달장애(자폐증), 정신장애, 신장장애, 호흡기장애, 간장애, 안면장애, 장루·요루장애, 간질장애와 같이 총 15가지로 구분하고 있다.

우리나라의 등록 장애인 인구는 2006년 6월 현재 약 170만 명에 이르고 있다.[3] 2005년 6월말 기준 보건복지부 전국 장애인 등록 현황은 아래의 [표 1]과 같다. 표에서 알 수 있듯이 우리나라의 등록 장애인 수는 10년 만에 큰 폭으로 증가했다. 1995년의 등록 장애인수는 324,860명이었지만, 2005년에는 170만 명에 육박하고 있기 때문이다. 무려 6배 가까이 늘어난 수치이다. 이는 교통사고 등으로 인한 중도장애의 발생빈도가 높아졌기 때문일 수도 있고, 장애인에 대한 사회적 인식이 개선되기 시작하면서 장애인임을 등록하고 국가가 부여하는 복지 혜택을 받고자 하는 경향이 늘었기 때문일 수도 있다.

[표 1] 연도별 장애인 등록 현황   (단위 : 명)

구분	계	지체장애	시각장애	청각언어장애	정신지체	기타
1995	323,860	220,723	21,488	36,655	45,994	-
2000	958,196	606,422	90,997	87,387	86,793	86,597
2004	1,610,994	883,296	170,107	155,382	119,207	254,780
2005	1,699,329	923,183	180,526	165,058	123,868	306,694

출처 : 보건복지부 홈페이지

(2) 장애인 정보격차 실태

정보통신부 산하 공공 기관인 한국정보문화진흥원에서는 2002년부터 매년 재가(在家) 장애인을 대상으로 장애인 정보격차 실태조사 보고서[4]를 발간해오고 있다. 이 보고서를 중심으로 현재 우리나라 장애인의 정보격차 현황이 어떠한지 항목별로 살펴보려고 한다.[5]

---

3) 보건복지부, http://www.mohw.go.kr, 2006년 장애인구 등록자료.
4) 한국정보문화진흥원, <2006 장애인 정보격차 실태조사>.
5) 보고서는 해당 조사가 정보 취약계층인 장애인 계층의 정보화 수준 및 정보격차 현황의 주기적 파악·분석을 통해 장애인 계층의 정보격차 해소를 위한 정책방향 도

❶ 정보격차 지수 분석

정보격차 지수란 일반국민의 정보화 수준을 기준으로 하여, 일반국민과 장애인 계층간 상대적 정보격차 수준을 계량적으로 측정하는 것을 말한다.[6] 일반국민의 정보화 수준을 100으로 할 때 일반국민 대비 장애인 계층의 정보화 수준을 측정하여 일반국민과 장애인 계층간 격차를 산출했다는 뜻이다. 정보격차 지수는 0~100(점) 범위의 값을 가지며, 100(점)에 가까울수록 정보격차 수준이 큰 것을 의미한다고 보고서는 밝히고 있다. 조사대상으로는 (a) 종합 격차지수(접근·역량·활용 부문을 종합한 정보화 수준의 격차 측정), (b) 접근 격차지수(컴퓨터·인터넷 등 정보통신 인프라 접근 수준의 격차 측정), (c) 역량 격차지수(컴퓨터 및 인터넷 사용능력 수준의 격차 측정), (d) 양적 활용 격차지수(컴퓨터·인터넷의 사용량으로서 양적 사용 수준의 격차 측정), (e) 질적 활용 격차지수(컴퓨터·인터넷 사용의 질로서 질적 사용 수준의 격차 측정) 등이다.

분석결과를 살펴보면 접근·역량·활용 등 모든 부문에서 정보격차 지수가 매년 감소하고 있는 것으로 나타나, 일반국민과 장애인 계층간 정보격차가 지속적으로 완화되고 있는 것으로 나타났다. 접근·역량·활용 부문별 정보격차 수준의 종합 측정 요약치인 종합 격차지수의 평균점을 기준으로 했을 때, 장애인 계층의 종합 격차지수는 2005년 34.8점에서 2006년 26.1점으로 전년 대비 8.7점 감소한 것으로 나타났다. 이는

출과 정책성과 평가에 필요한 기초자료 제공에 그 목적이 있다고 밝히고 있다. 또한 조사대상은 만 7~69세 전국의 재가 등록 장애인(지체장애, 뇌병변장애, 시각장애, 청각·언어장애) 중 할당 표본추출법(Quota Sampling)으로 선정된 1,000명이며, 가구 개별 방문을 통한 일대일 대인 면접 방법을 통해 조사가 진행되었다. 표본오차는 95% 신뢰수준에서 ±3.1% 포인트이다. 주요 획득정보는 정보기기 보유 및 이용 현황, 정보이용 행태 및 특성(일상생활에 미치는 인터넷 영향도, 정보화 상위집단 추출 및 특성 파악, 인터넷 활용비중 격차 등), 정보격차 지수 산출 등이다.

6) 한국정보문화진흥원, <2006 장애인 정보격차 실태조사>, p.18.

일반국민의 종합 정보화 수준을 100으로 할 때, 일반국민 대비 장애인 계층의 종합 정보화 수준이 2005년 65.2%에서 2006년 73.9%로 전년 대비 8.7% 상승한 것을 의미한다.

전년 대비 격차지수 감소폭을 부문별로 살펴보면 역량 부문(11.0점↓), 양적 활용 부문(9.2점↓), 질적 활용 부문(8.9점↓), 접근 부문(7.8점↓) 등의 순으로 나타나, 역량 부문에서 일반국민 대비 장애인 계층의 정보화 수준이 가장 크게 상승한 것으로 나타났다.

[그림 2] 부문별 정보격차 지수(점)

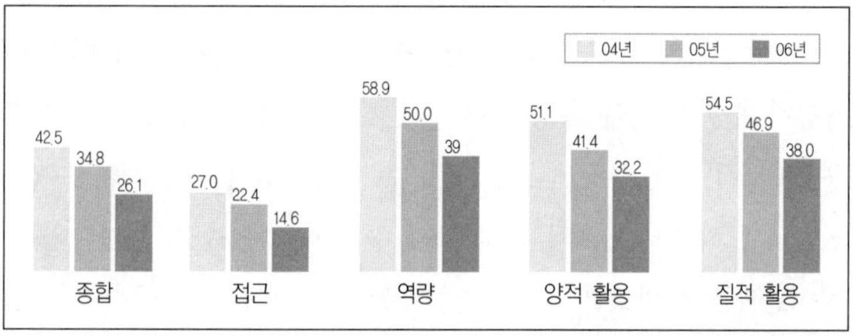

출처 : 한국정보문화진흥원, 〈2006 장애인 정보격차 실태조사〉

[표 2] 정보격차 지수 및 일반국민 대비수준[7)]

구 분	2004년		2005년		2006년		전년대비 격차지수 감소폭(점)
	격차 지수(점)	대비 수준(%)	격차 지수(점)	대비 수준(%)	격차 지수(점)	대비 수준(%)	
접근	27.0	73.0	22.4	77.6	14.6	85.4	7.8↓
역량	58.9	41.1	50.0	50.0	39.0	61.0	11.0↓
양적 활용	51.1	48.9	41.4	58.6	32.2	67.8	9.2↓
질적 활용	54.5	45.5	46.9	53.1	38.0	62.0	8.9↓
종합	42.5	57.5	34.8	65.2	26.1	73.9	8.7↓

출처 : 한국정보문화진흥원, 〈2006 장애인 정보격차 실태조사〉

7) 격차지수 = 일반국민 정보화수준(100으로 가정) − 일반국민(100) 대비 장애인의 정보화수준

[그림 3] 접근 격차지수 대비 역량 및 활용 격차지수 수준(배)[8]

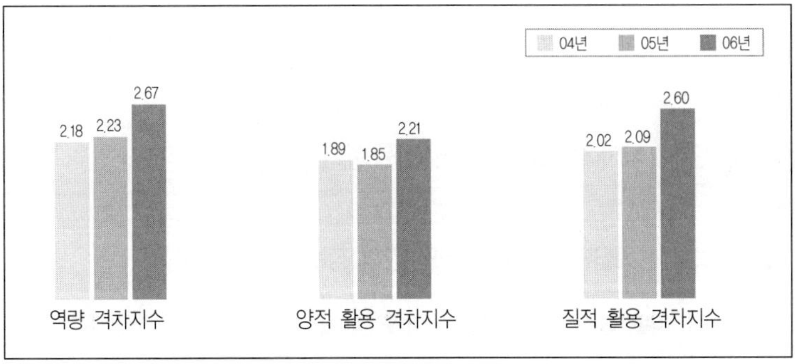

출처 : 한국정보문화진흥원, 〈2006 장애인 정보격차 실태조사〉

위의 그림과 표에서 알 수 있듯이 접근·역량·활용 부문별 격차지수를 비교했을 때, 접근(14.6점) 부문에 비해 역량(39.0점)·양적 활용(32.2점)·질적 활용(38.0점) 부문의 격차지수가 2~2.5배 이상 높게 나타나, 컴퓨터·인터넷 접근 및 보유여부와 연관된 정보접근 격차보다 정보 활용능력 및 활용유형(사용의 질)과 연관된 정보활용 격차가 더욱 큰 것으로 분석되었다.

이 조사결과가 함의하는 바는 적지 않은데, 즉 접근 부문의 격차지수는 10%대로 나타나 정부가 추진하고 있는 장애인 정보격차 해소 사업이 적어도 접근 부문에서만큼은 소기의 성과를 거두고 있다고 생각되나, 나머지 부분에서의 격차는 여전히 30% 이상의 차이를 보이고 있어 정보격차 해소가 단순히 물량공세만으로 단기간 내에 해결될 수 없는 보다 복잡한 차원의 문제임을 알 수 있다. 특히 접근 격차지수 대비 역량 및 활용 격차지수 수준 추이를 분석해 보았을 때, 역량 및 활용 격차지수 모두 접근 격차지수 대비 수준이 커지고 있는 추세로 나타났는데, 2004년도에 접근 격차지수보다 2.18배 높았던 역량 격차지수는 2006년도에 2.67배

8) 접근 격차지수 대비 수준 = 역량 및 활용(질적·양적) 격차지수 ÷ 접근 격차지수

로 증가했으며, 2004년도에 접근 격차지수보다 1.89배, 2.02배 높았던 양적 활용 및 질적 활용 격차지수는 2006년도에 각각 2.21배, 2.60배로 증가한 것으로 나타났다(단, 접근 격차지수 대비 수준은 접근 격차지수를 역량 및 활용 격차지수로 나누어 산출함).[9]

❷ 정보화 상위집단 및 비상위집단 간의 정보이용 행태 분석

보고서에 따르면 장애인 계층 내 정보화 상위집단은 종합지수(0~100점 범위의 종합 정보화수준 측정 점수)를 기준으로, 종합지수 상위 10% 집단을 정보화 상위집단으로 규정하고 있는데, 장애인 계층 내 종합지수 상위 10% 집단의 기준점은 84.5점이며, 이들 집단의 종합지수 평균점은 90.1점[10]이며, 장애인 계층 내 종합지수 상위 10% 집단은 모두 인터넷 이용자이며, 인터넷 이용자를 기준으로 했을 때 이들 정보화 상위집단은 인터넷 이용자의 21.2%에 해당된다.

정보화 상위집단의 인구통계학적 속성으로는 도시지역 거주층의 점유 비율이 크게 높으며, 고학력일수록 점유 비율이 높게 나타났다. 특히 20~40대 비율이 높고, 전문 / 사무직 · 학생 · 무직 / 기타 직업군의 점유 비율이 타 직업군에 비해 상대적으로 높게 나타났다.

정보화 상위집단의 점유 비율을 장애 유형별로 살펴봤을 때, 비교적 컴퓨터 사용이 자유로운 지체장애에 비해 시각 및 청각 · 언어장애가 차지하는 비중이 매우 낮은 수준에 머무르고 있는 것으로 나타나 장애인 중에서도 특히 시청각장애인의 정보격차가 더욱 높은 것을 알 수 있다.

---

9) 접근 격차지수 대비 수준 = 역량 및 활용(질적 · 양적) 격차지수 ÷ 접근 격차지수
10) 전체 장애인 계층의 종합지수 평균점은 45.1점 수준임.

[표 3] 정보화 상위집단의 장애 유형 및 등급별 특성(%)

구 분		정보화 상위집단 점유 비율
장애 유형별	지체	66.0
	뇌병변	8.0
	시각	18.0
	청각 / 언어	8.0
장애 등급별	1~2급	35.4
	3~4급	31.3
	6~7급	33.3

출처 : 한국정보문화진흥원, 〈2006 장애인 정보격차 실태조사〉

정보화 상·비상위집단 간의 일상 활동11) 부문별 인터넷 활용 비중을 조사한 결과를 살펴봐도 두 집단 간의 뚜렷한 차이가 드러나는데, 정보화 상위집단의 인터넷 활용 비중이 타 활동 부문에 비해 상대적으로 높게 나타난 활동 부문은 '정보/자료찾기, 뉴스보기, 원거리 의사소통, 여가/취미, 교육/학습, 영화보기/음악듣기'12)인 것으로 나타나, 시청각장애인이 다수 포함된 정보화 비상위집단의 경우 정보/자료찾기, 뉴스보기와 같은 정보수집의 핵심적 활동으로부터 상위집단에 비해 2배 가량 소외되어 있음을 알 수 있다.

11) '정보/자료 찾기', '제품구입', '예약/예매', '금융업무', '행정업무', '교육/학습', '영화보기/음악듣기', '떨어져 있는 사람과의 의사소통', '뉴스 및 새로운 소식보기', '교제활동 및 대인관계 형성', '여가/취미생활', '사회참여 활동' 등임.
12) 인터넷 활용 비중이 모두 50% 이상임.

[표 4] 정보화 집단별 인터넷 활용 비중(%)-인터넷 이용자 기준

구 분	정보화 상위집단	정보화 비상위집단	상위집단 대비수준	전체 장애인	상위집단 대비수준
정보 / 자료찾기	73.8	41.5	1.8배 ↓	48.4	1.5배 ↓
제품구입	40.9	19.5	2.1배 ↓	24.4	1.7배 ↓
예약 / 예매	33.6	11.6	2.9배 ↓	17.6	1.9배 ↓
금융업무	43.4	11.8	3.7배 ↓	19.6	2.2배 ↓
행정업무	36.6	8.7	4.2배 ↓	15.7	2.3배 ↓
교육 / 학습	54.2	28.9	1.9배 ↓	35.4	1.5배 ↓
영화 / 음악	53.0	30.1	1.8배 ↓	35.5	1.5배 ↓
뉴스보기	59.3	32.7	1.8배 ↓	38.4	1.5배 ↓
의사소통	55.9	21.4	2.6배 ↓	28.7	1.9배 ↓
교제 / 대인관계	49.0	19.7	2.5배 ↓	26.4	1.9배 ↓
여가 / 취미	55.0	36.2	1.5배 ↓	40.2	1.4배 ↓
사회참여	34.0	13.3	2.6배 ↓	18.8	1.8배 ↓
평 균	49.1	23.0	2.1배 ↓	29.1	1.7배 ↓

출처 : 한국정보문화진흥원, 〈2006 장애인 정보격차 실태조사〉

정보와 뉴스 부분에서의 정보화 상·비상위집단 간의 차이는 인터넷 이용 전/후 일상생활의 부문별 변화정도에서도 잘 드러나는데, 모든 부문에서 정보화 상위집단이 비상위집단보다 인터넷 이용으로 인한 활동 정도 증가 수준이 더 크게 나타났다. 즉 정보화 비상위집단보다 상위집단의 인터넷 이용 전/후의 각 활동별 증가수준은 '사회참여 정도 5.1배', '정보/자료 습득 정도 1.9배', '타인과 관계형성 정도 4배', '뉴스습득 정도 2.2배', '함께 살고 있지 않은 가족/친지와의 의사소통 정도 3.2배'처럼 높은 수준으로 나타나, 일상 활동 부문별에서 인터넷 활용 수준이 높은 정보화 상위집단이 일상생활 내에서 필요 활동을 활성화하는 정도가 비상위집단보다 높은 것을 알 수 있다.

구 분	장 애 인		
	상위집단	비상위집단	전체집단
사회참여 활동	29.0	5.7	10.7
정보 / 자료 습득	95.1	48.9	58.8
타인과 관계형성	41.0	10.2	16.8
교육 / 학습 활동	57.4	16.8	25.5
뉴스 습득	64.5	29.7	37.1
가족과의 의사소통	29.1	9.1	13.4
여가 / 취미 활동	56.0	35.8	40.1

출처 : 한국정보문화진흥원, 〈2006 장애인 정보격차 실태조사〉

또한 장애인 계층 내 정보화 상위집단과 비상위집단간 인터넷 활용수준 격차가 타 부문에 비해 상대적으로 큰 부문은 '장애인에 유용한 사이트 이용률', '사회참여 관련 게시판에 글 게시 경험률', '인터넷을 통한 구직 및 창업 경험률', '사회참여 인터넷 커뮤니티 활동률', '공인인증서 보유율', 'UCC 활동 경험률', '컴퓨터 보조기기 이용률'13) 등이었다. 그리고 정보화 상위집단과 비상위집단간 부문별 인터넷 활용 수준의 격차를 비교했을 때, '인터넷 뉴스레터 수신율'을 제외한 모든 부문에서 일반국민보다 장애인 계층 내 집단간 격차가 더 큰 것으로 나타났다. 이것은 시청각장애인이 다수인 비상위집단의 경우, 재활을 위한 정보수집 등 정상적인 사회활동을 영위하기 위한 모든 일상 활동 부분에서 상위집단에 비해 상대적으로 큰 정보격차를 경험하고 있는 것으로 분석되었다.

13) 타 부문에 비해 상대적으로 격차가 큰 부문의 격차수준은 3배 이상임.

4. 장애인과 방송, 현황과 문제점

우리 사회 내에서 보편적 서비스로서의 방송이 소외계층인 장애인에 대해 과연 어느 정도의 배려를 하고 있는지 알아보기 위해서는 장애인을 위한 TV 프로그램 전반의 현황과 문제점에 대해 살펴볼 필요가 있다.

(1) 장애인 대상 TV 프로그램 현황과 문제점

장애인과 관련된 여러 주제들을 중심으로 제작된 최초의 TV 프로그램은 KBS 제3TV(현 EBS)의 <해뜨는 교실>이다. 세계 장애인의 해인 1981년에 만들어져 교육방송으로 넘어가기 전까지 10년 동안 계속되었다. 그러다가 SBS의 개국과 함께 1991년도에 <사랑의 징검다리>가 탄생했다. SBS는 1993 연중 캠페인을 '장애인을 가족처럼'으로 정하고 대대적으로 홍보를 했기 때문에 <사랑의 징검다리>는 SBS의 간판 프로그램이 되어 장애인 방송이 최초로 대중에게 부각되는 계기가 되었다. 공영방송에서조차 장애인 대상 방송을 마련하지 못한 상황에서 상업방송이 장애인 대상 정規TV 프로그램을 신설하여 장애인 대상 방송을 활성화시킨 것은 큰 의미가 있다. KBS에서 1993년 10월, <사랑의 가족>이란 장애인 대상 방송을 신설한 것도 <사랑의 징검다리>의 영향 때문인 것으로 풀이된다.

기존의 공중파 라디오 방송에서 장애인 대상 방송의 효시는 KBS 제1라디오의 <내일은 푸른 하늘>이다(현재 제3라디오에 편입). UN이 정한 세계 장애인의 해인 1981년 4월 13일에 첫 방송이 시작된 이래 지금까지 15년째 타이틀 변경없이 장수 프로그램으로 정착했다. 같은 해 기독교방송도 <찬양의 꽃다발>이란 장애인 대상 방송을 만들어 기독교 장애인들의 열렬한 사랑을 받으며 발전을 했지만 10년을 넘기지 못하고 폐지

됐다. EBS <사랑의 한 가족>은 1994년 첫 전파를 탄 이래 매주 일요일 오후 1시 FM을 통해서 방송되던 프로그램으로, 장애인 관련 방송 프로로서는 비교적 오랫동안 명맥을 유지해 왔으나 7년 전 폐지되었다.

현재 장애인을 대상으로 하는 전문 지상파, 중계유선방송, 위성방송 등 모든 매체에서 TV를 이용하여 장애인 문제 등을 다루는 프로그램은 KBS 1TV의 <사랑의 가족>과 EBS의 <희망풍경> 단 두 편뿐이다. 이는 KBS 일주일 전체 방송시간의 0.4%, EBS의 0.9%에 불과한 극히 저조한 비율이다. 앞서 살펴본 바와 같이 WHO의 기준에 의하면 우리나라 전체 인구의 10%가 장애인구로 추정되는데 이들을 주시청자로 겨냥한 TV프로그램이 1%에도 못 미치고 있다는 것은 우리 방송의 장애인에 대한 무관심이 어느 정도인지를 보여주는 대표적인 사례로 지적할 수 있다.

(2) 장애인 방송접근권 보장을 위한 시·청취 지원 시스템의 현황과 문제점

❶ 시·청취 지원 시스템의 현황과 문제점

① 수화방송

청각장애인을 위한 수화방송은 TV화면 한 귀퉁이에 수화통역을 내보내는 방송이다(송종길, 2006). 수화방송의 경우, 일반 시청자에게 제공되는 화면의 일부가 가려질 수밖에 없어 보도 프로그램 중 일부, 특정행사나 장애인 관련 프로그램 등에만 극히 제한적으로 방송되고 있는 실정이다.

현재 방송 3사의 수화방송 현황을 살펴보면 KBS1은 일주일 기준 550분(6.3%), KBS2는 115분(1.4%), MBC는 140분(1.66%), SBS는 290분(3.5%), EBS는 505분(6.3%) 등이다.

	KBS1	KBS2	MBC	SBS	EBS
주당 총편성시간(A)	8,407분	8,296분	8,419분	8,280분	8,055분
주당 수화방송시간(B)	550분	115분	140분	290분	505분
방송비율(B / A)	6.5%	1.4%	1.66%	3.5%	6.3%

(주) 2007년 1월 기준, 출처 : 방송위원회 시청자지원팀 내부 자료

가장 높은 채널이 6%대에 머물 정도로 수화방송 비율이 저조한 이유는 방송국 편성담당자들이 수화통역 삽입으로 인한 비장애인 시청자들의 시청권 침해를 염려하기 때문이다. 또 하나의 이유는 주로 뉴스 프로그램 등에 등장하는 수화의 경우, 상당히 빠른 통역이 요구되는 데 그만큼 숙련된 수화통역사를 구하기가 쉽지 않다는 점도 수화방송을 방해하는 중요한 원인이 되고 있다.

② 자막방송

자막방송은 청각장애인들을 위해 TV 프로그램의 음성이나 오디오 등의 청각 메시지를 전자코드 형태로 변환 전송하여, TV 화면에 자막으로 나타나게 하는 기술이다. 자막방송은 TV 화면에 드라마 출연자의 대사나 뉴스 진행자의 멘트, 그리고 기타 음성 출력을 모두 자막으로 표시할 수 있으므로 별도의 수화 진행자 없이 청각장애인들의 TV 시청을 가능케 한다(송종길, 2003).

우리나라의 자막방송은 1980년 중반부터 문자방송을 시작으로 실시되었으나 기술적인 문제와 예산 문제, 저조한 수신기 보급 등으로 중단되었다가 1996년 이후 정보통신부에서 지상파방송 4사, 가전업체간의 캡션방송에 대한 연구를 시작으로 1997년 하반기부터 자막방송 송출의 기술적 문제를 어느 정도 해결하였다. MBC는 1998년 12월 2일부터 국내 방송사상 최초로 청각장애인들을 대상으로 한 폐쇄자막을 시험 방송하였

고, 1999년 2월 12일을 기해 본격적인 자막방송을 시작하였다. MBC에 이어서 KBS와 SBS가 차례로 자막방송을 시작하였고, 2000년부터 교육방송(EBS)에서도 자막방송이 실시됐다(송종길, 2003).

[표 7] 자막방송 현황

	KBS1	KBS2	MBC	SBS	EBS
주당 총편성시간(A)	8,407분	8,296분	8,419분	8,280분	8,055분
주당 수화방송시간(B)	5,853분	5,824분	5,860분	6,130분	5,200분
방송비율(B / A)	69.6%	70.2%	69.6%	74.0%	64.5%

(주) 2007년 1월 기준, 출처 : 방송위원회 시청자지원팀 내부 자료

우리나라 방송사의 자막방송 현황을 살펴보면 2007년 1월 기준으로 KBS1은 일주일 기준 5,853분(69.6%), KBS2는 5,824분(70.2%), MBC는 5,860분(69.6%), SBS는 6,130분(74.0%), EBS는 5,200분(64.5%) 등으로 과거에 비해 다소 증가하긴 했지만 여전히 미국 등 선진국에 비하면 높지 않은 수준이다.

자막방송의 양적 측면 부족뿐만 아니라 질적인 부분에 대한 논의도 필요한데, 2000년 3월 한국농아인협회가 농아인 2백여 명을 대상으로 설문조사를 실시한 결과에 의하면 TV자막방송을 청각장애인들이 완전히 이해하지 못하고 있는 것으로 드러났다. 자막방송을 대부분 이해한다는 응답자는 전체의 4분의 1 수준(24%)에 지나지 않았으며, 자막이 너무 빠르거나 문장 자체가 어렵다는 점이 가장 큰 원인으로 지적되었다.[14] 또한 드라마에서 연기자들이 실제로 말하는 대사와 자막이 다르게 표시되기도 하고, 아예 하지도 않은 말을 집어넣는 경우도 빈발했으며, 앵커나 기자의 보도내용을 신속하게 입력해야 하는 뉴스 프로그램의 경우에는 자막

14) <국민일보>, 2000. 3. 29.

표기와 관련된 잘못된 사례가 더욱 증가하고 있다는 문제제기에 대해 방송사들은 조속히 적절한 대안을 마련해야 할 것이다.

자막방송 자체의 문제와 함께, 자막방송 수신기 지원사업과 관련된 문제점도 짚어볼 필요가 있다. 자막방송의 실시는 많은 청각장애인들의 '삶의 질(quality of life)'를 한 단계 높여 준 성공적인 사례로 평가되고 있다. 앞서 사례로 든 농아인협회 조사결과에 따르면 자막방송 시청 뒤 삶에 변화가 왔다는 청각장애인들의 응답이 87.8%에 달하는 것으로 알려지고 있다.[15] 주요한 변화로는 응답자의 67.3%가 자막방송 실시 후 가족이나 친구들과 함께 TV나 방송내용에 대한 이야기를 나눌 수 있게 되었다는 점을 꼽았다고 한다. 현대사회에서 TV가 사람들 사이의 '이야깃거리'를 제공하는 대표적인 매체라는 점을 감안한다면 이제 듣지 못한다는 것이 더 이상 장애인과 비장애인의 대화를 저해하는 '장애요소'로 작용하지는 않을 것이다. 하지만 아직까지 모든 청각장애인들이 자막방송을 시청할 수 있는 것은 아니다. 가격이 많이 내려갔다고는 하지만 여전히 한 대당 10만 원 이상에 팔리고 있는 자막방송 수신기 가격은 경제적 어려움에 시달리고 있는 상당수의 장애인들에게는 여전히 부담스러울 수밖에 없고, 이런 요인들 때문에 아직까지 자막방송의 혜택이 사실상 많은 장애인들에게 돌아가지 못하고 있다.

③ 화면해설방송

청각장애인을 위한 시청보조 시스템이 수화, 자막방송이라면 시각장애인을 위한 시스템으로는 DVS(Descriptive Video System)가 대표적이다. DVS, 즉 '화면해설' 시스템이란 시각장애인들이 텔레비전에서 대사 없이

---

15) <국민일보>, 2000. 3. 29.

전개되는 움직임이나 사건들을 이해할 수 있도록 해설자가 그 장면에 대한 설명을 부가적으로 제공하는 것을 말한다. DVS 방송에서는 해설자의 내레이션은 텔레비전의 보조 오디오트랙(secondary audio track)을 통해 전달되므로, 텔레비전 시청을 원하는 시각장애인은 아무런 불편 없이 간단한 리모컨 조작만으로 대사 이외의 극적 상황을 생생하게 전달받을 수 있게 된다. 이 부가서비스를 받기 위해서는 먼저 프로그램을 제작할 때 방송사측에서 메인 오디오트랙 이외에 장면해설을 위한 보조 트랙을 삽입하여야 하고, 시청자는 이러한 별도 채널 수신이 가능한 TV를 보유하고 있어야 한다. 미국에서는 이미 1993년부터 보조 오디오트랙의 수신이 가능한 TV가 출시되고 있으며, 현재 대부분의 방송사들은 다국어방송의 수신을 목적으로 고안된 이 장치를 통해 스페인어를 더빙한 프로그램을 내보내고 있다. 채널인식 장치가 없는 TV의 경우, 별도의 컨버터를 부착해야 '화면해설'을 청취할 수 있다.

우리나라의 경우, 2002년부터 한국시각장애인협회가 방송위원회의 지원금을 받아 DVS 수신기 보급사업을 진행하고 있지만 아직 시작 단계에 불과하다.

[표 8] 화면해설방송 현황

	KBS1	KBS2	MBC	SBS	EBS
주당 총편성시간(A)	8,407분	8,296분	8,419분	8,280분	8,055분
주당 수화방송시간(B)	404분	499분	504분	620분	–
방송비율(B / A)	4.8%	6.0%	5.99%	7.5%	–

(주) 2007년 1월 기준, 출처 : 방송위원회 시청자지원팀 내부 자료

위의 표에서 보는 바와 같이 4개 채널의 화면해설방송의 비율은 매우 낮은 수준이다. KBS1이 404분(4.8%), KBS2 499분(6.0%), MBC 504분

(5.99%), SBS 620분(7.5%) 등이며, EBS는 드라마가 없는 채널 특성상 전혀 편성하지 않고 있다.

청각장애인에 대한 청취 지원 시스템이 수화, 자막 등으로 구성되어 있고, 자막방송의 비율이 과거에 비해 꾸준히 상승하고 있는 것에 비해 시각장애인을 위한 시청 지원 시스템인 화면해설방송은 여전히 매우 낮은 비율에 머물고 있어, 시각장애인들의 시청권이 침해당하고 있음을 알 수 있다.

특히 이 연구를 위해 접촉한 한 시각장애인은 DVS 활용방법이 너무 어려워 거의 사용이 불가능하다고 응답하여 낮은 편성 비율과 함께 조작의 난점 또한 시각장애인들의 방송접근권에 심각한 장애가 되고 있음을 알 수 있었다. 그는 이어 뉴스 등에서 외국인을 인터뷰할 경우, 자막을 볼 수가 없어 정보전달에 상당한 불편이 따른다고 말하면서 아나운서가 읽어주기만 하여도 큰 도움이 될 수 있을 것이라는 의견도 제시했다.

5. 대안 모색

지금까지 정보화 사회에서 필연적으로 발생하게 되는 정보격차에 대한 논의를 기반으로, 국내 장애인과 일반인들의 정보격차 현황이 어느 정도인지에 대해 실증적으로 분석을 시도하였고, 이를 해소할 수 있는 대안적 개념으로서 방송의 보편적 서비스를 소개하고, 우리나라의 방송들이 장애인에 대한 어떠한 접근 지원 시스템을 운영하고 있는지, 그리고 그와 관련된 문제점들은 어떤 것들이 있는지에 대해 구체적으로 살펴보았다.

그렇다면, 과연 정보화 시대의 약자(弱者) 집단이라고 할 수 있는 장애인들의 정보격차 현상을 해소하기 위해서 구체적으로 방송의 어떤 부분들이 개선되어야 할 것인가? 그리고 디지털 방송 기술의 발전은 과거 아날로그 시대의 결점들을 어떻게 보완해줄 수 있을 것인가? 결론 부분에서는 현재까지 나열된 문제들을 해결하기 위한 몇 가지 대안을 탐색해보려고 한다.

(1) 방송의 과도한 상업성을 견제하기 위한 정책적 배려
─ 법적 강제성 부과와 함께 실질적인 자금지원

장애인 등 소수계층 대상 프로그램은 결코 대중성이 있는 프로그램은 아니다. 그래서 시장논리에 맡기면 자동으로 도태되고 만다. 다매체・다채널 시대를 맞아 채널 간의 무한경쟁이 가속화되고 있는 상황에서 이러한 위험성은 더욱 커질 것이 분명하다. 따라서 공영방송 체제가 확립되어 있는 우리나라에서는 공익적 목적의 달성을 위해 이러한 소외집단을 위한 프로그램이 반드시 필요하므로, 이를 위한 제도적 보완이 시급히 이루어져야 한다.

먼저 선언적인 의미에 머물고 있는 장애인 관련 법조항에 강력한 법적 구속력을 부여하여, 방송사들이 장애인 대상 프로그램의 편성에 적극적으로 나설 수 있도록 강제해야 한다. 또한 법에 명시된 장애인 보호 관련 규정을 지키지 않을 경우에는 올 4월부터 휠체어 리프트 등 장애인 편의시설을 설치하지 않은 공공기관에 대해 최고 3,000만 원의 이행 강제금이 부과되는 것처럼 고액의 벌금을 물릴 수 있도록 해야 한다. 이와 같은 강력한 법 시행에 앞서 방송위원회 등은 장애인 방송접근권 보장을 위한 방송발전기금 배당액을 확대 편성하거나 전용하여 현재 자막수신기 보급사업 등에 국한되고 있는 실질적인 자금지원을 방송사측에도 상당 액수

놀이 공간 | 예술 공간 | 디지털 광장 | 디지털 기계

지원함으로써 장애인 관련 시·청취 지원 시스템의 개발 및 제작에 방송사업자들이 적극적으로 나설 수 있는 분위기를 조성해 주어야 한다.

(2) 매체별 특성을 극대화한 정보격차 해소 전략 마련

디지털 방송 기술의 발전에 따라 이제 장애인에게 도달 가능한 채널의 수는 무한정으로 늘어가게 될 것이다. 과거에는 장애인 방송 캐리어채널이 지상파 TV, 라디오 등 올드미디어에 국한되었지만, 이제 다양한 종류의 뉴미디어가 등장한 만큼 효과적인 프로그램 전달을 위한 채널 세분화 전략이 수립될 필요가 있다.

❶ NARROWcasting

소외계층 대상 프로그램의 방송과 관련하여서는 사실 지상파 방송보다 케이블TV, 위성방송, 인터넷 방송을 포함한 뉴미디어를 이용하는 것이 더욱 효과적이다. 왜냐하면 첫째, 뉴미디어는 특수한 표적 시청자층을 대상으로 전문편성을 하기에 적합한 매체이기 때문이며, 둘째, 양방향성을 위주로 한 매체특성으로 인해 방송사와 시청자간에 원활한 커뮤니케이션을 가능케 해줄 수 있기 때문이다. 또한 채널이 한정된 올드미디어에 비해 넉넉한 주파수대를 보유하고 있어 장애인 등 소수계층을 위한 독립방송의 설립에 있어서도 유리한 측면이 많다. 소규모 독립 채널은 장애인들이 필요로 하는 정보를 제공하고 그들이 사회로부터 격리되지 않도록 그들의 기쁨과 애환을 나눌 수 있는 '정신적인 공간'을 제공하는 '커뮤니티'의 역할도 할 수 있다.

장애인을 위한 인터넷 방송을 적극 활용하는 방안도 고려할 수 있다. 하지만 앞서 여러 번 강조한 바와 같이 장애인의 인터넷 활용능력이 비장애인에 비해 열등한 경우가 많기 때문에, 기존의 전통적인 방송매체가 수행할 수 없는 세분화된 영역에 한해 보조적 서비스의 기능을 수행하도록 하는 것이 더 바람직하다고 생각한다. 차선책의 개념으로 바라보는 것이 더 적합하다는 의미다. 이와 함께 시청각장애인들이 정보에 접근하는 데 불편함이 없도록 거의 완벽한 수준으로 접근성을 제고하도록 해야 함은 물론이다.

우리나라에서 장애인을 대상으로 한 인터넷 방송이 시작된 지는 오래되었다. 청각장애인들의 언어인 '수화'를 인터넷에서 동영상으로 무료서비스하는 '수화방송국'(www.suwha.net)은 2000년 7월 개국하였으며, 2001년 1월에는 청각장애인을 위한 텍스트 및 동화상, 시각장애인을 위한 오디오방식을 병행하게 될 '사랑의 소리 인터넷방송'(www.voc.or.kr)이 개국하였다. '사랑의 소리 인터넷 방송'은 1995년 서강대와 KBS가 공동으로 운영하던 라디오방송인 '사랑의 소리방송'의 후신으로, god와 핑클 등 연예 스타들의 소식과 두 손을 잃고도 컴퓨터 박사가 된 인물 스토리, 인기 가요를 틀어주는 코너, 고민을 상담해주는 메뉴 등으로 장애인들에게 '인기만점'이라고 한다.

또한 농아인을 위한 정보화 교육을 실시하고 있는 농아사회정보원의 농아인 전문 인터넷 방송 '데프TV'(www.deaf.tv)에서는 농아인들이 출연하여 수화로 이야기를 나누며, 현재는 뉴스, 칼럼, 문화 프로그램 등에 그 영역이 국한되어 있지만 앞으로는 재정을 확충하여 장애인을 위한 드라마 등으로 장르를 넓혀갈 계획이라고 한다. '데프TV'는 2000년 10월 개국했으며, 현재 회원수는 6천여 명에 이르고 있으며, 매달 1천여 명의 신규회원이 가입할 정도로 활기를 띠고 있다는 소식이다. 비장애인들을 위해 수화를 따라 배울 수 있는 코너와 함께 농아인을 위해 컴퓨터 용어를 직접 수화로 만들어 보급하는 일도 병행하고 있다.

2007년 말 시행예정이었던 위성방송에도 장애인을 위한 채널이 운영될 예정이다. 2007년 7월 25일 한국디지털위성방송 채널구성위원회는 '사랑의 채널' 사업자로 노인 및 장애인 대상 건강채널인 건강위성방송을 선정하였다고 발표했다.

이와 함께 소출력 라디오의 활용도 적극 고려해볼 필요가 있다. 방송위원회의 '21세기 방송정책' 보고서에서는 기존의 AM채널을 이용한 소수계층 대상의 독립방송국 운영을 제안한 바 있다. 즉, FM방송을 종합편성채널로 운영하여 라디오 방송을 FM위주로 재편하고, AM방송은 소외계층, 저소득층, 장애인 등 소수계층을 위한 특수방송목적의 수용자복지 방송으로 전환할 필요가 있다고 지적했다.

❷ BROADcasting

장애인의 정보격차 해소를 위한 방송의 노력이 케이블TV, 위성방송 등 뉴미디어를 중심으로 경주될 필요가 있다는 점은 앞서 강조한 바와 같다. 물론 케이블TV, 위성방송 등이 '이용료'와 장비설치가 요구된다는 점에서 일종의 진입장벽이 존재하고 있다고 볼 수도 있으나, 인터넷·컴퓨터 활용에 비하면 접근 비용도 결코 비싸지 않고, 또 조작도 훨씬 수월하여 진입장벽이 결코 높다고 볼 수는 없다.

하지만 장애인의 정보격차 해소를 위해서는 역시 본문에서 여러 번 강조한 바와 같이 무료방송에 기반한 막강한 매체영향력을 보유하고 있는 지상파 방송의 역할이 가장 중요하다고 하겠다. 방금 언급한 바와 같이 지상파 방송의 가장 큰 장점은 바로 접근 비용이 전무하고, 또 조작도 매우 간단하다는 것이다. 그 외에도 지상파 방송은 광파(廣播)성, 편재(遍在)성으로 인해 소외계층의 이해와 요구를 대변하는 즉각적인 여론형성에 용이하며, 이를 통해 비장애인 등 사회적 주류 집단에게 비주류 집단에 대한 이해를 도모하는 데 매우 효과적인 측면을 가지고 있다. 한마디로 지상파 방송이 계층간, 집단간의 갈등을 해소하고, 사회통합적 기능을 수행하는 데 적합한 매체 특성을 가지고 있다는 것이다.

(3) 공영방송의 사회적 공익성 확대

소외계층을 위한 프로그램은 우선 공영방송을 통해 적극적으로 권장되어야 한다. 공영방송, 특히 KBS1은 공익을 위한 프로그램 편성을 위해 시장에서의 경제적 압력으로부터 벗어날 수 있도록 시청자들에게 직접 수신료를 징수할 수 있는 법적 근거에 준하여 운영되고 있다. 그러므로 공익의 관점에서 '필요'에 해당하는 소수계층 대상 프로그램은 우선적으로 KBS1에 의해 제작·방송되어야 한다. 이는 수신료를 납부하고 있는 시청자들과의 약속의 일부이며, 동시에 다른 채널들과의 관계 속에서도 KBS1이 차지해야 할 마땅한 자리이다. KBS는 이를 위해 적어도 1TV의 경우, 종합편성 정책을 다소 축소하고, 소외계층을 위한 전문편성을 늘릴 것을 기대해 본다.

이와 함께 장애인 대상 프로그램의 발전을 위한 부단한 연구개발도 병행해야 한다. 1998년 4월에 제작한 KBS의 <청각장애인을 위한 FM 작은음악회>는 장애인을 대상으로 한 프로그램 편성에 새로운 도전기록을 남긴 긍정적인 사례로 인정되고 있다. 이 프로그램의 진행을 위해 제작진은 일반적인 음악회보다 훨씬 증폭시킨 음향을 준비하고, 조명에는 많은 신경을 썼다고 한다. 들을 수 없는 '청중'들을 위해서는 수화통역사가 노래가사를 전했다. 발상의 전환이 감동적인 프로그램을 탄생시켰다. SBS가 2001년 장애인의 날을 맞아 방송한 '사랑의 릴레이'도 장애인 대상 프로그램의 효율을 높여줄 수 있는 새로운 편성전략으로 평가받을 만하다. 지난 2001년 봄, SBS는 <그것이 알고싶다>를 통해 '그들만의 키 작은 세상, 147.5cm의 왜소증 아이들'이란 제목으로 왜소증을 앓고 있는 키 작은 아이들의 이야기를 방송했다. 약 한 달 뒤 키 작은 사람들의 이야기는 다시 장애인의 날 특집방송으로 방송되었고, 키 작은 사람들에게 도움의 손길을 주고 싶다는 시청자들의 요구는 4월 20일 <사랑의 릴레이─희귀병 환자에게 희망을 특별모금 생방송>을 가능하게 했다. 시사고발 프로그램을 통해 문제를 제기하고, 이를 장애인의 날을 맞아 재방송함으로써 희귀병에 대한 사회의 여론을 환기시켜 모금방송과 연계시킨 편성전략은 많은 시청자들의 참여를 유도하여 왜소증 장애인들과 희귀병 환자들에게 용기와 희망을 전달해준 훌륭한 사례로 평가되고 있다.

(4) 디지털 미디어 테크놀로지의 적극적 활용

정부가 2013년 디지털 방송 완전 전환을 목표로 하고 있는 만큼, 향후 디지털 TV의 보급이 가속화될 것으로 보인다. 아날로그 TV에 비해 디지털 TV의 경우, 장애인을 위한 시·청취 지원 시스템의 적용이 훨씬 용이하다는 점에서 디지털 기술의 발전이 장애인들의 정보격차 문제를 해소시켜줄 수 있는 효과적인 대안이 될 수 있으리라고 생각한다. 이와 관련하여 장애인 방송접근권 강화를 위한 최근의 몇 가지 기술적 진보의 사례들을 소개하고자 한다.

❶ 기술 개발 동향

시청각장애인 등을 위한 디지털 방송기술 개발 사업은 정보통신부에서 '정보통신 선도기반 기술 개발사업'의 일환으로 지원하고 주관 연구기관은 한국전자통신연구원(ETRI), 공동연구기관으로는 KBS, SBS, 한국농아인협회, 한국맹인복지연합회, 한국자막기술방송협회 등이 참여하고 있다. 2000년 1월 1일부터 2002년 6월 30일까지 총 30개월 동안 수행된 본 과제는 청각 및 시각장애인이 향후 서비스되는 디지털 방송을 편리하게 이용할 수 있도록 음성의 실시간 반자동 자막처리(청각장애인), 그리고 화속(話速) 변환기술 개발 등이다. 한편 시각장애인을 위한 화면설명 서비스(DVS)는 아날로그 방송에서 일부 실시되고 있으며 디지털 방송을 대비한 기술개발도 진행되고 있다. 최근 한국전자통신연구원은 KBS, MBC, 한국자막방송협회와 공동으로 방송 뉴스를 자동적으로 인식할 수 있는 음성인식 시스템을 개발했다고 발표했다.16) 이 시스템의 개발로 그 동안 자막방송시 뉴스 앵커의 원고와 기자의 리포트 내용을 전문 속기타자사가 일일이 수작업으로 삽입해 준비해야 하는 불편을 덜 수 있게 됐다. 음성인식시스템이 자막방송에 적용되면, 뉴스 제작과 편집과정에서 기자의 리포트 내용을 듣고 음성을 인식해 자동적으로 문자로 바꿔주기 때문에 전문 속기 타자요원은 기사 전체를 입력할 필요 없이 수정만 하면 된다. 또한 디지털 방송기술의 개발을 통해 방송 소외계층의 방송접근 및 활용도를 높이는 기술도 개발되고 있다. 아날로그에서 디지털 방송전환을 통해 도서·산간 등 상대적으로 통신망 구축이 어려운 지역의 정보통신 인프라를 대체·보완 가능하며, 디지털 방송의 대화형 프로그램의 도입 등은 장애인·고령층 등이 쉽게 정보를 이용할 수 있는 기회를 제공한다(김영덕, 2002).

❷ 수화통역 시스템

수화통역 시스템은 컴퓨터의 고급언어와 하드웨어를 이용해 청각장애인의 수화를 음성으로 합성하고, 건청인의 음성을 수화로 생성시켜 쌍방간 대화를 소통시키는 개념이다. 수화통역 시스템은 현재 부분적이기는 하지만 일본에서는 우체국에 이미 설치되어 활용되고 있으며, 미국에서도 보다 진전된 시스템을 개발하고 있다(송종길, 2003).

---

16) <디지털 타임스>, 2002. 12. 30.

국내에서도 한국과학기술원 및 벤처 업체 등에서 이 시스템을 개발 중이나 상용화를 위해서는 많은 지원이 필요한 상태이다. 건청인이 표현한 말은 음성처리를 통해 시스템에 전달하고 이 정보를 수화단어에 기초한 수화문장을 분석하여 수화단어를 애니메이션으로 나타내어 청각장애인이 인식할 수 있도록 장치 또한 개발 중에 있다. 이 장치는 다소 복잡한 동작의 인식이 가능하고, 비교적 낮은 비용의 장치 구현이 용이하며, 향후 소형 카메라와 모니터를 이용한 청각장애인을 위한 이동 수화 통역기에 적용 가능하게 될 것이라는 것이 업체측의 설명이다(정보통신부, 2002).

❸ DA 방송수신기를 통한 자막방송 접근성 제고

[표 9] DA 방송수신기 보급계획

DA 방송수신기(D-to-A converter)

- 디지털 방송을 아날로그 방송으로 전환해주는 셋톱박스
- 방송 프로그램 신호뿐만 아니라 디지털 자막방송 신호도 아날로그 자막방송으로 전환해주는 칩을 내장
- 미국에서는 2007년 시판(대당 50달러 수준)을 목표로 개발하고 있으며, 저소득층에게는 '바우처(voucher)' 제도를 통해 1가구당 2대까지 보급해 나아갈 것으로 계획하고 있음 : 최대 15억 달러의 예산을 통해서, 3,750만 바우처 보급 계획

출처 : 방송위원회(2006), 시청자지원팀 내부자료

향후 아날로그 종료 후에는 DA 방송수신기(D-to A converter)를 통해 청각장애인들의 자막방송 접근성을 근본적으로 개선시킬 수 있을 것으로 기대된다. 디지털 방송 수신기가 내장되어 있는 디지털 TV의 경우에도, 역시 동일한 효과를 낼 수 있을 것이다. 다만 경제적으로 여유가 별로 많지 않은 장애인들의 경우, 디지털 방송으로의 전환이 이루어진 이후에도 당장 상대적으로 가격이 비싼 내장형 디지털 TV를 구입하는 것이 쉽지

않을 수 있으므로, 방송위원회가 관리하는 방송발전기금을 통해 자막방송 수신기능이 포함된 DA 방송수신기를 장애인 가구에 보급한다면 조기에 시·청취 지원 시스템과 관련된 문제점들을 해결할 수 있을 것으로 본다. 특히 향후 디지털 전환과 관련된 정책 수립시, DA 방송수신기를 포함하여 디지털 방송을 볼 수 있는 수신기를 제작하는 업체에 대해 자막방송 해독기능을 갖추고 있는 칩을 의무적으로 장착케 함으로써 기업의 공익적 목적을 달성하도록 유도하는 것도 좋은 방안이 될 수 있을 것이다. 이와 관련 방송위원회는 긍정적인 의견을 가지고 있는 것으로 알려지고 있어 디지털 미디어 테크놀로지의 발전, 그중에서도 방송 기술의 진보가 장애인들의 정보격차를 해소시켜줄 수 있는 근본적인 해결책이 될 수 있을 것으로 기대된다.

지금껏 우리 방송에서 일컬어져 온 장애인 방송은 장애인을 대상으로 한 프로그램을 의미하였다. 즉, 장애인을 위한 특별 프로그램(일반인 대상 프로그램과는 구분되는)을 편성하는 것이 장애인 방송이라는 개념으로 인식돼 왔던 게 사실이다. 물론 장애인을 위한 특별편성도 그 나름대로는 의미가 있을 수 있지만 보다 적극적 의미의 장애인 방송정책은 장애인들이 실제적으로 모든 방송 프로그램에 접근하여 이용할 수 있는 통로를 보장하는 것이다.

어려운 경제 여건 속에서 방송사들이 사회적으로 소외된 사람들을 위한 프로그램 투자에 적극적으로 나서는 것은 방송사 입장에서 보면 적잖이 부담스러운 일임에 틀림없다. 누구도 봐주지 않는 프로그램을 만드는 일은 이윤창출을 중요한 목적으로 하는 방송사업자가 보기에 크게 득이 안 되는 일이기 때문이다. 적절한 광고수입도 기대할 수 없고, 그렇다고 미미한 양의 소수계층 편성으로 스테이션 이미지가 갑자기 제고될 리도 없다. 소외계층을 위한 편성이란 이처럼 방송의 입장에서는 여러 가지로 다소의 손해를 감수해야 하는 일이 된다. 민영방송인 SBS가 창사 초기 가장 주안점을 두었던 프로그램 중 하나인 <사랑의 징검다리>를 살며시 내릴 수밖에 없었던 것도 이런 이유에서 일게다. 하지만 소외계층을 위한 프로그램 편성은 단기적인 수익의 저하를 가져올 수는 있으나 장기적으로는 방송사측에 큰 이익을 가져다주게 될 것이다. 방송이 사회에 대한 책무를 다함으로써 사회가 건강해질 때 경제의 발전이 도모되고, 결국 광고시장은 더욱 확대될 수 있다는 점에 방송사들은 주목할 필요가 있다.

장애인을 위한 방송 프로그램이 발전하기 위해서는 정책적 배려도 있어야 하고, 시청자들의 인식도 바뀌어야 하지만 더불어 사는 아름다운 사회를 만들어 가는 최후의 몫은 결국 방송사의 것이 될 수밖에 없다.

참고문헌

논문

강진숙(2002), 「인터넷 네트워크의 정보격차 현황과 대응정책 연구」, 『한국언론학보』 46(4).

김정열(1997), 「장애인과 정보접근권」, 『정보사회와 장애인』 3호, 장애인권익문제연구소.

김철환(2005), 「장애인 접근권 보장을 위한 방송법 개정」, 『월간네트워커』 20호.

조주은(1997), 「장애인을 위한 보편적 서비스 제도의 발전 방안」, 『정보화 동향』 제4권 16호.

홍지해(2001), 「청각장애인을 위한 텔레비전 방송의 역할에 관한 연구 : 폐쇄자막방송의 현황 및 만족도를 중심으로」, 동국대학교 언론정보대학원 석사학위논문.

Ahfderheide(1993), "A Report of the National Leadershio Conference on Media Literacy", *MD : The Aspen Institute*, ED 365294.

Bryne, D. N., & Joyce, D. G.(1986), "Sign Language and the Severely Handicapped", *The Journal of Special Education* 20(2).

Choi, Byung-Il(2000), "Digital Divide in APEC : Myth, Realities and A Way Forward", a paper presented at 2001 APEC Study Center Consortium Conference, Tjanjin, China, May 18-20

Davis(1992), "Media Literacy : From activism to exploration. Back-ground paper for the National Leadership Conference on Media Education", *M D : The Aspen Institute*.

Katzman, N.(1974), "The impact of communication technology : Promises and prospects", *Journal of Communication* 24(4).

McLeod, D. M., & E. M. Perse(1994), "Direct and indirect effects of socioeconomic status on public affairs knowledge", *Journalism Quarterly* 71.

Tichenor, P., G. Donohue, & C. Olien(1970), "Mass media flow and differential growth in knowledge", *Public Opinion Quarterly* 34.

Viswanath, K., E. Kahn, J. R. Finnegan, J. Hertog & J. D. Potter(1993), "Motivation and the knowledge gap : Effects of a campaign to reduce diet-related cancer risk", *Communication Research* 20.

Zandpour, F., & A. R. Fellow(1992), "Knowledge gap effects : Audience and

놀이 공간 | 예술 공간 | 디지털 광장 | 디지털 기계

media factors in alcohol-related communications", *Mass Comm Review* 19(3).

단행본

김영덕(2002), 『디지털 디바이드 해소와 방송』, 한국방송진흥원 연구보고서.

박민하(2002), 『정보화 사회와 장애인 정보화』, 정보통신부 정보화기반 보고서.

방송위원회(2006), 『장애인지원종합대책 중 위원회 소관 추진계획에 관한 사항』, 방송위원회 시청자지원팀 내부자료

보건복지부(2005), 『2005년 장애인 실태조사』, 보건복지부.

송종길(2003), 『디지털시대 장애인 방송 활용론』, 한국방송영상산업진흥원.

송종길(2006), 『장애인 방송접근권 보장 연구』, 방송위원회.

안민호(1997), 『TV 폐쇄자막 방송 실시를 위한 정책방안 연구』, 방송위원회.

안영민·김위근(2005), 『사회통합을 위한 장애인 시청자주권 실현방안 연구보고서』, 한국장애인단체총연맹.

정보통신부(2000), 『정보통신분야 정책 성과』

정보통신부(2002), 『정보통신격차 해소 기본계획』

최영묵(2001), 『장애인 방송접근권 확대를 위한 법제도 개선방안』, (사)한국농아인협회 주최 장애인 방송접근권 토론회 자료.

최영묵(2002a), 『자막방송 3년, 그 현황과 발전 방향』, 자막방송 프로그램 확대방안 마련을 위한 세미나.

최영묵(2002b), 『선거방송에 대한 청각장애인의 만족도 및 욕구』, 올바른 장애인 참정권 확보를 위한 방송정책세미나 : 선거에 있어서 방송의 역할 발제집.

한국정보문화진흥원(2006), 『2006년 장애인 정보격차 실태조사』

Cooper, Mark(1996), *Universal Service : A Historical Perspective and Policies for the Twenty-First Century*. Washington : Benton Foundation.

EU(1995), *Green Paper on the liberalization of telecommunications infrastructure and cabel television networks part Ⅱ : a common approach to the provision of infrastructure for tele-communications in the European Union*, Commission of the European Communities.

Galvin, J. C.(1997), *Assistive technology : Federal Policy and Practice Since 1982*.

Loader, Brain.(1998), *Cyberspace divide : equality, agency, and policy in the information society*, London ; New York : Routledge.

Naisbitt, John(1982), *Megatrends : ten new directions transforming our lives*, New York : Warner Books.

OECD(1991), *Universal Service and Rate Restructuring in Telecommunications*,

Paris.

OECD(2001), *Understanding the Digital Divide*, Paris.

Ontario Ministry of Education(1989), *Media Literacy Resource Guide : Intermediate and Senior Divisions 1989*, Toronto.

Perelman, Michael.(1998), *Class warfare in the information age*, N.Y. : St. Martin's Press.

Severin, Werner J., & Tankand, James W., Jr.(1997), *Communication Theories : Origins, Methods and Uses in Mass Media*(4th ed.), New York : Addison Wesley Longman Inc., 김홍규 외 역(1999), 『현대 매스커뮤니케이션 개론』, 나남.

Wresch, William(1996), *Disconnected : haves and have-nots in the information age*, New Brunswick, N.J. : Rutgers University Press.

Wurman, R. S.(1989), *New York city access*, NY : Access Press.

인터넷 사이트, BBS 게시판 등

한국농아인협회, http://www.digital-divide.gov/2002-02-02.html

미국 상무부 정보격차 담당부서, http://www.kdeaf.or.kr/joungbo

http://jskim42.hihome.com/ksl/ksl.htm#수화의 발생과 기원

인하대학교 기계공학과 자동차연구회 ICC, http://www.icc.or.kr

온라인 커뮤니티의 학습 문화 읽어 보기

평생 학습 공간 읽기의 또 하나의 시도

임익수

1. 온라인 공간에서의 학습문화 바라보기

교육하면 우리는 무엇을 떠올리게 될까? 아마도 우리는 제일 먼저 학교라는 공간을 떠올리게 될 것이다. 그렇다면 학교라는 공간에 대해서 생각해 보면 무엇을 떠올리게 될까? 우리들 중 십중팔구는 교실, 칠판과 책걸상 그리고 강의하는 교사를 떠올릴 것이다.

교육은 학교에서 이루어져야 하고, 학교는 교실에서 이루어져야 하며, 교실은 학생과 강의 하는 교사로 이루어져야 한다는 생각은 지난 반세기 동안 우리를 지배해 왔던 교육에 대한 관념이었다. 뿐만 아니라 적어도 12년간 학교교육을 받아온 우리에게 있어서, 익숙하게 받아온 학교교육만을 교육이라 생각하는 것은 어쩌면 당연한 결과일 수도 있다.

그러나 최근 들어 우리가 가지고 있는 교육에 대한 생각이 점점 깨지기 시작하고 있다. 평생 인간은 학습을 해야 한다는 평생교육의 등장과 객관적인 지식의 전수가 아니라 스스로 지식을 구성해야 한다는 구성주의의 등장은, 진정한 교육은 학교에서 일어나는 것이 아니라 우리의 삶 속에서 일어나는 것이라고 이야기하고 있다. 학습에 있어서, 학교에서 배우는 學이 아니라, 일상생활에서 여러 상황과 사람들과 함께 부딪치면서 익히는 習이 더 중요하다는 것을 이야기해 주고 있는 것이다.

학교가 없던 원시 시절, 우리가 어떻게 교육을 받고 학습을 해 왔는지 생각해 보자. 학교가 없던 시절에 우리는 생활의 공간에서 체험을 통해 학습을 해 왔다고 할 수 있다. 우리를 둘러싼 환경 속에서 상호작용하면서, 직접 체험하고 느끼면서 배우고 성장해 왔을 것이다. 이러한 점에서 생각해 본다면, 최근에 나오고 있는 교육에 대한 새로운 생각들이 결코 새롭게 부각된 것도 아니며, 한 시대의 유행이 아니라는 것을 알 수 있다.

이렇게 새롭게 정의되고 있는 교육의 관점에서 우리의 삶을 바라본다면, 우리의 삶은 하나의 거대한 학습 공간이라고 할 수 있다. 학습에 있어서 학교와 학교 밖의 구분이 사라지고 모든 것이 하나가 된 거대한 학교라고 할 수 있는 것이다. 따라서 이러한 관점에서 교육을 바라보고, 학습을 생각해 본다면, 연구 공간은 학교라는 곳에서 우리의 삶으로 확장되게 된다. 그렇기 때문에 학교라는 폐쇄된 공간에서의 연구가 아니라 우리가 살아 숨 쉬는 삶이 연구 현장이며, 그 속에서 우리가 만나고 부딪치는 모든 것이 학습 활동이라고 말할 수 있다.

최근 통계에 의하면, 우리의 인터넷 사용시간은 평균 하루 4시간이 넘는다고 한다. 우리는 인터넷에서 업무를 하고, 쇼핑을 하며, 사람을 만나고 있다. 뿐만 아니라 이러한 시간이 점점 늘어나고 있다고 한다. 이런 점에서 보면 이제는 우리의 삶에서 인터넷을 떼어 놓고는 생각할 수 없을 정도가 된 것이다. 그렇기 때문에, 교육을 바라보고 학습을 연구하는

데 있어서 우리 삶의 한 공간이 되어버린 온라인이라는 공간을 들여다보는 것이 필요해진다.

새로운 가상의 온라인 공간 속에서 우리가 어떻게 사는지를 바라보는 것은 분명 새로운 시도이며 재미있는 일이 될 것이다. 우리가 가장 많이 사람을 만나는 온라인 공동체 속에서 어떻게 대화가 일어나고 있으며, 이것이 어떻게 학습으로 연결되어 학습 문화로서 꽃을 피우는지를 바라보는 것은 학습을 바라보는 새로운 시각을 제공해 줄 것이다.

이제 우리는 가벼운 마음으로 하나의 커뮤니티가 생성되고 유지·발전되는 역사적 현장에 들어가는 경험을 하게 될 것이다. 그리고 그 현장 속에서 우리는 학습이라는 것이 어떻게 일어나는가를 바라보게 될 것이다.

2. 온라인 속의 학습문화 읽기, 과연 필요할까?

온라인은 사람을 길러내는 공간의 측면을 가지고 있다. '온라인의 효과는 망치의 효과가 아니라 독일의 효과에 가깝다.'라는 포스터의 말처럼 온라인은 사용하고 끝나는 '도구'가 아니라 거주하는 이들을 특정한 문화양식으로 변모시키는 '장소'로서의 의미를 가진다. 뿐만 아니라 온라인은 문화양식을 변모시키는 학습의 장소로서도 중요한 의미를 가지고 있다. 그러나 이러한 학습 장소로서 온라인은 중요하다고 강조되고 있지만, 이러한 강조만큼 학습자 관점에 충실한 연구는 별로 진행되지 못하고 있는 것이 현실이다. 따라서 학습자의 시선에서 학습의 과정을 포착하는 현장 읽기가 필요하다.

온라인의 게시판은 과거부터 현재까지의 모든 언어적 활동을 저장해

놓기 때문에 학습에 대한 추적이 용이하다. 따라서 온라인에서는 언어활동을 쉽게 추적할 수 있으며, 사회적 상호작용의 세부적 양상을 포착할 수 있다. 즉 온라인 공간에서는 어떻게 사람들이 특정한 집단이나 상황에 적응하고 변해 가는지, 새로운 태도를 가지게 되는지, 혹은 조직이 변모해 가는지에 대한 추적이 가능하다는 것이다. 이런 점에서 온라인이라는 연구 환경은 참으로 매력적이라고 할 수 있다. 하지만, 이러한 온라인 환경에 대한 읽기는 환경에 비해서 활발하지 못하다. 따라서 이러한 매력적인 연구 환경에서 온라인 커뮤니티의 게시물을 통해 학습 현상을 읽어 보는 것이 필요하다.

이 글은 온라인을 두 가지 목적을 가지고 바라보려고 한다. 첫 번째로 평생 학습의 관점에서 인터넷 학습 커뮤니티가 어떻게 생성되고 유지되고 발전하는가를 보는 것이다. 이를 통해서 기존의 온라인 커뮤니티를 바라본 현상읽기들과 비교하여 어떠한 점이 같고, 어떠한 점이 다른지를 살펴볼 것이다.

두 번째는 이러한 단계에서 어떠한 커뮤니케이션이 일어나는가를 살펴보는 것이다. 이러한 커뮤니케이션 양상을 관찰하여 커뮤니티의 생성과 유지, 발전에 있어서 어떠한 활동이 일어나는지를 고찰하고 이를 이론화해 보고자 한다.

3. 현상읽기, 그 이전의 발자취

학습에 있어서 온라인 공간에 대한 현상읽기는 크게 두 가지로 나누어 볼 수 있다. 하나는 온라인 커뮤니티의 담론들에 대해서 정량적으로 읽어본 것이고, 두 번째는 온라인 커뮤니티에 대해서 현상읽기에 대한 시도이다.

먼저 온라인 커뮤니티의 담론에 대한 양적인 읽기 시도를 본다면, 가장 대표적인 연구는 온라인 커뮤니티의 학습 활성화 요인에 대한 읽기 시도들이다. 이러한 현상읽기는 어떠한 가설을 세워 놓고 그것을 온라인 커뮤니티에서 제공함으로써, 얼마나 활동량이 늘어났는가를 보는 방식으로 진행된다. 또 다른 방법은 양이 많은 커뮤니티를 연구하여, 어떠한 요인이 양적 성장을 가져 왔는가를 관찰하는 것이다.

그러나 이러한 현상읽기는 너무 정량적으로 이루어졌다. 단순히 리플과 게시판의 활동 글 수를 가지고 활동의 양을 측정하는 방식은 객관성을 확보한다는 측면은 좋았으나, 온라인 커뮤니티의 속성을 관찰하기에는 부족하다. 이러한 접근방법은 글의 질보다는 단순히 양적인 분석을 함으로써, 온라인에 떠다니는 수많은 담론들을 걸러내지 못했다고 볼 수 있다.

두 번째로 현상 읽기에 대해서 살펴보자. 이 시도는 평생교육자에 의해서 온라인 커뮤니티를 성인 학습의 장으로서 해석하려는 노력이다. 정민승 교수는 '온라인 학습 공동체의 구성 원리'라는 글을 통해서 성인 학습의 장으로서 온라인 커뮤니티에 대해서 이야기하였다. 여기서 필자는 온라인의 여성 동호회를 연구 대상으로 삼았다. 온라인 커뮤니티는 자발적 선택 및 자기 결정을 통해 생성되고, 공환적 관계 형성을 통해서 집단이 유지되며, 역설적 과정을 통해서 집단이 발전을 한다고 이야기하였다. 이러한 과정을 통해서 온라인 학습 공동체에 대해 정의를 내리고 있다고 볼 수 있다.

그러나 이러한 시도는 2001년에 수행되었으며, 인터넷 기반이 아닌 PC통신 기반의 동호회를 중심으로 연구되었다는 점에서 현재에 적용하기에는 어려운 측면들이 많다.

온라인에서의 1년은 기존 산업 사회에서의 10년과 맞먹을 정도로 변화가 심하다. 따라서 6년이나 지난 지금 시점에서 이 연구의 의미는 그리 크지 않다고 할 수 있다. 두 번째로 연구 대상이었던 PC통신의 경우, 완전한 익명성을 보장해 주지 못했다는 점에서, 지금의 인터넷 커뮤니티와 상당히 다른 특성을 가지고 있다고 말할 수 있다.

이러한 점을 고려할 때 후속 연구로 온라인 커뮤니티에 대한 새로운 현장 읽기에 대한 시도가 필요하다고 생각한다.

4. 앞선 연구들과 관계 맺음

이 글은 앞선 현상읽기 시도들을 바탕으로, 당위성 측면에서는 평생교육의 관점을, 연구의 대상의 측면에서는 갤스톤(Galston)의 커뮤니티 모형을, 연구 현상의 관찰에 있어서는 레이브(Lave)의 실행공동체 모형과 관계 맺음을 시도하였다.

(1) 평생교육적 관점과 온라인 커뮤니티

현상읽기 시도로서, 온라인 커뮤니티가 학습의 장으로서 의미를 갖는 가는 연구의 당위성을 가지는 데 가장 핵심적인 질문이 아닐 수 없다. 이러한 질문에 대한 답은 평생교육이 제공한다고 할 수 있다.

> 교육은 조직화된 학습 지원 과정이다. 최종적인 수준에서 교육은 언제나 학습자의 성장을 지향하며 이런 점에서 교육은 삶 전반에 걸쳐 이루어지는 일상적이고 무형식적 변화의 과정인 학습에 대한 조직적이고 체계적인 개입과정이다(한숭희, 2001 : 128).

지금까지 학교교육은 이러한 개입이 가장 체계화된 방식으로 진행 되는 곳이다. 학교교육은 높은 학습 효율성을 지향하면서 국가적이고 집단적으로 전 국민의 학습에 개입하고 있다.

> 학교는 강력한 학습지원적 잠재력을 가진 공간임에도 불구하고, 국가주의적－교육주의적 실천으로 인하여 교육의 주체인 학습자를 체계적으로 교육개념에서 배제해 왔다(김신일, 1999).

따라서 삶 전방에 걸쳐 이루어지는 무형식적인 변화의 과정이라는 관점에서 학습을 볼 때, 학교라는 공간을 벗어난 새로운 교육이 요구되는 것이다. 그리고 그것이 바로 평생교육이라고 할 수 있다.

평생교육 현장이 가지는 특수성은 교육의 과정이 학교교육에 비해 학습자 주도로 진행되며, 학습자들은 관심이나 삶의 맥락이 유사하다는 특성을 가진다. 학교교육과 달리 평생교육에서 학습자는 학습의 내용을 스스로 결정하며 자신의 삶과의 연관성을 중시한다. 평생교육 연구에서 '학습자 주도성'이나 '맥락성' '집단성'이 강조되는 것은 평생교육 현장이 가지는 이러한 특수성에서 비롯된다고 할 수 있다.

따라서 현상을 평생 학습의 시각에서 해석하고자 할 때, 그 대상은 우리가 접하는 모든 장으로 확장된다. 그렇기 때문에 온라인 커뮤니티는 평생 학습의 관점에서 교육의 장으로서 의미를 가지며 이러한 해석이 필요하다고 할 수 있는 것이다.

(2) 갤스톤의 공동체 모형과 온라인 커뮤니티

이 글이 의미를 가지기 위해서는 온라인 커뮤니티를 우리 삶을 이루고 있는 공동체로 볼 수 있는가에 대해 답을 제시해야 한다.

이러한 질문에서 볼 때 가상 공동체는 이상적인 공동체의 한 모델이라는 갤스톤의 주장은 중요한 의미를 가진다. 갤스톤에 의하면 미래 지향적인 이상적 공동체의 구성요소는 입회 및 탈퇴의 낮은 장벽 그리고 계급적 권위나 강제보다는 상호작용으로 형성된 인간관계 등을 꼽고 있다. 입·탈퇴가 어렵거나 계급적 권위를 앞세우는 과거의 공동체는 다원적인 사회에는 적절한 모델이 아니라고 한다.

그런데 갤스톤에 의하면 인터넷상의 가상 공동체는 입·탈퇴가 자유롭고 상호작용으로 형성된 인간관계가 중심이 되는, 강제성이 배제된 자발적인 모임이라는 점에서 이상적인 공동체의 한 모델이 된다. 갤스톤은 가상공동체를 모델로 하는 이상적 공동체를 자발적 공동체라고 명명하고, 이 자발적 공동체의 자율과 사회적 결속을 묶는 새로운 삶의 방식을 주장하고 있다. 인터넷의 가상 공동체는 미래의 새로운 공동체이자 새로운 삶의 방식이라는 것이다.

(3) 온라인과 실행 공동체

세 번째로 학습의 장으로서 또 삶의 공동체 측면에서 볼 때, 온라인 공동체는 구체적으로 어떠한 학습 양상을 띠는가, 그리고 어떻게 발전해 나가는가를 가늠할 수 있는 기준이 필요하다. 이러한 점에서 실천 공동체 개념은 온라인 커뮤니티의 발전 양상을 구분할 수 있는 기준을 제공한다.

Lave와 Wenger(1991)에 소개된 실행 공동체 개념은 Xerox 회사에 대한 문화 인류학적 연구를 통해 구체화되었고 이후 Brown과 Duguid에 의해 일반화되었다.

실행 공동체는 주제 영역(Domain), 공동체(Community), 실행(Practice)을 기본 구조로 하고 있다. 실행 공동체가 활동하고자 하는 활동 주제영역, 공동체 형성, 실행의 창출 및 공유 등의 세 가지 요소가 모두 갖춰져야 비로소 실행 공동체라고 볼 수 있다는 것이다(Wenger, 1998).

먼저 합치된 목적이라는 것은 구성원들이 공유하고자 하는 실행이나 지식영역이 무엇인가 하는 점이고, 상호적인 참여란 공동체 구성원들을 하나로 묶기 위해 어떠한 활동을 해야 하는가 등과 관련된 것이다. 그리고 공유된 레퍼토리란 공동체 내에서 암묵적으로 공유되는 스타일, 창작물, 이야기, 도구, 언어, 행동, 기술, 규칙 등을 말한다. 실행 공동체는 이러한 세 가지 구성요소를 토대로 그들만의 역사를 만들며 발전해 간다고 할 수 있다.

온라인 동호회나 커뮤니티의 경우 이와 같은 주제영역을 가지고 공동체 활동을 하며, 정모를 통해 실천한다는 측면에서 실천 공동체로서 의의를 가진다.

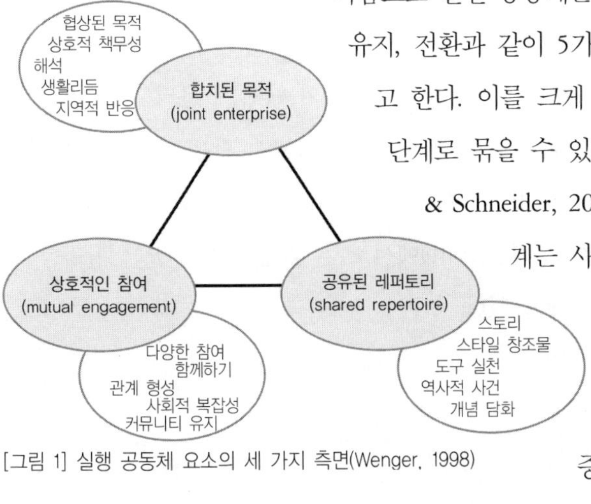

다음으로 실천 공동체는 잠재, 병합, 성숙, 유지, 전환과 같이 5가지 단계를 가진다고 한다. 이를 크게 형성 / 성숙 / 유지 단계로 묶을 수 있다(Bettoni Endress & Schneider, 2002). 먼저 잠재 단계는 사람을 찾아 구성원으로 영입하고 어떻게 하면 구성원간의 결속력을 증진시키고 지식을

[그림 1] 실행 공동체 요소의 세 가지 측면(Wenger, 1998)

공유하도록 할 수 있는지를 모색하는 단계이다. 병합 단계는 공동체의 요구를 만족시키기 위한 활동들을 개발함으로써 실행공동체가 점차 기본체제를 갖추어 가는 단계이다. 잠재 단계와 병합 단계를 묶어서 형성 단계라 한다. 형성 단계에서는 구성원간 인간적 신뢰를 기반으로 공동의 가치

기반과 활동방식을 정립하고 이에 대해 새로운 기회를 창안하는 활동이 이루어진다.

세 번째는 성숙 단계이다. 이 단계에서는 구성원들이 실행공동체 활동을 함께 하면서 공동체가 나아가야 할 방향, 규범, 참여에 대한 계획을 수립하기 시작한다. 네 번째는 유지 단계이다. 이 단계는 공동체가 안정된 수준에 다다른 단계이다. 구성원들이 열정을 가지고 꾸준한 활동을 해 왔을지라도 유지 단계에 이르면 방관적인 입장을 취할 수 있다. 이때 공동체의 결속력을 유지시키고 조직에 대한 신뢰 속에서 자연스럽게 변화를 재인식하는 단계이다. 성숙과 유지 단계를 묶어 통합 단계라 하는데, 통합 단계에서는 현재 이슈가 되고 있는 주요 논제에 집중하고 새로운 구성원을 모집하며 스스로 도구, 방법, 접근을 개발하고 새로운 아이디어를 발굴한다.

마지막은 전환 단계이다. 공동체가 더 이상 유용하거나 의미를 잃게 되어 사람들이 떠나게 된다. 이러한 공동체의 단계는, 온라인 커뮤니티의 성숙도를 보는 데 있어서 하나의 중요한 지표로서 활용 가능하기 때문에 의미를 가진다고 볼 수 있다. 실제 커뮤니티의 구성 원리를 성인 교육적인 관점에서 해석한 정민승(2001)에서도 실행 공동체의 발전 원리를 차용하여 관계를 설명하고 있다.

5. 어떻게 읽을 것인가?

우리의 현상읽기는 문화 기술적인 연구방법을 통해서 이루어진다. 문화 기술적 연구방법이란, 질적 연구의 한 방법으로서 연구 대상을 수량화하는 것이 아니라, 있는 그대로 바라보고 이를 기술해 봄으로써 그 현상을 이해하고 총체적으로 분석하는 방법을 말한다. 이 방법 역시 질적 연구방법이기 때문에, 구체적인 연구가설이 있는 것이 아니라 연구하는 과정에서 가설이 형성되고, 그 형성된 가설이 검증되고, 다시 새로운 가설이 만들어지는 반복적 특성을 가지고 있다. 우리 연구는 이러한 문화기술적 연구 방법에서 특히 커뮤니케이션을 중심으로 현상읽기를 살펴보기로 한다.

(1) 커뮤니케이션 분석 모형

커뮤니케이션을 분석하기 위한 모형으로서는 Henri(1992)가 제시한 토론 내용 분석 모형을 대표적으로 들 수 있다. 이 모형에서는 메시지 내용을 참여도, 사회적 상호작용적 인지, 그리고 메타인지의 측면으로 구분하여 커뮤니케이션의 양적 질적 측면을 측정할 수 있는 기준을 제시하였다. 분석 내용을 통해 학습 과정에 대한 이해와 효과적인 커뮤니케이션을 증진시킬 수 있는 정보를 제공해 줄 수 있는 것이다.

Henri(1992)는 컴퓨터 회의에서 교환된 메시지 내용을 분석해 내는 도구를 고안하였는데, 이 도구는 학습 과정에 등장하는 메시지를 손쉽게 분석해 내고 그 메시지의 수준을 파악할 수 있게 한다. 이 모델은 교환되는 메시지를 참여적 차원, 사회적 차원, 상호작용적 차원, 인지적 차원, 메타 인지적 차원 등 5가지 차원으로 다시 세분된다.

이 글에서 이 분석 도구를 사용한 이유는 첫째, 이것이 메시지 내용 분석에 대한 준거가 거의 없는 상태에서 온라인 속의 담론 분석에 적합한 이론적 모형이라는 점과, 둘째 학습자가 무엇을 학습했는가보다는 어떻게 학습하고 있는가를 중심으로 분석할 수 있기 때문이다. [표 1]은 메시지 분석 도구에 대해 각 요소들을 정리해 놓은 것이다.

[표 1] 메시지 내용 분석 도구(Henri 1992)

분석 차원 (Dimension)	정의(Definition)	지표(indicators)
참여적	개인 혹은 집단이 올린 메시지나 진술문 숫자의 총합	메시지의 수 진술문의 회수
사회적 (Social)	주제의 공식적인 내용과 관련되지 않는 진술문	언어적인지원(칭찬, 격려 등) 특정내용 없이 그냥 게시
상호작용적 (Interactive)	타인과 메시지를 주고받은 사슬	타인의 의견에 대한 직·간접적인 응답 및 논평
인지적 (cognitive)	학습 과정에 관련된 기술이나 지식을 표현한 진술문	질문, 추론, 가설, 판단, 지식의 습득, 용어의 정의,
메타인지적 (metacognitive)	일반적 지식과 기술 그리고 지각의 표현, 자기통제 그리고 학습 활동의 자기 규제와 관련된 진술문	토론의 방향 점검, 토론에서 전개된 내용의 정리, 토론의 일정들을 계획, 타인의 신술에 대한 사실여부 확인, 자신의 활동에 대한 자기 규제,

이러한 분석에 덧붙여서, 인지적 영역의 경우 지표를 기준으로 재분석을 실시하였다. 이렇게 하는 이유는, Henri의 분석이 인지적 요인을 너무 포괄적으로 다룸으로써 학습자의 학습 과정을 이해하는 데 구체적인 지침을 제공하지 못하고 있다(최정임, 1999)는 지적이 있었기 때문이다.

(2) 분석 방법

본 연구에서는 커뮤니케이션의 양과 질을 분석하기 위하여 온라인 커뮤니티 활동을 하면서 발생한 커뮤니케이션 데이터를 Nvivio 2를 통해 분석하였다. Nvivo 2는 질적 연구 자료의 분석에서 연구과정을 객관화시킴으로써 연구의 신뢰도나 타당도를 높이는 데 도움을 주는 소프트웨어이다. 이 소프트웨어는 한국어를 지원하고 분석내용을 화면의 여백에 보여주며, 이것을 통해 문서의 검색, 메모, 도표화 작업 등이 가능하다. 뿐만 아니라 분석된 자료들을 검색하거나 양적 연구와의 통합을 지원한다는 장점을 가지고 있어 커뮤니케이션 내용을 분석 모형에 따라 분석하고 질적 분석 자료를 수량화하여 양적으로 분석하고자 하는 본 연구에 적합한 도구라고 할 수 있다.

❶ 질적 분석 소프트웨어와 Nvivo 2

양적 연구에서 SPSS와 같은 통계 프로그램이 연구 수행에 도움을 주는 것은 일반적인 일이지만, 질적 연구에서 연구를 돕는 소프트웨어를 사용하는 경우는 상대적으로 매우 적은 것으로 보인다. 질적 연구의 자료수집과 분석, 결과 해석에 있어서 엄청난 시간과 노력이 필요한데도 불구하고 연구자는 당연한 것으로 받아들이는 것이다. 방대한 자료를 효율적으로 관리하고 연구할 수 있도록 돕는 소프트웨어를 적용한다면, 연구자들의 질적 연구의 많은 부분을 도와줄 수 있을 것이다(박종원, 2005).

그러나 Nvivo 2를 포함한 질적 분석 프로그램은 기존의 양적연구에서 사용되었던 SPSS와 같은 통계 프로그램과 다르다고 할 수 있다. 질적 분석 프로그램은 연구자가 데이터를 넣으면 바로 처리하여 결과를 보여주는 프로그램이 아니라, 데이터 수집 과정을 도와주는 관리 도구로 볼 수 있다. 데이터 수집과 관리, 결과 분석 과정을 보다 효율적으로 도와줄 뿐, 데이터를 어떻게 범주화할 것인지, 데이터를 어떤 범주로 포함시킬지 등 세부적인 작업은 여전히 연구자의 몫으로 남게 된다.

Nvivo 2는 가장 널리 이용되고 있는 질적 분석 프로그램으로서, 분석 작업이 매우 쉬운 인터페이스를 제공하고 자료 검색이 용이하며, 분석 결과를 텍스트 파일 또는 SPSS로 보내기 쉽다는 측면에서 본 연구를 위해 선택되었다.

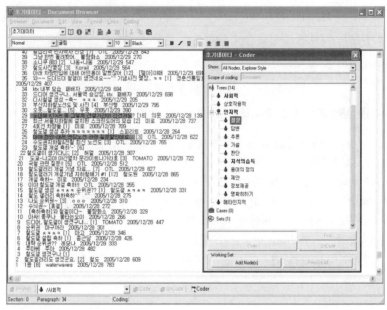

[그림 2] Nvivo를 활용한 분석 화면

❷ 메시지 내용 분석 모형

메시지 분석을 할 때에 있어서, 메시지 분석 단위는 진술문이나, 메시지 전체, 혹은 문단에 구애받지 않고 같은 의미를 가지고 있는 것 전체를 1개의 의미 단위로 환산하여 분석하였다. 그 이유는 컴퓨터 매개 통신에서 교환되는 메시지의 특성 때문이다. 즉, 그 메시지의 양의 차가 매우 다양하고 하나의 메시지에 여러 가지 내용이 담기기도 하기 때문에 메시지 번호를 기준으로 분석을 하는 것이 아니라, 메시지에 포함된 의미를 기준으로 분석을 해야 한다는(Henri, 1992) 지적에 따른 것이다.

6. 누구를 읽을 것인가 : 디지털 읽어보기

온라인 커뮤니티를 분석하면서, 먼저 인터넷 포털은 제외했다. 그 이유는 인터넷 포털이 상업적 색체가 강하고, 로그인을 통해 접속해야 하는 등, 갤스톤이 지적하고 있는 자유로운 커뮤니티의 조건을 충족시키지 못하기 때문이다.

로그인이 없으면서도 자유롭고 활발한 활동을 하고 있는 국내 커뮤니티는 크게 두 가지가 있다. 하나는 웃긴대학(http://www.humouruniv.com)이며, 다른 하나는 디씨인사이드(http://www.dcinside.com)이다. 두 커뮤니티는 가장 활발한 의사 공간이며 온라인의 문화를 선도하는 메카로 불리는 곳으로 네티즌들은 손꼽고 있다.

그중에서 디씨인사이드(이하 디씨)를 선택하게 되었다. 그 이유는 디씨의 경우 초창기 디지털 카메라 구입을 위한 정보 교환 목적으로 설립되었으나, 활동이 늘어나면서 다양한 분야로 확대되는 경향을 보여 주고 있기 때문이다. 따라서 학습이라는 관점에서 유머 대학보다는 디씨가 더 적합한 대상으로 생각되었기 때문이다.

두 번째로 디씨는 그 규모가 크고, 디씨 안에는 작은 커뮤니티가 다수 존재하기 때문이다. 그 가운데 우리는 디씨의 갤러리를 선택하게 되었는데 디씨 갤러리의 경우 디지털 카메라를 통해서 주제에 따라 관심 분야의 사진을 찍고 이에 대한 정보를 교류하는 갤러리 커뮤니티의 활동이 활발하게 이루어지고 있기 때문이다. 이러한 점은, 이론적 배경에서 실천과 학습이 동시에 일어나는 학습 공동체라고 볼 수 있기 때문에 연구에 적합한 대상으로 생각되었다.

마지막으로 분석을 수월하게 하기 위해, 수없이 많은 정보 교류가 일어나고 있는 철도갤러리를 중심으로 연구를 진행하였다. 철도갤러리를 선택한 이유는 그것이 가장 최근에 생긴 갤러리이며, 활발한 의사소통과 정보 교류가 일어나고 있는 곳이기 때문이다.

7. 온라인, 그 현상 속으로

(1) 커뮤니티의 탄생 원리 : 자발적 참여와 선택

디씨에서 갤러리를 새로 만들려면, 갤러리 신청 게시판[1]을 이용해야만 한다. 신청을 한다고 해서 모두 만들어지는 것이 아니라, 일정 이상의 참여와 호응을 얻을 경우에 갤러리가 개설된다. 실제 이곳에 들어가 보면 하루에도 수백 건의 갤러리 신청 글이 올라오고 있는 것을 볼 수 있다. 실제 디씨에서는 공식적으로 갤러리 생성에 대해 다음과 같은 정책을 공지하고 있다.

> 유저 갤러리에 추가하고 싶은 신규 갤러리가 있으신 분은 이 곳 갤러리 신청 게시판에 글을 남겨주시면 됩니다. 처음 신청 게시물 올리신 분을 포함하여 일정 수 이상의 동의하시는 분이 계시면 신규 ○○갤러리를 신설하도록 하겠습니다.

이러한 정책 공지에서 알 수 있듯이, 온라인 커뮤니티에 갤러리를 생성하기 위해서는 수많은 사람들의 참여를 이끌어 내는 것이 중요하다. 정민승(2001)은 갤러리나 커뮤니티를 개설하기 위해서는 많은 사람들의 참여가 필요하다는 점을 지적하고 있다. 그리고 많이 참여하게 만드는 요인으로 자발적 선택 및 자기 결정을 중요 요인으로 제시했다. 집단의

---

1) http://gall.dcinside.com/list.php?id=request

탄생시부터 스스로 주제를 선택하여 활발하게 참여해야 한다는 것이다. 따라서 이러한 관점에서 철도갤러리의 생성 역시, 철도라는 주제에 대한 자발적인 선택과 자발적 참여를 통해서 이루어졌다고 본다.

철도갤러리의 탄생을 보기 위해서는, 이러한 신청 게시판부터 찾아 봐야 할 것이다. 철도갤러리의 신청에 대한 의견은, 2005년 6월 25일 '응삼이' 님의 글까지 거슬러 올라간다. 그러나 이러한 시도는 거의 호응을 이끌어 내지 못하였다. 그러다가 2005년 11월부터 철도갤러리에 대한 신청은 조직적이고도 급속도로 늘어나게 된다. 특히 2005년 12월부터 37건의 신청글이 올라오기 시작했다. 글은 ROY, 경원선전곡역 PinoForte, Railroad 등이 주도적으로 올리기 시작했으며, 이러한 신청의 열기로 인해 2005년 12월 28일 개설을 하게 된 것이다.

이러한 활동에서 알 수 있는 것은, 선행 글에서 지적했듯이 커뮤니티의 탄생은 선택과 자기 결정을 통해서 생성된다는 것이다. 여기에 덧 붙여 이러한 선택과 자기 결정에 있어서 의견 주도 세력이 조직화되면서 갤러리 개설을 이끌었다는 점을 말하고 싶다. 위에서 언급한 5명의 참여가 없었다면, 의견이 하나로 결집되기 어려웠을 것이다. 이러한 소수의 적극적 참여에 의해서 소극적인 다수의 참여를 이끌어 냈음을 볼 수 있었다. 따라서 자발적 참여와 선택에 있어서 이것을 활동으로 이끌어주는 소수의 참여자의 활동이 커뮤니티 형성에 핵심적 요인이라고 본다.

(2) 커뮤니티의 성숙 원리 : 관계 맺음-고정닉의 발행

❶ 공환적 관계형성을 통한 관계 맺음

정민승(2000, 2001)에서는 온라인 커뮤니티의 유지 원리가 공환적(公歡的) 관계 형성에 있다고 보았다. 공환적 관계 형성이라는 것은, 취향이나 관점의 유사성에 근거한 인간적 관심과 소통의 기쁨을 느끼게 됨으로써 커뮤니티의 활동에 좀 더 활발하게 참여할 수 있다는 것을 의미한다. 이러한 유지의 단계에서는 학습자들의 관계 맺음 중심으로 커뮤니티가 운영된다고 볼 수 있다. 여기서 관계 맺음이라는 것은 자신이 존재한다는 사실을 알리고 싶어서 취하는 행동이라 할 수 있으며, 글을 통해 기존 회원과 관계 맺기를 위해서 활동한다고 볼 수도 있다. 실행 공동체의 관점에서 보면 통합 단계라고 할 수 있다. 이 단계에서 구성원들은 실행 공동체 활동을 함께 하면서 실행 공동체가 나아가야 할 방향, 규범, 참여에 대한 계획을 수립하게 된다.

❷ 관계 맺음의 표현 : 고정닉의 발행

철도갤러리가 생성된 지 약 5개월이 지난 2006년 4월부터 커뮤니티의 활동이 매우 활발해지기 시작한다. 양적인 측면에서 볼 때(2000개의 게시물을 기준) 이러한 양을 가지기 위해서 기존에 5개월 걸리던 시간이 이 시기부터는 2달 간격으로 줄었다는 점에서도 알 수 있다. 두 번째로, 게시물의 질적인 측면에서 볼 때에도, 이 시기에 2000개의 게시물을 대상으로 삭제된 게시물 수를 비교해 보면, 삭제된 게시물 수의 차이가 392개로 이전 시기에 평균 삭제수인 482개보다도 적다는 것을 알 수 있다. 즉, 운영자에 의해서 삭제된 글이 적다는 것은, 이 시기에 비교적 양질의 커뮤니케이션이 일어나고 있음을 말해주고 있는 것이다. 그렇기 때문에 본격적인 커뮤니티 활동은 2006년 4월부터라고 말할 수 있다.

성숙 단계부터 철도갤러리에는 뻘글과 낚시글이 돌아다니기 시작했다. 뻘글은 갤러리에 아무런 도움이 안 되는 글을 의미하며, 낚시글은 선정적인 제목으로 사용자가 클릭하게 만드는 글을 의미한다. 2006년 6년 18일~2006년 9년 16일을 기준으로 게시물 2000개에 대해 삭제된 게시물이

570개라는 점을 고려하면, 성숙 단계에 커뮤니티에서 낚시 행위와 뻘글 행위가 늘어났다는 것을 알 수 있다.[2] 특히 악플러의 계절이라는 여름방학 기간에 이러한 행위는 상당히 늘어났다. 익명성의 공간에서 유일하게 자신을 증명하는 닉네임을 사칭한 행위까지 발생하였다. 대표적인 닉네임 악용 사례는 '철도 병원'의 사칭이었다. '철도 병원'은 초기부터 활동하는 멤버로서, 철도관련 계통에 근무하면서 많은 정보를 제공해 주는 사용자 중 한 사람이었다. 이러한 멤버의 닉네임을 사칭하여서, 글을 올리는 행위가 발생하게 되었다. 사칭한 글을 보면, 이상한 음악과 함께 말도 되지 않는 글이 뜨게 된다. 따라서 사용자들은 닉네임 사칭과, 낚시 뻘글 행위에 대처하기 위해서 고정닉 리스트를 만드는 것을 고려하게 된다.

고정닉이라는 것은 고정닉네임의 줄임말로서, 온라인에서 어느 정도 활동을 하게 되고 자리를 잡게 되면, 자신이 사용하는 닉네임을 다른 사람에게 사용하지 못하도록 일종의 묵시적인 권리를 주는 것을 의미한다. 즉 사용자에 대해서 자신의 닉네임을 사용하고 인정받을 수 있는 권리를 주는 것이다. 특히 디씨처럼 열려 있는 커뮤니티의 경우 이렇게 인정을 받는 행위는, 구성원들과 관계 맺을 수 있는 기회를 제공한다는 것은 물론이고 자신의 존재까지 인정받을 수 있는 유일한 통로라고 할 수 있다.

철갤의 고정닉에 대한 활동은 2006년 8월 19일 '아이리어펠' 님이 건의해서 시작되었으며, 바로 다음날 '여해' 님에 의해서 만들어지게 된다. 이후 철도갤러리만의 독자적인 스타일을 가진 리스트를 만들자는 의견이 모아졌고, 2006년 8월 23일 철도갤러리의 독자적 스타일을 가진 고정닉

---

2) 보통 운영자가 삭제 하는 글은, 선정적인 내용이나 게시판의 규칙을 지키지 않는 글이다. 이 시기에 삭제된 게시물이 많다는 것은, 이러한 글이 비교적 많이 올라 왔다는 것을 말한다. 그러나 이러한 삭제 규칙을 교묘하게 피해서 글을 올리는 행위도 있고, 이러한 글은 잘 걸러지지 않는다. 이 시기의 글들을 분석해 보면, 교묘하게 피해서 올린 글들도 비교적 많음을 알 수 있다.

리스트가 만들어지게 된다. [그림 3], [그림 4], [그림 5]는 철도갤러리 내에서 고정닉이 어떻게 발전해 왔는지를 보여주는 그림이다.

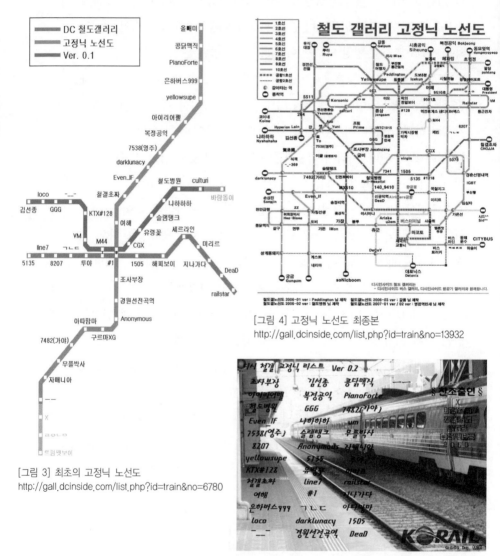

[그림 3] 최초의 고정닉 노선도
http://gall.dcinside.com/list.php?id=train&no=6780

[그림 4] 고정닉 노선도 최종본
http://gall.dcinside.com/list.php?id=train&no=13932

[그림 5] 초기 고정닉 리스트
http://gall.dcinside.com/list.php?id=train&no=6625

(3) 커뮤니티의 유지 원리 : 역설적 실행-정모

정민승(2000, 2001)은 온라인 커뮤니티의 발전이 온라인과 오프라인의 활동을 통해서 이루어진다고 하였다. 여기서 역설의 과정이란 온라인에서의 지식 획득이 오프라인의 실행을 통해 이루어진다는 것을 의미한다. 온라인 커뮤니티에서 이러한 활동의 대표적인 사례는 정모(정기모임의 약자)를 들 수 있다. 동호회 및 커뮤니티의 정모는 친목도모의 목적과 함께 온라인상에서 논의되는 내용을 오프라인에서 실천하는 자리이다. 예를 들어 디씨 내의 갤러리들은 대부분 정모를 통해 사진을 같이 찍는 출사(出寫 : 인터넷 동호회 회원들이 함께 사진을 찍으러 나감) 활동을 하고 있다. 철도갤러리 역시 정모 겸 출사를 하게 되었다.

처음 정모 출사는 2006년 9월 15일[3]에 실시되었고, 두 번째 정모는 2006년 11월 15일[4]에 송년회 형식으로 진행되었다. 이 시기의 커뮤니티 활동을 보면 글 2000개가 채워지는 시간이 2006년 9월 16일부터 11월 27일로서, 다른 시기에 비해서 비교적 커뮤니티 활동이 많아지고 있다. 두 번째로, 질적인 측면에서 볼 때에도 이 시기에 2000개의 게시물 중 삭제된 게시물 수를 비교해 보면, 그 차이가 372개로 평균 삭제수인 482개보다도 적다는 것을 알 수 있다. 뿐만 아니라 정모를 논의하면서, 커뮤니티에 대한 방향을 잡고 이탈하는 사람들을 다시 커뮤니티로 돌아오게 했다는 점에서, 통합 단계 중 유지 단계의 특징을 보인다고 하겠다.

(4) 발전과 유지의 또 다른 변형 : UCC

지금까지 연구들은 커뮤니티의 유지와 발전에 있어서 관계 맺음과 고

---

3) http://gall.dcinside.com/list.php?id=train&no=7170
4) http://gall.dcinside.com/list.php?id=train&no=9936

정닉 행위를 언급했으며 모순적 결합에 있어서는 정모에 대해서 언급했
다. 그렇다면 이러한 활동 외에 커뮤니티의 발전과 유지의 원리가 더 있
지는 않을까? 이후에 일어나는 커뮤니티의 활동을 살펴보면 유의미한 활
동을 하나 찾을 수 있는데 그것이 바로 UCC이다. 커뮤니티의 활동이 잠
잠해졌다가, 창작활동으로 다시 커뮤니티가 활발해지고 있음을 발견할 수
있었다. 철도갤러리 내에서 보면, '안내방송'과 '역명판 만들기'라는 활동
을 통해 커뮤니티가 활성화되고 있음을 발견하였다. 2006년 12월 31일
'허회장비서' 님5)의 역명판 활동을 시작으로 2006년 2월에 역명판 제작
활동은 가장 활발하게 이루어지게 된다. 안내방송 역시 2006년 12월 29
일 'Hyperion'6) 님의 글을 시작으로 활동이 활발해지기 시작했다. 이러한
활동들이 지나친 나머지, '철갤 정화 활동'이라는 이름으로 자주 활용되
는 것들을 묶어서 공지7)에 올려놓기도 한다.

따라서 현재 유행하는 UCC라는 것은 온라인 커뮤니티가 성숙했을 때,
나타날 수 있는 결과물로서 해석할 수도 있다. 뿐만 아니라 기존의 온라
인 커뮤니티에서의 활동이 UCC를 통해 가시적인 결과물로 나타난다는
점에서도 의의가 있다고 할 수 있을 것이다. 평생 학습의 관점에서 볼
때, 학습자의 학습 결과가 가시
적으로 나타난다는 점에서도 한
번쯤 깊게 탐구해야 할 대상이
라고 생각된다.

[그림 6] 네티즌이 만든 역명판
http://gall.dcinside.com/list.php?id=train&no=13821

---

5) http://gall.dcinside.com/list.php?id=train&no=11204
6) http://gall.dcinside.com/list.php?id=train&no=11116
7) http://gall.dcinside.com/list.php?id=train&no=18615

8. 온라인 그리고 커뮤니케이션 읽기

(1) 초창기 커뮤니케이션

그렇다면 갤러리가 처음 생겼을 때 어떠한 활동이 일어났을까? 갤러리가 생성된 날에 올라온 게시물에 대한 커뮤니케이션을 분석해 보면 다음과 같은 결과를 얻을 수 있다.

[표 2] 초기 철도갤러리 게시물 커뮤니케이션 내용(2005. 12. 28)

총 메시지의 수	사회적	상호작용적	인지적	메타인지적
29	20	0	9	0

여기서 우리가 주목할 점은 사회적 메시지의 비중이 매우 높다는 것이다. 이 시기의 글의 내용을 보면 다음과 같다.

> 철도갤 생성 추카 ㅋㅋㅋㅋㅋㅋㅋ ,철도갤이 생기다니 ; ; ,개설 축하~ ,이야 철도갤 개설 축하!! 철도갤 생성 ㅊㅋㅊㅋ 순위권??, 나도 순위권~ , 수늬권~ , 축하축하]와 철겔이다~ ,아싸! 좋쿠나 , 드디어, 철도갤이 생겼구나... , 순위권 마구까라 , 철도갤 ㅊㅋㅊㅋ, 대략 순위권?? , 철도갤 생겼구나 , 철도갤러리도 생겼군요 ,   1등

이러한 글에서 알 수 있는 점은 사회적 메시지 대부분이 철도갤러리가 생긴 것에 대한 축하글로 이루어졌다는 것이다. 그 외 부가적으로 순위놀이에 대한 글도 나타났다.

두 번째로 인지적인 부분에 있어서, 활동의 세부 내용을 보면, 단순 자료 제시가 7건, 질문이 2건으로, 자료 제시를 중심으로 이루어지고 있음을 알 수 있다. 자료 제시의 내용을 보면 철도갤러리가 생긴 것을 축하하면서, 자신의 자료를 단순히 올리는 데 머물고 있음을 볼 수 있다.

이러한 커뮤니케이션은 둘째 날에 들어가면서 조금씩 변하게 된다. 다음날인 12월 29일자의 글을 분석해 보면 결과는 다음과 같다.

[표 3] 두 번째 날 철도갤러리 게시물 커뮤니케이션 내용(2005. 12. 29)

총 메시지의 수	사회적	상호작용적	인지적	메타인지적
43	18	8	15	2

전날과 비교해 보면 총 메시지의 수가 늘어났으며, 커뮤니케이션의 종류도 다양하게 이루어지고 있음을 알 수 있다. 단순한 축하 글인 사회적 메시지의 비중만큼 정보 제공 중심의 인지적인 메시지가 상당수를 차지하게 되었으며, 글에 대한 상호작용적 메시지도 나타나고 있다. 더구나 이틀 만에 커뮤니티의 발전 방향에 대한 메타 인지적 방향까지 등장했다는 상당히 놀라운 점이라 할 수 있다. 왜냐하면 메타 인지적 방향의 경우에는 상당히 고급 커뮤니케이션에 속하기 때문이다. 이러한 분석 결과에서 알 수 있는 점은, 커뮤니케이션 측면에서 볼 때 커뮤니티가 비교적 빨리 자리를 잡고 있다는 것이다.

(2) 발전과 유지에서의 커뮤니케이션

그렇다면 이러한 발전과 유지의 시기에 있어서 디지털 커뮤니케이션은 어떠한 형태로 일어나고 있는지를 관찰해 보는 것도 필요하다. 자료 분석은 우선 고정닉 활동이 중반에 접어들고 정모가 추진되던 2006년 9월 1일 올려진 글을 대상으로 분석하였다.

[표 4] 2006년 9 월 1일 게시물 커뮤니케이션 분석

총 메시지의 수	사회적	상호작용적	인지적	메타인지적
247	65	72	74	36

위의 분석 결과에서 알 수 있듯이 전반적으로 커뮤니케이션이 각 영역에 골고루 일어나고 있다는 점이다. 사회적인 글과 함께, 토론이 활발해지면서 상호작용적인 활동도 많아지고 있음을 알 수 있다. 사회적, 상호작용적, 인지적 활동이 골고루 형성되고 있고, 그 수도 늘어났다는 점에서 양적 성장을 가져 왔다고 볼 수 있다. 특히 메타 인지적 활동도 이루어지고 있음을 볼 때 질적 성장도 함께 일어나고 있다고 할 수 있다.

두 번째로, 온라인 커뮤니티에서 학습의 정도와 학습의 종류를 알아보기 위해서 초기와 발전 단계에서의 게시물에 대한 인지적 영역만을 따로 분석해 보았다.

[표 5] 인지적 영역 분석 비교(겹치는 활동 영역 중복 계산)

인지적 영역	2005. 12. 28.	2006. 9. 1.	인지적 영역	2005. 12. 28.	2006. 9. 1.
질문	2	18	판단	·	9
답변	3	26	지식제공	·	21
추론	·	14	단순 정보 제공	7	8
가설	·	12	명확히 하기	·	1

인지적 영역에 대한 커뮤니케이션 분석의 경우, 초창기 간단한 정보 제공과 질문을 하던 단순한 인지적 활동에서 추론, 가설 판단, 지식 제공 등의 심층적인 인지적 활동으로 발전하고 있다는 것을 알 수 있었다. 이러한 커뮤니티 활동을 통해서 학습이라고 할 수 있는 인지적 활동이 양적으로 활발하게 일어나고 있고, 질적으로도 발전하고 있다는 것을 발견하였다.

9. 온라인의 현장을 떠나며

지금까지 우리는 온라인 커뮤니티의 생성과 성장의 역사를 구체적인 사례를 중심으로 간략하게 살펴보았다. 이러한 연구를 통해서 우리는 다음과 같은 결론을 얻을 수 있다.

[표 6] 커뮤니티 읽기 결과

	형성	통합(성장과 유지)
구성원리	자발적 선택 및 자기 결정	공환적 관계 형성 역설적 과정
커뮤니케이션	사회적 기능 / 하위적 인지 영역	다양 / 상위적 인지 영역
기술적 기반	Hyper-textuality	Multi-way Communicaion Semi-anonymity
현실의 활동	소속감 확립 신뢰 구축 기본 체제 정비	지식의 공유 및 창출, 새로운 이슈 수용, 실행 공동체의 고유한 언어 틀 완성, 결속력 유지를 위한 워크숍 기획
온라인에서 활동	온라인 인사하기 닉네임 달기 갤러리 방침 만들기	국내 이슈의 토론(해외→국내), 공식 언어 지침 마련. 고정닉, 정모, UCC 제작

우리는 커뮤니티 읽기를 통해서 커뮤니티가 발전할수록 상위 차원의 인지적 의사소통이 발생하게 되며, 다양한 커뮤니케이션이 일어난다는 것을 알 수 있었다. 이러한 커뮤니케이션의 성장은, 넓은 의미에서 구성원들에게 학습이 되었다는 것을 의미한다.

두 번째로 온라인의 현상이 실제 현실의 학습 공동체 활동과 비슷하게 일어나고 있다는 것을 알 수 있었다. 그리고 이러한 활동이 온라인 환경에 맞게 변화되어 일어나는 점도 관찰할 수 있었다. 이러한 것들은 학습 공동체의 활동을 기준으로 커뮤니티의 성숙 정도를 측정할 수 있는 지표로 활용할 수 있다. 뿐만 아니라, 현실이 어떻게 온라인에서 변형되는가를 가늠할 수 있는 좋은 대상이라고 생각한다.

마지막으로 UCC 활동은 커뮤니티의 성숙도를 보여줄 수 있는 하나의 지표로 활용 가능하다는 것을 발견할 수 있었다.

10. 진정한 에듀테인먼트를 위해서

우리가 살펴본 공동체를 온라인 학습 공동체라고 말할 수 있는가? 이에 대한 답은 아직도 현재 진행형이다. 온라인 학습 공동체는 아직까지 정교한 규정이나 합의가 이루어지지 않은 잠정적인 개념일 뿐이다.

본 연구에서 디씨의 철도갤러리를 연구 대상으로 선정하였지만, 여전히 하나의 사례에 불과하다고 할 수 있다. 본 연구에서 그리고 있는 모습이, 전형적인 온라인 학습 공동체의 모습이라고는 할 수 없는 것이다.

이렇게 본 연구가 한계를 가진다는 점은, 온라인 학습 공동체에 대한 논의가 축적되어 있지 않기 때문일 것이다. 즉 온라인 학습 공동체를 바라보는 시도가 거의 없다는 것이다. 물론 본 시도가 학습이라는 관점에서 보면 문제를 내포하고 있을 수도 있다. 하지만 평생교육과 구성주의적 관점에서 바라봤을 때, 충분히 타당한 근거를 갖고 있다고 생각한다.

연구 대상이 된 디씨질에 대해서 우리는 그것을 학습이라고 생각하지 않을 것이다. 그보다는 우리에게 디씨질은 하나의 여가생활이며, 놀이에 가깝다고 생각할지도 모른다. 우리는 디씨에서 논쟁과 토론을 일삼으면서, 숨바꼭질 놀이를 한다. 리플과 댓글질을 통해서 낚시와 뻘글질을 통해서 상대방을 도발하기도 하고, 내 자신이 도발당하기도 한다. 그리고 그러한 도발을 피하려 하지 않고 놀이로서 즐기고 있다. 나의 의견이 여러 사람들에게 인정을 받았을 때 카타르시스를 느끼기도 한다. 우리가 디씨에 참여한다는 것은 지루한 학습이 아니라 이러한 놀이에 참여하기 위해서일 것이다. 그러나 우리는 이러한 역동적 과정 속에서 우리가 모르는 사이에 조금씩 변해 가고 있으며 조금씩 발전해 나가고 있다. 어쩌면 이러한 디씨질이야말로 우리가 진정으로 원하던 에듀테인먼트가 아닐지 생각해 봐야 할 것이다.

참고문헌

논문

김미량(1998), 「하이퍼텍스트 교수·학습 환경에서 상호작용 증진을 위한 설계전략의 탐색」, 『교육공학연구』 14 (1).

김민경·노선숙(1999), 「상호작용 증진을 위한 웹 기반 게시판의 내용 및 사용실태 분석 : 원격 수학수업에서의 사례연구」, 『교육 공학 연구』, 15 (1).

김민경·박성희(1999), 「웹 게시판 활용 학습에서 자기규제 학습 유형, 학습 스타일 과 학습결과의제 측면에 관한 연구」, 『교육 공학 연구』, 15 (3).

김정희(1996), 「대인커뮤니케이션 채널로서의 컴퓨터 매개 커뮤니케이션」, 서울대 석 사학위논문.

박종원(2005), 『질적연구자료 분석의 혁명』, 형설출판사.

정민승(2000), 「온라인 학습공동체의 구성원리」, 『평생교육학연구』, 6(1).

정민승(2001), 「평생교육적 관점에 입각한 원격교육 재구성 전략」, 『평생교육학연구』, 7(1).

최성희(1998), 「컴퓨터 통신을 이용한 학습과제의 모색」, 『교육과학연구』, 28.

최정임(1999), 「웹 기반 수업에서 상호작용 증진을 위한 교수전략 탐구」, 『교육공학연 구』, 15 (3).

Brown, J. S. & Duguid. P.(1996), "Organizational learning and communities-of-practice : Toward a unified view of working, learning, and innovation", In M.D. Cohen & L. S. Sproull(Eds.), *Organizational Learning*. Thousand Oaks, CA : Sage.

Galston, A. William(1999), "Does the the internet strengthen Community", *democracy.com? Governance in a Networked World*, edited by Elaine Ciulla Kamarck and Joseph S. Nye, Jr., Hollis Publishing Company.

Henri, F.(1992), "Computer conferencing content analysis", In A. R Kaye, (ed.), *Collaborative learning through computer conferencing*, NATO ASI Series, Berlin : Springer-verlag.

단행본

Lave, J. & Wenger, E.(1991), *Situated Learning : Legitimate Peripheral Participation*, New York : Cambridge University Press.

Lave, J.(1996), *The practice of learning*, In Chaiklin, S. & Lave, J.(Eds.),

Understanding practice : Perspective on activity and context, NewYork : Cambridge University Press.

Wenger, E. & Snyder, W. M.(2000), *Communities of Practice : The Organizational Frontier*, Harvard Business Review.

Wenger, E.(1998), *Communities of Practice : Learning, Meaning, and Identity*, New York, New York : Cambridge University Press.

Wenger, E., McDermott, R. & Snyder, W. M.(2002a), *Cultivating Communities of Practice*, Massachusetts, Boston, MA : Harvard business school press.

Wenger, E., McDermott, R. & Snyder, W. M.(2002b), *The Wealth of Knowledge : Intellectual Capital and the Twenty-First Century Organization*, New York, New York : Doubleday.

인터넷 사이트, BBS 게시판 등

디씨인사이드, http://www.dcinside.com
디씨인사이드 갤러리신청게시판, http://gall.dcinside.com/list.php?id=request
디씨인사이드 철도갤러리, http://gall.dcinside.com/list.php?&id=train

디지털 기계와 소통하기

자동번역 게시판의 의사소통 양상

네이버 인조이 재팬 사이트의 한·일 사용자를 중심으로

1. 기술의 발달과 자동번역 게시판의 출현

(1) 자동번역 기술의 출현

SF영화에서 우리는 자동번역 기계를 통해 세계 각국의 사람들이 자유롭게 대화하는 미래의 모습을 보았다. 언어의 장벽이 사라지고 사람들 간의 의사소통이 자유로워진 세계는 어떤 모습을 보여줄 것인가에 대한 물음은 언제나 흥미로운 주제였지만, 실현이 불가능한 공상의 세계였기 때문에 그에 대한 학술적 분석은 요원한 것으로 보였다. 자동번역 기술은 초기에는 문서의 해독을 목표로 진행되었으며 음성의 자동번역은 음성 인식과 합성 기술을 동시에 요구하기 때문에 실현과정이 문자 해독에 비해 더 어렵고 더딜 것으로 예상된다.

비록 자동번역 기술이 과거에 예상했던 것보다 더디게 발전하고 있지만 언어의 장벽을 없애는 작업은 다른 국가들의 웹사이트 간 정보이동에

서 가장 큰 걸림돌을 해결하는 데 기여하기 때문에 인터넷 웹사이트를
운영하는 기업들은 자동번역 기술에 주목해 왔다. 그 일례로 세계 최대
의 검색엔진을 운영하고 있는 구글은 12개국의 언어를 자동으로 번역하
는 기술을 개발해왔다. 구글은 한국어, 영어, 아랍어, 중국어, 일어, 러시
아어 등을 포함하는 12개 언어를 자동으로 번역해 주는 시범 서비스를
2007년 6월 20일부터 개시할 예정이다(<중앙일보>, 2007).

인터넷의 활성화는 자동번역 기술의 활용에 큰 영향을 미쳤다. 기존
에 많은 정보들이 종이에 잉크로 찍혀 물리적으로 보관되었던 데 반해
인터넷에서의 정보들은 디지털로 저장되어 방대한 데이터베이스를 형성
한다. 디지털로 저장된 문자들은 자동번역 방식으로 처리되기 매우 적합
하며 인터넷에서 데이터의 양이 많아질수록, 그리고 다른 언어를 사용하
는 사람들 사이에서 정보 교류의 필요성이 증대될수록, 자동번역 기술이
미래의 데이터베이스 활용과 커뮤니케이션 양상에 미칠 영향력은 커질
것이다.

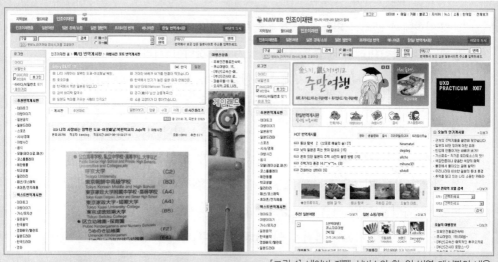

[그림 1] 네이버 재팬 서비스의 한·일 번역 게시판의 내용

(2) 네이버 인조이 재팬 사이트

국내에서 가장 활발하게 사용되고 있는 자동번역 웹사이트는 네이버의 인조이 재팬이다. 2002년 6월 27일부터 서비스를 개시한 네이버의 인조이 재팬 사이트는 일본 웹페이지 번역, 기사 번역, 장문번역의 서비스를 제공하고 있는데 흥미로운 것은 구글의 번역서비스와 달리 여러 가지의 주제를 가진 자체 게시판을 만들어 일종의 게시판 커뮤니티와 같은 형태를 구축했다는 점이다.

이 게시판은 네이버 재팬 사이트 내에서 한·일 번역 게시판이라는 형태로 서비스되고 있으며 테마토크, 여행이야기, 일본음악, 일본드라마, 스포츠 이외의 여러 가지 주제별 게시판으로 세분화되어 있다. 전체적인 게시판은 문자만을 수록할 수 있는 텍스트 번역 게시판과 사진을 곁들일 수 있는 포토 번역 게시판으로 나뉜다. 문자게시판은 테마토크(토론과 논쟁 위주의 게시판), 스포츠, 시사/경제, 유머와 같이 문자 메시지를 통해 효과적으로 전달할 수 있는 주제를 위주로 구성되어 있으며 포토 번역 게시판은 여행사진, 음식, 코스튬플레이(게임이나 만화에 나오는 인물들의 복장을 그대로 입고 사진을 찍는 놀이)와 같이 사진으로 전달하기 용이한 주제들로 분류되어 있다.

게시판의 활성화를 알아볼 수 있는 가장 중요한 척도인 하루에 게재되는 글의 양을 살펴보면 가장 많은 글이 올라오는 테마토크 주제 게시판의 경우 주말에는 1000건 이상의 글이 게재되며(2007. 6. 23. 토요일 기준 1,096건) 평일의 경우에도 700~800건 이상의 글이 올라온다(2007. 6. 21. 목요일 기준 878건). 게시판의 주제에 따라 차이가 있기는 하지만 상당히 많은 사람들이 활동하는 활발한 게시판이라는 것을 알 수 있다.

네이버 인조이 재팬 사이트를 이용하는 사용자들은 사이트에서 제공

놀이 공간 | 예술 공간 | 디지털 광장 | 디지털 기계

하는 번역 기술을 활용하여 정치적인 사안에 대한 자신들의 견해를 올리거나, 신변잡기적인 이야기, 대중문화에 대한 정보 등을 제공한다. 그러나 중요한 것은 게시물에 따라붙는 덧글인데 논쟁거리가 많거나 흥미로운 글에는 100개 이상의 덧글이 붙기도 한다. 이러한 덧글을 통해 한·일 양국의 사용자들이 의사소통을 하고 있는 셈이다. 이러한 사용자들의 의사소통 양상을 살펴보면 상호비방과 상호긍정, 서로의 문화에 속한 이모티콘의 활용, 번역투 문장의 사용과 같은 흥미로운 요소들을 관찰할 수 있다. 게시판 이용 행태는 사용자들이 공유하는 정치, 역사, 문화적 인식에서 비롯되는 의사소통의 특징과, 언어적 관점에서 바라볼 수 있는 언어학적 특징 등 두 가지로 크게 나누어 볼 수 있다. 이 글에서는 자동번역 게시판의 특성을 네이버 인조이 재팬 사용자들의 의사소통 양상과 그들이 사용하는 텍스트의 언어적 특징을 중심으로 분석하고자 한다.

2. 기술적 연구와 인터넷 게시판 연구

(1) 한·일 번역 기술의 개발과 연구

자동번역은 기계번역이라 부르기도 하며 기술 방식은 크게 세 가지로 나뉜다. 첫째는 '직접번역방식'으로 흔히 '워드체인지 방식'으로 불리는데 이는 사전을 만드는 것과 별반 차이가 없다. 하나의 낱말을 대응되는 다른 언어의 낱말로 기계적으로 바꾸어주는 것이다. 두 번째는 '문법변환방식'으로 현재 우리나라에서 개발되고 있는 대부분의 번역기들이 이 방식을 따르고 있으며 한·일, 일·한 번역 기술도 이 방식을 사용하고 있다. 이 방식에서는 문장의 문법구조를 분석하고 문법에 맞게 조사와 용언을 변형하고 단어를 붙여 문장을 생성해낸다. 세 번째로 '중간언어방식'이 있는데 이는 대상 언어를 분석해 중간논리 단계의 새로운 언어를 설정하고 이것을 다시 최종 목적언어로 변환해내는 것이다. 이 방식의 장점은 한 언어를 다양한 언어로 동시에 번역하는 경우에 유용하다는 것인데 예를 들어 영어를 독일어, 프랑스어, 이탈리아어 등으로 번역할 때 영어를 분석해 중간언어를 만든 후 이 중간언어를 한꺼번에 여러 종류의 언어로 생성해낼 수 있다. 중간언어방식은 유럽어처럼 유사성이 많고 언어적 요소를 다수 공유하는 경우 활용성이 높지만 유럽어와 언어체계가 다른 한국어에는 적용하기 힘들다.

일본어와 한국어는 문법적인 성질이 유사하며 어순이나 어휘의 사용 방법도 상당히 유사하다. 어순이 거의 같아 단순한 문장인 경우에는 일본어 단어에 대응하는 한국어 단어를 기계적으로 선택해 배열하기만 해도 완벽한 문장이 만들어진다. 주어의 생략이 많고 단수 복수의 구분이 없다는 점도 양국 언어의 주요한 특징이다. 게다가 문법활용형의 성질이 닮아 있는데 용언의 활용형태가 유사하며, 특히 미연형, 연체형, 가정형, 명령형의 경우는 거의 일대일로 대응 가능할 정도이며 조사의 쓰임새도 상당 부분 유사해 격조사인 경우는 약 75% 정도가 일치한다는 보고가 있다. 이러한 특징은 한·일, 일·한 자동번역 프로그램을 개발할 때 이점으로 작용하지만 반대로 번역을 어렵게 하는 요소도 상존한다. 동사의 다역성은 커다란 걸림돌이 되는데, 한자로 표기되지 않고 히라가나로 표기된 일본어의 용언은 한국어로 많게는 20여 개의 다역성을 갖는 경우도 있다. 이 외에도 문형의 차이와 술부표현의 차이도 존재한다.

한·일, 일·한 기계번역 시스템은 양국어간의 유사점이 많다는 점 때문에 다른 언어와 비교해 비교적 빨리 상용화되었는데 대학 및 연구소를 비롯한 기업에서 상용화가 진행되어 왔다. 포항공대에서 1994년 개발한 COBALT / JK 한·일 번역 시스템을 비롯해 일본 게이오 대학에서도 연구를 진행해 왔으며 고덴샤와 히다치 사에서도 일한 번역 시스템을 개발해 왔다(김태석, 1997).

(2) 인터넷 게시판 관련 선행 연구

인터넷이 등장하기 전 진행된 고전적인 연구 중에서 인터넷 게시판에 적용할 수 있는 연구는 하버마스의 공론장 이론과 아렌트의 대안적 공론장 개념을 들 수 있다. 하버마스는 18세기 유럽의 살롱과 커피 하우스에 교양인들이 모여 봉건 권력에서 해방된 문화에 대해 이성적, 비판적 토론을 진행한 것을 공론장의 시초로 보고 있다. 그는 이러한 공론장에서 형성된 여론이 공공성을 제도화시킨 근대적인 개념의 국가 탄생에 기여했다고 보았지만, 살롱과 커피 하우스에 교육받은 교양인 이외의 사람들이 출입하지 못했다는 점에서 그의 공론장 개념은 평등한 만인 간의 토론이 아닌 권력 재확립의 또 다른 모습으로 비춰질 수 있다는 비판을 받을 수 있다. 아렌트는 하버마스의 논의를 발전시켜 그의 저작 '인간의 조건'에서 대안적인 공론장 개념을 밝히고 있다. 그는 사람들이 모여 공동의 일에 대해 발언하고 행동하면서 정치의 영역이 형성되는, 만인에게 평등한 조건이 주어지는 공론장을 제안했는데 함께 모여 의사소통을 통해 행동을 공유하는 것이 중요하다고 보았다(홍성민, 2005).

인터넷은 물리적 실체가 아닌 가상의 장소이지만 공론장 이론에 가장 부합하는 모델일 것이다. 인터넷은 시간과 공간으로부터 자유롭고 오프라인의 회합에서 필연적으로 닥치게 될 많은 제약들에서 해방되었다는 점에서 많은 사람들의 평등한 참여를 가능하게 한다. 기술 문맹자와 디지털 노마드와 같은 계층의 분화와 디지털 디바이드의 문제가 상존하고 있지만 그럼에도 인터넷은 초등학생부터 노인에 이르기까지 많은 연령대의 다양한 사람들이 성별의 차이에 연연하지 않고 의견을 주고받을 수 있는, 지금껏 볼 수 없었던 혁신적 매체이다.

초기 컴퓨터 통신의 BBS에서 게시판을 통해 구성원들이 의사소통을 했듯이 인터넷에서도 게시판 글과 덧글, 댓글을 통해 커뮤니케이션을 한다. 그러나 인터넷의 익명성 때문에 많은 문제가 발생했는데 감정적이고 불확실한 정보를 전달하며, 사회자나 통제자 없이 토론이 진행되기 때문에 객관적이고 합리적으로 주장을 개진하지 않고 감정적으로 맞서거나 일방적인 비난과 욕설을 퍼붓기도 한다(박성호, 2005). 또한 개인이 올리는 자료는 거짓이거나 교묘하게 위조된 것일 수 있고 이러한 정보에는 진위를 가릴 겨를도 없이 무한하게 복제되어 확장될 수 있다는 위험성이 있다. 익명성과 더불어 쉽게 글을 쓰고 지울 수 있는 인터넷 게시판의 특징 때문에 대화나 의사소통이 경박해질 수 있고, 언어 예절이 사라지고 문법이 파괴되고 상대방에 대한 존중이 결여되며, 깊이 있는 대화가 사라지고 의미 없는 농담과 유희가 난무하게 될 수도 있다(시정곤, 1999).

이 글에서 분석하고 있는 네이버 인조이 재팬 사이트에도 위에서 언급한 특징들이 현저하게 드러나 진정성 있는 의사소통의 예를 찾기 힘들 정도였으며 이는 아직 완전하게 자리를 잡지 못한 서비스 관리의 문제일 수도 있지만, 국내에서 가장 큰 포털사이트인 네이버의 게시판에서도 볼 수 있는 수많은 저질 덧글, 댓글과 마찬가지로 인터넷의 익명성에 기인한 근본적인 문제일 수도 있다.

3. 사용자들의 의사소통 양상에 대한 분석

(1) 게시판에서 의사소통의 형태

과거 PC통신 이 처음 등장했을 무렵 게시판에서의 의사소통은 어떤 주제나 의견을 개진하는 게시글에 댓글(reply)을 다는 형태로 이루어졌다. 이러한 방식은 게시글을 읽은 후에 글의 제목이 표시된 목록으로 되돌아가 다시 댓글을 선택해야 내용을 볼 수 있다는 점에서 사용자에게 불편하고 덜 직관적인 방식이었다. 그러나 최근 인터넷상에서는 댓글의 형태보다는 원문의 아래 부분에 덧글 형태로 붙는 글 조각이 크게 늘어났는데 이제는 대부분의 의사소통이 덧글의 형태로 이루어지고 있는 실정이다. 시사적인 주제나 깊이 있는 토론을 요구하는 게시판에서는 댓글과 덧글의 형태가 함께 쓰이고 있지만 네이버 인조이 재팬 게시판에서는 거의 대부분의 의견 교환이 덧글을 통해 이루어지고 있다.

일반적으로 인터넷 게시판에서 논쟁적인 토론이 벌어질 때는 의견의 한 쪽 부분에 편향되거나 찬성, 반대의 입장으로 패가 갈리기도 하지만, 네이버 인조이 재팬

한국어 공부 도와 주는 사람을, 모집중입니다 w

잘 부탁해요 .

IP xxx.255.xxx.12

よろしく.png (3KB)
101.mp3 (41KB)

추천 | 스크랩하기 | 비추천 | 신고하기

1튀 [JPN] lifeisrosy 06-23 23:04 한글의견 | 일본어로 보기 | 신고
노력하세요... 길이 보입니다....

ㄴ suyeon_desu 06-23 23:06 일본어로 보기 | 신고
네.노력하겠습니다^ ^ ;

2튀 [JPN] ses22234 06-23 23:04 한글의견 | 일본어로 보기 | 신고
코 막혔지요?

ㄴ ses22234 06-23 23:06 일본어로 보기 | 신고
감기 걸린 것 같아··· 손으로 콧구멍을 잡고 말하는 것 같은···

ㄴ suyeon_desu 06-23 23:07 일본어로 보기 | 신고
아·그런 식으로 들립니까~w 조심하겠습니다.지적 고마워요^ ^

679032	[JPN] 관리인은 조선^인 w [13]	naver007
679031	[KOR] 휴 그랜트, 드류 베리모어 - Way Back..	hoolablack
679030	[JPN] 조선이 멸칭인 이유 ... [22]	sarubatoru
679029	[KOR] 일본 Street fashion으로 famo.. [2]	qazz83
679028	[KOR] 격렬하군요0 _0)y~ [22]	hohatar
679027	[KOR] 아~	genius0211
679026	[KOR] 키큰 사람은 한국인에게 공격의 대상? [1]	uoxuoxuo
679025	[KOR] 파괴자김나영	nn001
679024	[JPN] 지금, 8 ch로 신오오쿠보하고 있어 [2]	korean_rape
679023	[KOR] 너네 솔직히 말해봐라 [3]	kwkim92
679022	[KOR] 일본이 발음가지고 한국에 뭐라고 한다면.. [4]	jdy6996
679020	[JPN] 한국은 형(오빠)의 나라에서 문화가 능숙하셨습.. [17]	palystation
679019	[KOR] 내친구는 키가 크지만 덩치는 작다	uoxuoxuo
679018	[JPN] <^0^> 프랑스로 「KOREA EXPO」개최..	tyon_boji

[그림 2] 게시글과 덧글에서의 국적 표시

의 사용자들은 국적이 고정된 상황에서 의사소통을 하기 때문에 기존의 게시판 이용 행태와는 조금 다른 면모를 보인다. 게시글이나 덧글에는 글을 올린 사람의 아이디와 국적이 표시되는데 국적을 표시하는 아이콘은 한국의 경우 파란색, 일본의 경우 빨간색으로 선명하게 구분되며 글의 내용을 판단하기 전에 가장 먼저 사용자가 인식하게 된다.

일본인과 한국인의 두 편으로 사용자가 나뉘기 때문에 의사소통 양식은 크게 세 가지로 구분된다. 첫째는 한국-일본 사용자로 양국의 사용자들이 서로 번갈아가며 의견을 내는 형태이고 나머지 두 가지는 한국-한국, 일본-일본과 같이 같은 국가의 사람들끼리 의사소통하는 형태이다. 많은 게시글에서 한국-일본 양쪽의 사용자들이 모두 덧글을 달고 있지만 한 게시글에서 사용자들이 차지하는 비율은 매우 상이하다. 절반 정도의 비율로 덧글이 달린 게시글도 존재하는 반면, 덧글이 50여 개 이상임에도 같은 국가의 사용자들끼리만 덧글을 달며 폐쇄적인 의사소통을 하는 게시글도 존재했다. 이는 주제와 내용에 따라 달라지는 양상을 보이는데 타국의 사용자들이 이해하기 어려운 주제를 다루거나 자동번역기가 제대로 의미를 전달하기 어려울 정도로 원문이 난해한 경우에는 양국 사용자들 사이의 의사소통이 이루어지기 힘들 것으로 보인다.

전체적인 의사소통의 양상을 반대(대립), 찬성(지지), 중립(관조)의 세 가지로 나눈다면 네이버 재팬 게시판에서 가장 문제가 되는 형태는 반대(대립)되는 의사소통이 일어나는 게시물이다. 실제로 게시판에서는 상대에 대한 비방과 욕설, 조롱이 난무하고 있는데 특히 역사적이거나 정치적인 주제를 다룰 때 이러한 문제점이 부각된다. 이러한 성격의 게시물에서 일본 사용자들은 주로 '혐한', 'pakuri(표절을 의미하는 일본어)'와 같은 단어를 사용해 한국인에 대한 적대감을 노골적으로 드러내기도 하며 이는 일본 내의 상황을 반영하는 것이기도 하다. 일본 국민들은 한류로 대변되는 한국 문화에 일견 친숙함을 느끼면서도 일부의 일본인들은 한국에 대한 우월감과 적대감을 드러내고 있다. 2006년에는 일제 과거사를 왜곡하고 한국을 헐뜯는 내용으로 일관한 일본 단행본 만화 시리즈 "만화 혐한류(嫌韓流)"가 발매 1년여 만에 67만 부가 팔린 적도 있다(연합뉴스). 일본의 시민단체나 양식 있는 집단에서는 혐한류와 같은 인종차별주의적인 일본 사회의 동향에 우려를 표하기도 하지만 이러한 사회적 현상이 인터넷 게시판에서의 의사소통에도 영향을 미쳤다고 볼 수 있다. 'playstation'이라는 아이디의 일본 사용자는 "일본인에 자랑해도, 일본인을 비방해도, 일본인은 「한국인의 열등감은 심각하다」라고 생각할 뿐"이라고 글을 남기고 있으며, 'hametechoudai'라는 사용자는 "문화도 경제도 무역도 공업도 시간도 말도 일본에 의존이 한심한 나라"라는 글을 달고 있다. 이외에도 노골적인 욕설과 조롱을 일삼는 글도 다수 있으며 게시판 관리자가 이러한 글들을 삭제하고 통제하기 위해 노력하고 있지만 게시물의 양이 워낙 많아 제대로 된 게시판 순화가 이루어지지 못하고 있다.

일본 쪽 사용자들의 한국 비하와 함께 한국의 사용자들도 일본에 대한 반일감정을 드러내고 있는데 이들이 주로 비난의 대상으로 삼는 주제는 일본의 역사왜곡(위안부, 군국주의)과 일본의 포르노 성인물 문화, 일본인의 국민성(비겁하고 소심하다)과 같은 것이었다. 'zago1'이라는 아이디의 한국 사용자는 일본의 성범죄 리스트를 작성하며 "일본은 아시아의 망신이다"라는 글을 올렸으며 'fareastruia'라는 아이디 사용자는 "난징대학살의 사망자 수"라는 기사를 올리며 일본의 역사적 만행을 비난했다.

상대에 대한 비난과 비방은 네이버 재팬 게시판을 어렵게 하고 있는 가장 큰 요인이어서 어떤 사용자는 한글을 배우기 위해 게시판에 들어온 일본 사용자에게 게시판을 사용하지 말 것을 충고하기도 했다.

어떤 한국인 사용자는 서로간의 상호 비방과 대립이 지나치기 때문에 게시판을 폐지할 것을 주장하기도 했다.

상대에 대한 대립과 비난은 반대쪽의 사용자들 사이에만 있는 것은 아니어서 같은 나라의 사용자들 사이에서도 상대에 대한 비방을 하고 의견에 반대를 표하기도 한다. 한국 사용자 사이에서는 주로 과거의 우리나라 역사, 현재의 사회적 역량에 대해 자괴감과 열등감을 보이는 게시글들에 비난과 비방이 따르고 있었으며 냉정하게 현실을 보고 현재의 우리 역량을 깨달아야 한다는 의견에 대한 토론이 활성화되어 있었다. 일본의 사용자들 사이에서도 일방적인 조롱을 일삼는 자국의 사용자들에게 비난과 자제를 촉구하는 움직임이 있었다. 상대에 대한 긍정에서 비롯되는 건전한 토론과 합리적인 분석을 촉구하는 게시판의 글들은 의사소통의 가능성을 열어주는 희망이기도 하며 네이버 인조이 재팬 게시판이 지향해야 할 방향이기도 하다.

ID : tjmook(한국 사용자)

현재의 일본인 전체를 상대로 저속한 욕설만을 반복 하는 것은 어느 경우에나 옳지 않고 도움도 되지 않을 거라 생각 합니다...이 게시판에서 서로의 문화를 존중하고 교류하는 분들을 보면 정말 기분이 좋습니다...과거의 허물을 벗은 진정한 동반자로써의 모습을 바라는 겁니다....

ID : kojiro(일본 사용자)

이 게시판을 보고, 일본측의 심한 비방에 화를 내고 있는 것을 압니다. 그러나, 엄청 일을 하는 사람들은, 일부러 싸움을 하기 위해, 한국인을 싫은 기분으로 만들기 위해 심한 일을 말합니다. 오해나 무지하지 않고, 일부러 악의를 가져 행동하는 사람에 대해서 내가 할 수 있는 일은, 아무것도 없습니다. 한국측의 현명한 사람들까지 그 행동에 호응하고, 일본인 전체를 비방해 버리면, 보통 회화를 바라는 일본인은, 얘기하는 일마저 할 수 없습니다. 어떨까 부탁입니다…… 심한 비방은 무시해 주세요…. 싫은 기분으로 만들기 때문에(위해)의 언동에 호응 하고 하는 것은 그만두어 주세요

---

(2) 자동번역 게시판 의사소통의 특징 분석

전반적인 관찰과정에서는 게시판에서 난무하는 상호 비방 때문에 건전하고 진정성 있는 의사소통이 이루어지고 있는 대화를 찾기 힘들었다. 이러한 문제를 인식한 게시판 관리자는 인조이 베스트 10이라는 코너를 만들어 최근에 올라왔던 글 중에서 모범이 될 만한 사례를 나라별로 10개씩 선정해 올려주고 있다. 이 코너에 올라온 글은 게시판의 합리적이고 우호적인 의사소통의 특징을 잘 보여주고 있었으며 여기서 얻은

자료들과 앞서 분석한 게시판 이용 행태를 종합하여 고려한 특징들을 도출해 보았다.

　자동번역 게시판에서 가장 중요한 특징은 평등한 권력관계이다. 다른 언어를 사용하는 구성원들 사이의 대화에서 가장 중요한 것은 어느 쪽이 주도권을 쥐는가이다. 예를 들어 게시판에서 사용되는 언어가 영어일 경우 영어를 모국어로 사용하는 구성원이 그 게시판에서 주도권을 쥐게 될 것은 자명하다. 이러한 문제점은 영어권 국가에서 이민자들이나 외국인들에게 영어를 가르치는 ESL(English as a Second Language) 교수법에서 많이 지적하고 있는 사항이다. 좋지 못한 언어실력은 자신의 자아 정체감과 자신감에 나쁜 영향을 미치고 결과적으로 외국어 학습에도 악영향을 미쳐 악순환이 반복된다고 알려져 있다.

　언어에서의 정치성과 권력은 다양한 형태로 나타나는데 자동번역 게시판은 이러한 언어 권력과 불평등을 최소화시키는 역할을 수행한다. 네이버 인조이 재팬 게시판을 이용하는 사용자들은 번역기를 통해, 상대방의 의도와 말의 느낌까지 완전히 이해하는 것은 아니지만 의미를 전달하는 수준의 의사소통을 문제없이 하고 있다. 언어적으로 대등한 관계에서 완전히 평등한 관계를 형성해 의견을 주고받을 수 있으며, 때로는 말다툼이 일어나기도 하지만 심도 깊은 토론과 대화 또한 가능하다. 재미있었던 점은 일본 사용자가 한국어로 글을 올리는 경우도 있었고, 반대로 한국 사용자가 일어로 글을 쓴 경우도 있었는데 모두의 경우 자신의 모국어가 아닌 언어를 사용할 때는 보다 조심스럽고 위축되는 경향을 보였다는 것이다. 이러한 측면을 볼 때 자동번역기는 단순히 언어만을 번역하는 것이 아니라 언어의 장벽을 없애고 그에 따르는 권력 구조를 해체해 보다 자유롭고 개방적이고, 주도적인 입장에서 서로 간의 대화와 교류를 가능하게 한다는 것을 알 수 있다.

평등한 관계를 넘어 상대방을 배려하는 차원에서는 자신이 올린 글의 뜻이 번역기로 전달되지 못할 것을 우려해, 번역이 잘 될 수 있도록 일부러 번역투 문장을 사용하기도 한다. 'netro'라는 아이디의 한국 사용자는 번역투 문장으로 자신이 키우는 늑대들에 대한 장문의 감상문을 올리고 글의 끝부분에서 다음과 같이 밝혔다. "한국분들께, 최대한 일본어로 번역이 잘 되도록 쓰다 보니 글이 조금 우습게 보일 수도 있습니다." 번역투 문장에 대한 문제는 과거부터 있었는데 영어에서 빈번하게 쓰이는 수동태 문형과 같은 형태의 문장이 늘어나는 사례는 대표적인 것이다. 일본어투 문장은 게임, 만화와 같은 일본 문화를 추종하는 커뮤니티 구성원들이 자신들의 정체성을 표현하기 위해 주로 사용하는 데 반해 네이버 인조이 재팬 사이트에서의 번역투 문장은 번역을 용이하게 하기 위한 전략으로 사용되는 성향이 강하다. 실제로 번역기를 통해 번역된 일본 사용자들의 글과 한국 사용자들이 한글로 쓴 글이 닮아 있음을 관찰할 수 있었고, 'netro'라는 아이디 사용자의 글과 같이 직접적으로 번역투 문장을 쓰는 이유를 밝히는 경우도 있다.

일반적인 게시판과 같이 자동번역 게시판도 주제에 민감한 영향을 받는다. 역사적으로 대립해 온 한국과 일본의 배경, 양국의 국민감정 때문에 역사적 정치적 주제에 대해서는 충돌하는 경향을 보인다. 반면에 신변잡기적이고 개인적인 소재에 대해서는 덜 민감하지만 의견교환과 덧글을 다는 행동이 대립적인 주제에 비해 덜 활발하다. 인조이 베스트 10 코너에서 제공되는 한, 일 양국의 게시물 중에서 정치, 역사를 주제로 한 글은 하나도 없었으며 대부분의 주제는 여행, 음식, 연예인과 같은 것들에 집중되어 있었다.

4. 텍스트의 언어적 요소

(1) 문장의 어투와 문법적 특징

앞 장에서 보았듯이 자동번역 게시판 문장의 특징적인 부분은 번역투 문장이 종종 사용된다는 것이다. 다음과 같은 문장은 일본 사용자가 쓴 일문을 한국어로 번역한 문장이다. "이것은 맛있을 것 같다! 최고! 살쪄도 괜찮지 않습니까? 이렇게 말해 버릴 것 같은 매력적인 햄버거입니다." 문형이 이상한 것을 알 수 있지만 의미의 전달에는 큰 무리가 없다. 이와 같은 형태의 문형을 응용해 쓴 번역투 문장은 다음과 같다. "충격! 일본인의 본심은 모두 똑같다! 모두가 세계 정복의 야욕을 불태우는 우익! 이것이 그 경악의 증거! 이것이 바로, 좌익이라고 전 세계 사람들을 낚시하고 있는 아시히의 실체" 이 글은 'kamilog'라는 아이디를 사용하는 한국인 사용자가 쓴 글의 일부분이다. 실제로 이와 같은 형태의 글은 번역기를 통해 일본어로 변환되더라도 일본 문장의 어형에 그리 어긋나지 않는 형태를 갖게 된다.

번역투 문장과 함께 특징적인 것은 문장의 구조가 간단하다는 것이다. 자동번역기가 복잡한 구조의 문장을 분석해 내는 데 문제가 있기 때문에 번역을 용이하게 하기 위한 전략으로 게시판 사용자들은 비교적 간단한 구조의 짧은 문장을 즐겨 사용하고 있다. "가장 기본적으로 나오는 죽과 샐러드, 간장과 초고추장, 튀김장, 된장입니다. 리필이 가능합니다만, 양이 많아 비추천입니다. 일본인들이 좋아한다는 참치! 하지만 전 느끼해서 많이 못 먹겠더군요. 하얀 지방살이 근사합니다. 작게 자르기 전의 커다란 참치의 살코기. 큽니다!" 이와 같은 문장에서는 주어와 목적어, 기본적인 형용사로 이루어진 간단한 구조를 확인할 수 있다.

게시판에서 사용되는 글에서 발견되는 또 하나의 재미있는 특징은 국

내의 인터넷 게시판에서 흔히 볼 수 있는 외계어와 단어 파편들, 맞춤법에 어긋나거나 문법이 파괴된 문장이 거의 사용되지 않는다는 것이다. 반대로 번역기에서 변환된 문장의 의미를 명확히 전달하기 위해 기본적인 문법규칙에 충실한 형태의 문장들이 사용되고 있다. 예를 들어 한 한국인 사용자가 덧글에서 "잘 만드셨네욤~ㅋㅋ"라는 문장을 쓰자 그에 대한 답변으로 일본인 사용자는 "미안해요, 번역에 실패하고 있습니다."라고 대답을 하고 있다. 실제로 "잘 만드셨네욤~ㅋㅋ" 문장을 번역기가 변환한 결과물은 "よくマンドショッネヨム"라고 나타나는데 '잘'이라는 단어는 'よく(요꾸)'로 올바르게 해석했지만 맞춤법과 문법에 어긋난 '만드셨네욤'은 외래어의 음을 표기하는 카타카나 문자로 표기해 'マンドショッネヨム(그대로 읽으면 만도숀네욤이라고 발음이 된다)'이라고 결과가 나타나게 된다. 따라서 맞춤법과 문법에 어긋난 단어를 변환하지 못하는 번역기의 한계가 사용자들에게는 올바른 언어를 사용하도록 만드는 요인으로 작용하고 있다. 다만 한국인들끼리만 의견을 나누는 게시물에서는 한국 사용자들의 덧글이 대부분을 차지하는데 이러한 경우에는 기존 국내의 게시판과 다를 바 없는 언어 사용 형태가 발견된다.

(2) 단어의 특징

일본어에서는 한자어를 많이 사용한다. 일본에서 사용되는 많은 한자어들을 그대로 읽어도 의미가 적절하게 전달되기 때문에 한자어를 많이 사용한 문장들은 자동번역기가 번역을 하기 훨씬 수월한 것으로 보인다. "연합국은, 일본 및 그 영해내의 수역에 대한 일본국민의 완전한 주권을 승인한다. 이 통상 무인도인 이와시마는, 우리의 정보에 의하면 조선의 일부로서 취급되었던 것이 결코 없고, 1905년경부터 일본의 시마네현 오키 지청의 관할하에 있습니다. 이 섬은, 전혀 조선에 의해서 영토 주장이 이루어졌다고는 생각되지 않습니다"라는 문장에서 볼 수 있듯이 한자어를 많이 사용한 문장은 상대적으로 복잡한 의미를 갖지만 번역이 용이하다. 'jhmickey'라는 아이디의 한국인 사용자는 "명동(明洞)은 서울의 대표적인 번화가(繁華街) 중의 한 곳입니다. 많은 백화점(百貨店)과 상가(商街)가 밀집(密集)해 있으며, 음식(飲食) 또한 풍부(豊富)합니다."와 같은 문장에서 한자어를 다수 사용하고 괄호 안에 한자어를 병기하고 있다. "이것은 대단하네요 몰입해서 봤습니다 정말 대단해요 축제도 가보고 싶어요" 이 문장은 한국의 사용자가 쓴 문장으로 '몰입해서 보다'에는 일본식 한자 표현이 들어가 있다.

이모티콘이나 상징을 나타내는 문구는 나라마다 그 형태가 다르다. 예를 들어 한국에서 웃는 표정을 나타내는 ^^와 같은 형태의 이모티콘이 존재하며 일본의 인터넷 게시판에서 볼 수 있는 (´·ω·)와 같은 형태의 이모티콘이 있다. 네이버 재팬 게시판에서는 한국과 일본 양국의 이모티콘이 고루 쓰이고 있으며 서로의 의사소통 과정에서 이모티콘이 빠르게 전파된 것으로 보인다. 이모티콘 외에도 일본에서만 독자적으로 쓰이는 인터넷 표현과 단어들이 전파되기도 했는데 예를 들어 'pakuri'라는 단어는 표절을 의미하는 일본어 단어이다. 이 단어는 한국의 만화나 가전제품이 일본의 것을 표절했다는 논쟁에서 흔히 쓰이는 단어이며 한국의 사용자들도 표절에 대해 말할 때는 'pakuri'라는 단어를 빈번하게 사용한다. 결국 이 단어는 '오타쿠'와 같이 하나의 주제나 특징적인 대상을 언급하는 주제어로서의 성격을 갖게 되었다.

일본 사용자들의 글에서는 'w'가 들어가는 표현을 많이 볼 수 있다. "감복하고 있습니다. www"와 같은 형태로 사용되는데 'w'는 'warau (わらう, 웃다라는 뜻의 일본어)'의 앞 글자를 딴 것으로 웃음을 뜻한다. 이에 대응하는 말로 한국에서는 'ㅋㅋ', 'ㅎㅎ'와 같은 표현을 사용하고

있는데 자동번역기가 이와 같은 표현을 변환하지 못하고 변환 과정에서 삭제해 버리자 한국 사용자들은 일본 사용자와 대화를 주고받을 때 주로 'ww'와 같은 표현을 사용하게 되었다. 이는 번역기가 의미를 담고 있는 외계어나 파편어를 어느 정도까지 번역해야 할 것인가에 대한 문제를 제기한다.

금기어에도 또한 자동번역 게시판에서 볼 수 있는 특징이 있다. 한국의 사용자들이 일본 사용자들에게 '원숭이, 멍키'와 같은 단어를 이용해 조롱하자 게시판 관리자는 이러한 단어를 금기어로 지정해 아예 사용하지 못하도록 막아 버렸는데, 실제 동물 원숭이에 대한 주제로 글을 작성하던 한 사용자는 단어를 사용할 수 없게 된 것에 대한 불만을 토로했다.

5. 의사소통의 미래

비록 인터넷 게시판의 부정적인 면이 재현되었다는 단점이 있지만 네이버 인조이 재팬 게시판에는 흥미로운 관찰 거리가 가득하다. 이와 같이 큰 규모로 한·일 양국의 사용자들이 서로 토론하고 논쟁하는 장은 이제껏 전무했을 것이다. 그 안을 자세히 들여다보면 서로의 문화에 대한 오해, 소통의 가능성, 자신의 생각을 말하는 방식과 그 밖의 여러 가지 문화적, 사회적 특징들을 관찰할 수 있다. 서로 다른 언어와 문화를 가진 구성원들 사이에서 의사소통이 일어날 때 예상되는 문제들을 자동번역기가 모두 해결할 수는 없다. 실제로 번역기를 개발하는 업체의 전문가는 완벽하게 작동하는 번역기가 전달할 수 있는 번역률은 85% 정도가 한계일 것이라고 예상하기도 했다. 언어 외적인 측면에서 문화의 차이가 의사소통에 가져올 한계는 언어의 번역률을 뛰어넘어 우리에게 큰 숙제를 던져줄 것이다.

이 글에서 다룬 커뮤니케이션의 매체는 인터넷 웹페이지에 한정했지만 메신저와 같은 다른 형태의 매체에서 자동번역의 문제는 상이한 특징들을 보일 것이다. 메신저는 일반 웹페이지나 이메일보다 줄임말과 이모티콘의 활용빈도가 훨씬 높다. 앞서 살펴보았듯이 자동번역기가 줄임말을 번역할 수 없다면 자동번역 기술을 사용하는 메신저는 기존의 메신저와는 완전히 다른 형태가 될 것이다. 맞춤법과 문법에 맞게 완전한 문장을 써야 제대로 의미가 전달될 것이기 때문이다.

자동번역 기술은 개방적이고 참여적인 인터넷의 속성을 그대로 계승하고 있다. 인터넷이 사용자들에게 시간과 공간의 한계를 초월할 수 있게 해 주었다면 자동번역은 사용자들 사이의 언어의 벽을 허물 것이다. 인터넷만큼 국경을 초월해 서로간의 직접적인 상호 교류를 가능하게 해준 매체는 없다. 이러한 인터넷의 잠재성에 자동번역 기술은 날개를 달아줄 수 있다. 그러나 실제로 자동번역 기술이 궁극적으로 실현되더라도 서로 간에 다른 문화적 맥락을 이해하지 못하면 진정한 의사소통은 불가능할 것이다. 언어는 문화를 반영한다는 점에서 자동번역은 언어의 한계와 문화의 중요성에 대한 화두를 제시한다.

참고문헌

논문

김지수(2004), 「인터넷 게시판의 참여정도와 주제 형식에 따른 메시지 분석」, 연세대
　　　　학교 신문방송학과 석사학위논문.

김태석(1997), 「일한 기계번역 시스템의 연구 및 개발」, 『정보과학회지』 제15권 제10
　　　　호.

김효은(2006), 「인터넷 게시판의 이용현황과 발전방안 연구」, 중앙대학교 신문방송학
　　　　과 석사학위논문.

박성호(2005), 「여론형성 공간으로서 인터넷 자유 게시판의 저널리즘적 특성과 사회
　　　　적 영향에 관한 연구」, 『언론과학연구』 제5권 3호.

시정곤(1999), 「디지털 네트워크와 커뮤니케이션의 구조」, 『디지털시대의 문화예술』, 문
　　　　학과지성사

윤덕호·김영택(1989), 「세계의 기계번역 그 추세와 전망」, 『정보과학회지』 제7권 제
　　　　6호.

홍성민(2005), 「대안적 공론장으로서의 인터넷에 관한 연구 : 인터넷 토론사이트의 사
　　　　례분석을 중심으로」, 동국대학교 석사학위논문.

신문, 잡지

〈중앙일보〉 "Google 언어 장벽도 없앤다", 2007. 6. 20.

〈연합뉴스〉 "일 만화 혐한류 1년만에 67만권 팔려", 2006. 7. 1.

〈과학동아〉 전용훈, "자동번역기 기계번역의 한계는 85%", 2000. 6.

인터넷 사이트

네이버 인조이 재팬 사이트, http://enjoyjapan.naver.com

텔레매틱스의 한 유형
운전자의 경로 찾기 행태

1. 자동차 관련 산업과 여성 운전자에 대한 인식 변화

그동안 자동차는 이동수단으로서 외부와 단절된 공간으로 인식되었다. 그러나 마크 와이저(Mark Weiser)가 주창한 유비쿼터스 컴퓨팅 개념은 우리가 자동차에 대해 가지고 있는 통념을 뒤엎어놓으며 커뮤니케이션 공간으로서 자동차의 발전 가능성을 열어주었다. HP사가 선보인 미래도 시 Cool Town 프로젝트에서는 운전자가 차를 운전하면서 겪는 문제점이 나 불편사항들이 유비쿼터스 컴퓨팅 환경 하에서 어떻게 매끄럽게 해결 될 것인지 구체적인 예를 통하여 보여주고 있다.

이러한 흐름에 발맞추어 텔레매틱스(Telematics) 시장도 밝은 전망을 예견하고 있다. 2000년 8월, 대한민국 정부는 국민소득 2만 달러 시대를 견인할 차세대 성장동력으로 10개 품목을 확정하였는데, 그중 텔레매틱 스가 이동통신 분야의 중심사업으로 선정되었을 만큼 발전가능성을 보이고 있다. 또한 국내 텔레매틱스 단말기 보급률은 전체 차량 대비 2004년 약 2%에서, 2005년 약 6%, 2007년 약 20%로, 약 72%의 높은 연평균 성장률을 보일 것으로 전망된다.

한편, 여성의 사회 진출이 활성화되면서 증가한 여성의 구매력은 자동차와 텔레매틱스 시장에도 영향을 미치고 있다. 한국자동차공업협회의 통계자료에 따르면 지난 10년간 승용차 구매자 중 연도별 여성등록 승용차 비율은 1996년 18.2%를 기록한 이후, 2001년 24.6%, 2005년 26.1%, 2007년(1~2월) 27.1% 등으로 빠르게 증가했으며 연령대별 여성 승용차 소유주 비율 역시 고르게 증가하고 있다. 이렇게 여성 운전자의 비중이 커지면서 자동차와 텔레매틱스 시장의 지형이 바뀌고 있을 뿐 아니라, 일부 자동차 회사에서는 여성들이 직접 설계부터 제조까지 참여하여 여성용 자동차를 제작하는 경우도 소개되었다.

이제 자동차 관련 사업자들은 자동차를 단순한 이동수단에서 삶의 질을 풍족히 하는 수단으로 확장하여 인식하고, 소비자들 역시 차량을 구입할 때 내부의 UI, 디자인, 운전자의 사회적 지위 등과 같은 감성적인 속성들을 고려하고 있다.

따라서 우리는 여성 운전자의 비중이 증가하는 것을 자동차와 텔레매틱스 시장의 성장과 연관지어, 남성의 전유물이라고 여겨왔던 자동차 관련시장에서 여성 운전자들의 수요를 파악하고자 한다. 이를 위하여 여성 운전자의 운전 행태를 살펴보고 남성 운전자와는 어떠한 차이점이 있는지 분석하여 여성 운전자들의 구매력을 이끌 수 있는 요소를 도출하고자 한다. 이것은 자동차 관련 업체가 여성 소비자를 목표로 하여 자동차 및 텔레매틱스를 디자인할 때 하나의 지침이 될 수 있을 것으로 생각한다.

이 글에서는 먼저 자동차와 내비게이션의 시장을 분석하고 그 안에서 여성 고객을 사로잡기 위한 기업의 노력을 살펴본 후, 관련 연구를 통하여 운전자들이 경로를 찾는 행태를 소개하려고 한다. 이를 바탕으로 사용자 관찰 설문조사를 실시하여 운전 성향에 따른 커뮤니케이션에 대한 남녀 차이를 식별하고, 여성 운전자의 운전 행태를 고려한 텔레매틱스 추가기능을 제안하고자 한다. 그리고 마지막으로 시사점과 한계점, 그리고 향후 발전 방향에 대해 논의하기로 한다.

2. 시장 분석

(1) 자동차 시장

전통적으로 자동차는 이동수단으로서의 의미를 가지며, 일반적으로 자동차 제조 및 판매활동과 자동차 사용과 관련된 판매 후의 금융, 정비 등 부대상품 및 서비스 제공활동으로 구분된다. 그러나 최근 들어 자동차산업에서 상품의 개념이 운송수단에서 움직이는 생활공간으로 변화되면서 자동차는 단독제품에서 관련 서비스까지 결합한 완전완비 제품이 되어가고 있다. 또한 주 5일제 근무, 소비자들의 여가선용의 변화, 감성적인 젊은 운전자의 증가 등으로 인하여 자동차는 감성적인 전자제품으로의 변화를 요구받고 있다.

따라서 자동차 생산과 자동차 관련 부대서비스로만 구성되어 있었던 자동차산업은 콘텐츠 사업이나 이동통신 사업과 같은 서비스 영역을 포함하여 그 수익영역을 확대하고 있다. 이러한 이유로 GM, 포드, 도요타는 전통 제조기업에서 서비스기업으로의 전환을 표명하기도 했다.

한편 지난 세계 자동차 연간 생산량은 [표 1]에서와 같이 1998년 약 5,200만 대에서 2006년 6,900만 대로 연평균 3.6%의 증가 추이를 보이고 있다. 그중에서도 국내는 1998년 200만 대에서 2006년 384만 대 생

놀이 공간 | 예술 공간 | 디지털 광장 | 디지털 기계

299

산으로 연평균 8.8%의 성장을 보이고 있으며, 해외생산 역시 100만 대에 육박하면서 세계 5위의 자동차 산업국의 실적을 보여주었다.

[표 1] 국내와 세계 자동차 연간 생산량

	1998	1999	2000	2001	2002	2003	2004	2005	2006
국내	1,954	2,843	3,115	2,946	3,148	3,178	3,469	3,699	3,840
세계	51,902	56,259	58,374	56,325	58,994	60,619	64,496	66,481	69,127

출처 : 세계 자동차 공업협회(http://www.oica.net/)

하지만 그 이면을 살펴보면 국내 상황은 결코 밝지 않다. 한국 자동차 제조업체의 글로벌 경영이 가속화되면서 현지 생산판매가 확대되고 있기 때문에 수출의 성장세는 둔화되고 있으며, 내수는 2002년 월드컵 특수(내수판매 162만 대) 이후 110만 대 선에서 정체기가 장기화 될 전망이다.

또한 2007년 내수 승용차 시장에서 5%선까지 점유율이 확대된 수입 승용차의 성장은 국내 제조업체에게 시장위협이 되기에 충분한 요인이며 여기에 한미, 한EU간 FTA가 본격화되면서 수입차의 시장 지배력은 더욱 더 확대될 것으로 보인다.

결국 한국의 신차시장은 400만 대를 정점으로 양적 성장의 한계를 맞이했다. 따라서 자동차산업은 질적인 성장과 함께 신성장 동력이 될 만한 신규수익 창출 방안을 모색하고 있으며 그 해답을 텔레매틱스에서 찾고 있다.

(2) 텔레매틱스 시장

텔레매틱스(Telematics)란 통신(Telecommunication)과 정보과학(Informatics)의 합성어로서 무선음성 데이터 통신과 인공위성을 이용한 위치정보시스템(GPS)을 기반으로 자동차를 이용하여 정보를 주고받을 수 있도록 하는 기술을 말한다. 현재 텔레매틱스는 내비게이션과 혼동되어 사용하고 있지만 엄밀히 말하면 텔레매틱스 범주 안에 내비게이션이 포함되는 것이다.

텔레매틱스의 개념이 대중적으로 알려지기 시작한 것은 1996년 미국 GM이 모토로라(Motorola)와 합작하여 운전 중에 길을 잃었을 때 자동으로 목적지를 안내해주는 서비스인 OnStar를 선보인 이후였다. 그 후 벤츠도 보안 시스템을 갖춘 원격 진단 서비스인 텔레에이드(TeleAid), 포드(Ford) 역시 퀄컴(Qualcomn)과 손잡고 합작회사를 설립하였다.

한편 국내에서도 현대기아자동차-LG텔레콤이, 르노삼성자동차-SKT와 같이 자동차 제조회사와 이동통신 회사가 제휴하여 텔레매틱스 서비스를 확대하고 있다.

정보통신부가 제안한 텔레매틱스 관련 보고서에 의하면, 국내 텔레매틱스 단말기 연평균 성장률은 약 72%로 높은 증가율을 보일 것으로 전망된다. 한편 서비스 가입자는 이동통신 사업자의 적극적인 서비스 개발에 힘입어 2004년 약 25만 명에서 2007년에는 약 300만 명을 돌파하고 단말기 시장은 약 8,849억 원, 서비스 시장은 약 3,680억 원에 이를 것으로 전망된다([표 2] 참조).

[표 2] 국내 텔레매틱스 시장전망 (단위 : 억 원)

구 분	2004년	2005년	2006년	2007년	2008년
시장 단말기	1,509	3,792	6,734	8,849	11,995
서비스	359	1,011	2,164	3,680	5,575
합계	1,868	4,802	8,898	12,529	17,570

출처 : ETRI(2005. 1.)

(3) 여성 운전자

최근 여성의 사회활동이 증가하면서 자동차 시장에도 여성 소비자들은 구매력과 구매결정권이 높은 고객으로 새롭게 부상하였다. 지난 10년간 승용차 구매자 중 여성 운전자 등록 승용차의 비중은 1996년 18.2%를 기록한 이후, 2001년 24.6%, 2005년 25.1%, 2007년 27.2%로 증가하였으며 연령대별 여성 승용차 소유주 비율 역시 고르게 증가하고 있다. [표 3]에서와 같이 연령대별 여성 승용차 소유주 비율은 20세 미만의 경우 1996년 27.4%에서 2007년엔 37.5%로 늘었고, 20대 1996년 18.9% → 2007년 26.4%, 30대 1996년 18.8% → 2007년 26.4%, 40대 1996년 20% → 25.8%, 50세 이상 1996년 12% → 28.4% 등으로 증가했다.

[표 3] 여성 승용차 소유주 비율

	20세 미만	20대	30대	40대	50세 이상
1996년	27.4	18.9	18.8	20	12
2007년	37.5	26.4	26.4	25.8	28.4

출처 : 한국 자동차 공업협회(http://www.kama.or.kr/)

미국 ABC 방송사에 따르면 부부가 새로 자동차를 구입할 때 부인이 결정권을 행사한 경우가 무려 80%에 이른다고 한다. 따라서 자동차 시장도 여성의 마음을 사로잡기 위해 여성 운전자 중심의 다양한 콘셉트를 마련하고 있다. 한 예로 2004년 볼보사(Volvo)가 모터쇼에서 선보인 YCC(Your Concept Car)는 아이디어와 콘셉트 설정에서부터 모든 과정이 100명의 여성으로 구성되어 개발되었다. 또한 내비게이션 시장도 복잡한 IT 디바이스 사용을 두려워하는 여성들을 위해 작동이 편리하고 디자인이 깔끔한 제품을 출시하고 있다.

3. 관련 연구

(1) 경로 찾기 연구

경로를 찾는 방법에 관한 연구는 미국 심리학자인 에드워드 톨먼(Edward C. Tolman)이 1948년 쥐의 미로 찾기 연구에서 발견한 인지지도(Cognitive map)를 시초로 한다. 인지지도란, 인간과 포유동물의 가장 기본적인 길 찾기 방법을 이론화한 것으로, 길을 찾을 때 머릿속에 자신만이 상상

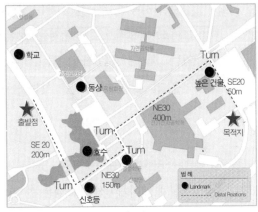

[그림 1] 카이스트의 랜트마크와 그 사이의 관계

하는 가상공간으로 이미지화한 지도를 의미한다. 에드워드 톨먼은 이 인지지도를 목적물을 찾게 될 환경과, 목적물과 행동 사이의 관계성에 대한 내적 지식으로 구성하였다.

이와 관련하여 미국의 제이콥스(Jacobs WJ)는 사람이 목적지를 찾는 때 일종의 기준이 되는 표식(Distal cue)을 제거하더라도, 남아 있는 표식들 사이의 관계를 변형시키는 방법으로 목적지에 도달하게 되는 것을 증명하였다. 비슷한 시기에 루들(Ruddle RA)은 표식의 일종인 랜드마크(Landmark)[1]가 있는 것이 없을 때보다 경로 찾기의 정확성이 증가한다는 연구결과를 실험심리학 저널에 발표하였다. 이러한 연구들을 바탕으로 버넷(Burnett, G. E.)은 인지지도를 [그림 1]에서와 같이 랜드마크와 랜트마크 간의 관계로 구성하여 내비게이션에 응용하였다.

---

1) 랜드마크(Landmark) : 어떤 지역을 대표하거나 구별하게 하는 표지

사람이 길을 찾기 위해서는 랜드마크와 그 사이의 관계 모두에 대한 정보를 숙지해야 하는데 여기에 남녀 간의 차이가 존재했다. 남성은 랜드마크의 유무에 관계없이 길을 찾는 능력이 여성보다 우수하며, 지형 정보를 사용하면서 길을 찾는 경향을 보였다. 반면에, 여성 운전자는 랜드마크에 전적으로 의존하는 경향을 보였는데, 랜드마크가 있는 것이 없는 것보다 길을 잘못 찾는 실수가 줄어들었다. 동시에 내비게이션 화면을 덜 보게 되고, 길을 찾는 능력에 대해서 자신감이 향상되는 결과를 보였다.

(2) 내비게이션 연구

현재 내비게이션 시스템은 한 번의 방향전환 이후 다음 방향전환을 지시하는 턴 바이 턴(Turn by Turn, 이하 TBT)에 기초하고 있다. 버넷은 과거 이러한 내비게이션 시스템에 대한 사용성 평가를 정리해서 경로 찾기 행태를 다음과 같이 세 종류로 분류하였다.

① 종이 지도를 사용한 전통적인 경로 찾기 방식
② TBT(Turn by Turn) 내비게이션을 사용한 경로 찾기 방식
③ 경로를 숙지한 동승자가 직접 경로를 알려주는 방식

이 중 TBT 시스템은 종이 지도를 통한 내비게이션보다 뛰어난 사용성을 가지는데 바로 앞으로 다가올 행동에 대해 지령을 내려주어 운전자가 목적지에 도달하기 위해 전체 행동에 대해 기억해야 하는 부담을 덜어주기 때문이다. 그러나 동시에 경로를 숙지한 동승자보다는 사용성이 떨어지는데, 길을 잘 아는 동승자가 안내를 하면 길을 못 찾게 되는 실수가 줄어들면서 심리적 부담이 줄어드는 동시에 인내심이 늘어나는 것으로

밝혀졌다.

그렇다면 실재 상용화된 내비게이션은 앞서 살펴본 인지지도 이론을 따르고 있는지 문제를 제기할 필요가 있다. 과연 내비게이션은 랜드마크와 그 사이의 관계 전달에 충실한가? 경로를 잘 숙지한 사람이 동승하는 것과 같은가? 우리가 조사한 바에 의하면 현재 시장에는 다양한 형태의 내비게이션이 존재하지만 경로를 알려주는 방식은 모두 동일하며 이는 향후 텔레매틱스 개발에서 풀어야 할 숙제로 남아 있다.

4. 관찰 및 설문조사

(1) 사용자 관찰

❶ 관찰방법

운전자의 평상시 경로 찾기 및 운전 행태를 파악하기 위해 2006년 11월 일주일 간에 걸쳐 사용자 관찰(User Observation)을 실시하였다. 피관찰자는 20, 30대 남녀 운전자 6명(20대 남성 운전자 2명, 30대 남성 운전자 2명, 20내 여성 운전자 2명)을 대상으로, 운전경력, 운전스타일, 내비게이션 보유 유무, 내비게이션 사용빈도 등이 다양하게 분포되어 있었다. 피관찰자는 정해진 목적지에 찾아가는 미션을 수행하도록 하였는데, 관찰자는 운전석 뒤에서 피관찰자의 운전시 의식적, 무의식적인 반응을 관찰하며 그에 관련된 질문을 하였다. 총 여섯 번 피관찰자를 관찰하며 발생된 실험은 내비게이션, 혼자 탑승, 동승자 탑승 등 선택을 다르게 하였다. 관찰시 질문과 대답은 모두 기록되었으며 임무 수행 여부와 임무 완료 시간도 기록하였다.

❷ 관찰 결과

우리는 사용자 관찰 후, 남녀 운전자가 경로를 찾을 때 나타나는 공통적인 성향을 [표 4]와 같이 총 4개의 키워드로 추출하였다.

[표 4] 사용자 관찰 키워드

키 워 드	설　　　명
Safety #1	운전에서 가장 중요한 것은 안전
Sleeping with Enemy	길을 잃지 않기 위해 어쩔 수 없이 사용하는 텔레매틱스
Just in Case	새로운 경로 찾을 일이 거의 없음 텔레매틱스는 일종의 보험
Artificial A.I	사람(동승자, 원주민)은 최고의 텔레매틱스

- Safety #1 : 운전에서 가장 중요한 것은 안전이다.
- Sleeping with enemy : 피실험자들은 운전을 할 때 내비게이션의 사용시 주의가 분산되지만 길을 잃지 않기 위해서는 어쩔 수 없이 사용한다고 응답하였다.
- Just in Case : 집이나 회사와 같이 가는 길만 가기 때문에 새로운 경로를 찾을 일은 많지 않은 편이나, 그래도 혹시나 하는 마음에 사용한다는 운전자들도 있었다.
- Artificial A.I : 내비게이션은 편리한 운전경험의 보조재 역할을 해주긴 하지만 동승자가 탑승하는 것보다 떨어지는 사용성을 가진다.

여기에서 흥미로운 사실은 여성 운전자는 길을 숙지한 동승자의 안내를 선호하고 지인과 운전경험을 공유하려는 경향이 있었다. 또한 여성 운전자는 동승자에게 의존하며, 길을 잃었을 때 남성 운전자와는 달리 지나가는 사람에게 길을 물어보는 것을 주저하지 않았다. 운전을 시작한 지 막 두 달이 되는 한 여성 초보운전자는 이미 아는 곳을 운전해서 가더라도 옆에 사람이 타고 있으면 심리적 안정감을 느낀다고 대답하였다. 또한 주유를 하거나 신호가 바뀔 때, 혹은 운전하다가 보이는 맛집이나 유명한 장소에 찾아갈 때 동승자의 조언이 도움이 된다고 응답하였다.

또 다른 여성 운전자는 내비게이션을 사용하다 보면 '전방 200m에서 좌회전하라'는 것과 같은 지시를 받곤 하는데, 어느 정도를 더 가야 200m가 되는지 감을 잡기 어렵다고 하였다. 반면에 동승자가 보조석에서 '앞에 보이는 갈색 건물을 끼고 좌회전을 하라'고 하면 더 쉽게 운전을 할 수 있고 운전에 대한 자신감이 생긴다고 하였다. 이러한 결과는 여성 운전자에게는 동승자의 존재가 필요하다는 것을 시사해준다.

또 하나 흥미로운 결과는 우리가 관찰했던 일부 남성 운전자들에게서 집이나 학교, 직장과 같이 익숙한 장소로 오면 아예 내비게이션 기기 전원을 꺼버리는 현상을 발견할 수 있었다. 이러한 반응에 대해서 그 이유를 물어보니 이미 목적지에 도착했기 때문에 설명이 필요 없다고 여기거나, 혹은 이미 알고 있는 경로인데도 내비게이션의 안내를 받으면 잔소리처럼 들리기 때문이라고 대답하였다. 또한 이들은 내비게이션을 이용하더라도 새로운 길을 찾아갈 때에는 인터넷지도 사이트를 먼저 검색해서 전체 틀을 머릿속에 이미지화한 후 내비게이션을 사용하면서 이미지화된 지도 안에서 세부 경로를 그리는 것으로 나타났다.

(2) 설문조사

❶ 설문방법

우리는 앞서 시행하였던 사용자 관찰 결과를 통계적으로 증명하고 남녀 운전자의 운전행태를 비교·분석하고자 온라인 설문조사를 실시하였다. 온라인 설문조사는 한국 남녀 운전자 100명을 대상으로 2006년 12월 일주일 동안 진행하였으며, 기본 인적사항은 물론이고, 운전습관, 운전주기, 경로찾기 행태, 내비게이션 사용 행태 등으로 총 29개의 문항으로 구성되었다.

❷ 설문결과

설문조사를 통해 얻어진 데이터는 SPSS 12.0를 이용하여 분석하였으며, 남녀의 차이를 검증하기 위해 주로 t-test를 실시하였다.

피설문자는 성별로는 여성 38%, 남성 62%로 이루어졌으며, 연령별로는 23~27세가 47%, 28~32세가 36%, 33~37세가 9%, 38~42세가 2%, 43세 이상이 4%로 20, 30대 설문집단에서 가장 큰 비중을 이루고 있었다.

✔ 내비게이션 사용에 관한 설문

100명 중 34명만 내비게이션을 사용하고 있다고 응답하였다. 34명 중 남성은 27명, 여성이 7명이었으며, 사용 경험이 없는 나머지 사람들 중에서는 남성은 35명, 여성은 31명으로 여성 사용자의 내비게이션 사용률은 매우 저조한 것으로 나타났다.

❸ 전자기기의 친숙도

남성과 여성은 전자기기 친숙도에 유의미한 차이를 보였는데(t-test, p=0.00) 남성 피설문자의 79.0%가 전자기기 사용이 익숙하다고 응답한 반면, 여성 피설문자는 28.9%만이 전자기기 사용이 능숙하다고 대답하였다. 이는 여성이 남성보다 전자기기를 사용하는 데 두려움을 느낀다는 다른 실험 결과와도 맥을 같이하고 있다.

❹ 선호하는 경로 제공방식

사용자 관찰에서 여성들이 길을 찾는 데 동승자에 의존한다는 점에 착안하여 선호하는 경로 제공방식은 서로 차이가 있는지, 그리고 그 차이는 유의미했는지(t-test, p=0.025)에 대하여 설문을 진행하였다. 설문결과에서도 같은 현상을 발견할 수 있었는데 여성과 남성의 선호하는 경로정보 제공방식은 유의미한 차이를 보였다(t-test, p=0.025).

[그림 2]에서 보는 것처럼 모르는 길을 찾을 때 남성의 경우 텔레매틱스에 의존하는 것이 높은 반면, 여성의 경우 동승자의 안내를 가장 선호하는 경향이 짙었다. 이는 사용자 관찰에서도 보여줬듯이 남성과 여성 운전자들이 길을 찾을 때 선호하는 방법이 서로 다르다는 것을 의미한다.

[그림 2] 남성과 여성 운전자의 선호하는 경로제공 방식

❺ 차에 함께 타는 동승자 분류

위의 설문을 조금 더 심화하여 차에 함께 탑승하는 동승자를 세부적으로 구분해 보았다.

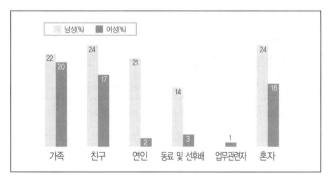

[그림 3] 주로 동승하는 동승자 분류

남녀 피설문자 모두 자신과 인적 친분이 있는 사람들과 자동차 공간을 공유하는 경향이 있었다. 여성보다는 남성이 홀로 운전하는 경우가 많았으며 연인 사이에서는 남자가 운전하는 경우가 압도적이었다. 따라서 여성과 남성 모두 동승자들은 사회적으로 친밀한 관계(Close Social Network)에 속하는 비중이 컸다.

(3) 연구결과

사용자 관찰에서 발견한 결과 및 패턴을 통계적으로 증명하고 남성과 여성 운전자의 운전 행태를 비교·분석하기 위하여 온라인 설문조사를 실시한 결과 다음과 같은 결론을 얻을 수 있었다.

① 여성은 전반적으로 텔레매틱스 사용에서 남성보다 낮은 자신감을 보이고, 내비게이션의 보유율도 남성보다 낮다.
② 여성 운전자는 텔레매틱스보다는 동승자에게 의존하는 경향을 보인다.
③ 자동차 공간에 동승하는 동승자는 일반적으로 운전자와 매우 가까운 지인으로서, 사회적으로 친밀한 관계에 속한다.

이는 여성들은 운전을 하면서도 동승자와 대화하는 것을 선호하며, 랜드마크에 대한 정보 공유의 욕구가 크다는 것을 보여준다. 이러한 사실을 통해 우리는 여성들의 운전과 커뮤니케이션 욕구의 문제가 커다란 과제가 될 수 있다는 것을 알았다. 그리고 이 점은 여성 운전자를 목표로 하는 자동차 관련 회사에 많은 시사점을 제공한다고 하겠다.

5. 자동차와 텔레매틱스 시장의 방향

앞서 언급하였듯이 자동차 시장과 텔레매틱스 시장은 성장하고 있으며 여기에 여성 운전자가 새로운 고객으로 각광받고 있다. 본 연구는 관련 연구와 시장조사를 통하여 운전행태와 여성 운전자에 대해서 기본적인 틀을 형성하고, 사용자 관찰과 설문조사를 통하여 여성 운전자들의 운전경험을 증대시키는 주요 요소로서 동승자와 랜드마크를 추출하였다.

길을 찾을 때 남성과 달리, 여성은 텔레매틱스의 사용을 어려워하고 동승자의 안내를 선호하는 경향이 있었으며, 동승자는 일반적으로 운전자와 사회적으로 친밀한 관계에 속한 경우가 많았다. 또한 여성은 자신의 경험을 타인과 공유하길 원하며 운전에 있어서도 경로 및 랜드마크를 서로 공유한다는 것을 알 수 있었다. 이러한 결과는 자동차는 여성들에게 있어 또 하나의 커뮤니케이션 수단이 될 수 있다는 가능성을 보여 주고 있다.

이제 자동차는 단순한 운송수단의 차원을 뛰어넘어 커뮤니케이션 공간으로 개념이 바뀌고, 내비게이션은 전자제품에서 하나의 커뮤니케이션의 수단으로 진화하고 있다. 자동차와 텔레매틱스에서 이러한 요인들이 고려된다면 여성 운전자의 운전 능력은 향상되고 운전 경험에 대한 자신감도 고취될 것이다. 더 나아가 여성 운전자의 운전 경험에 대한 만족도를 높일 수 있으며, 전반적인 시스템에 대한 호감도 또한 향상시킬 수 있을 것으로 기대한다.

연구에서 아쉬운 점으로는 사용자 관찰과 설문조사시 여성 운전자의 표본을 충분히 확보하지 못하여 여성 운전자의 운전 성향에 대해 보편적인 결론을 이끌어내기에 충분치 못하다는 것이다. 또한 단순히 여성 운전자의 대략적인 성향을 제시한 채 이를 반영한 구체적인 실행방법이 제시되지 못했다는 한계를 지니고 있다.

하지만 이러한 한계는 향후 추가적인 연구주제로 이어질 것이다. 여성 운전자의 대규모 표본을 확보하여 심층적이고 다각적인 분석을 하고, 이러한 특성을 반영한 텔레매틱스 모델을 구현하고 실험을 진행한다면 좀 더 구체적인 방안을 제시할 수 있을 것으로 기대한다.

참고문헌

논문

Burnett, G. E.(2000), "Usable Vehicle Navigation Systems : Are we there yet?", *Vehicle Electronic Systems* 2000.

Franz, M. O. and H. A. Mallot(2000), "Biomimetic robot navigation", *Robotics and Autonomous Systems* 30.

Jacobs WJ, Thomas KGF, Laurance HE, Nadel L(1998), "Place learning in virtual space II, Topographical relations as one dimension of stimulus control", *Learning and Motivation* 29-3.

Maguire, E. A., N. Burgess, J. O'Keefe.(1999), "Human spatial navigation : cognitive maps, sexual dimorphism and neural substrates", *Current Opinion in Neurobiology* 9-2.

Ruddle RA, Payne SJ, Jones DM.(1997), "Navigating buildings in desk-top virtual environments : experimental investigations using extended navigational experience", *J Exp Psychol* 3.

Tolman E.C.(1948), "Cognitive maps in rats and man", *Psychol Rev* 55.

단행본

송준화 외(2007), 『텔레매틱스개론-개정판』, 홍릉과학출판사.

엄미정(2001), 『e-Business의 확산과 산업혁신과정의 변화 : 자동차산업』, 과학기술정책연구원.

이현호(2005), 『텔레매틱스의 개요 및 정책 추진 방향』, 정보통신부 정보화기획실 인터넷정책과.

인터넷 사이트, BBS 게시판 등

"車 구매비중 30代 급락, 10대·여성은 급증", 이데일리, 2007. 4. 9.
　〈http://www.edaily.co.kr/〉

한국자동차공업협회 홈페이지, http://www.kama.or.kr

세계자동차공업협회 홈페이지, http://www.oica.net

놀이 공간 | 예술 공간 | 디지털 광장 | 디지털 기계

모바일 DMB 콘텐츠와 커뮤니케이션의 상관성

1. 모바일 DMB의 진화

5개의 채널만 시청할 수 있었던 지상파 TV에서 다양한 채널을 확보한 케이블 TV로 방송산업이 진화한 지 불과 12년이다. 21세기 IT혁명에 의하여 가속화되고 있는 지식과 기술혁신 여부가 산업의 성장과 발전, 국가경쟁력 및 세계 경제 질서 재편의 주된 요소로 작용한다(Atkinson, 2003). 한국은 DMB, WCDMA 등 모바일 디바이스를 이용한 이동형(장소탈피) 멀티미디어 및 정보 서비스 환경을 바탕으로 소비자가 수용하는 새로운 문화산업을 생성하고 있다. 그 첫 시작은 서울 및 경기도 지역에서 1999년 시작된 모바일 DMB 서비스였고, 2005년부터 TU Media를 통하여 상용화 서비스를 시작하게 되었다. 2007년 5월부터 DMB 서비스는 전국 주요 도시를 중심으로 라디오방송, TV방송, 정보 서비스 등을 제공하고 있다. 이러한 서비스 확장은 모바일 DMB 시장의 수요 증대를 예상하게 한다.

그렇다면, 모바일 DMB 시장은 기존의 TV 방송산업과 무엇이 다른가? 기술혁신으로 새롭게 디지털 멀티미디어 시장을 구축한 모바일 DMB 산업은 기존의 TV 방송산업이 구축하고 있는 시장과 세 가지 뚜렷한 차이점을 보인다. 첫째, TV 방송산업은 콘텐츠 이용이 프로그램 미터로 측정되지만 모바일 DMB 산업은 초(sec)당 측정된다. 둘째, TV 방송산업은 방송광고 시장을 이용한 뚜렷한 수익모델이 존재하였지만, 모바일 DMB 산업은 유료시청 외의 뚜렷한 수익모델을 갖고 있지 못하다. 이것은 방송콘텐츠 시청서비스의 개념이 보다 상업화되고 있음을 의미한다. 셋째, TV 방송산업은 프로그램 편성에 따라 시청을 하게 되지만, 모바일 DMB 산업은 Video On Demand(VOD : 영상콘텐츠의 지정 시청) 서비스가 가능하다. 공급자에게 편향되었던 서비스가 보다 수요자의 자유도를 높여주게 되었다고 볼 수 있다.

그러나 모바일 DMB 산업과 TV 방송산업은 모두 동일한 콘텐츠를 제공하는 서로 다른 매체를 가지고 있다. 이는 서비스 측면에서 디바이스의 다양화라는 긍정적인 면도 있지만, 아울러 콘텐츠의 공급과잉 현상도 우려되고 있다. 영화산업의 경우도 이러한 매체별 공급과잉 현상을 가지고 있지만 또 한편 그것을 해소할 수 있는 방도를 가지고 있다. 예를 들어 동일한 영화콘텐츠를 제공하고 있는 극장이라는 매체, 비디오 또는 DVD라는 매체, 그리고 TV라는 매체는 '타임랙(Time-Lag)'이라는 조절장치를 통해 각 매체의 시장에서 콘텐츠의 공급과잉을 조절하고 있다. 그러나 현재까지 모바일 DMB 산업과 TV 방송산업에는 이러한 콘텐츠의 공급과잉을 조절할 만한 장치를 가지고 있지 않다.

이것은 모바일 DMB 산업과 통신산업을 비교해 볼 때도 마찬가지이다. 디지털 멀티미디어 시장을 구축하게 된 모바일 DMB 산업은 기존의 통신산업이 구축하고 있는 시장과 두 가지의 뚜렷한 차이점이 존재한다. 첫째,

기능 면에서 통신산업은 고유의 정보교류가 주기능인데 반해, 모바일 DMB는 오락 기능이 점차 확대되고 있다. 둘째, 음성 위주의 통신산업은 모바일 DMB 산업과 다르지만, 점차 시각에 의존한 정보 서비스, 시청각 모두에 의존한 멀티미디어 서비스로 그 영역을 확대해 나가고 있다.

반면 모바일 DMB 산업과 TV 방송산업, 통신산업은 '실시간 미디어' 라는 면에서 공통점을 가지고 있기 때문에 'Time-Lag'과는 다른 공급과 잉 현상을 해소할 수 있는 새로운 콘텐츠 조절장치가 시급한 상황이다. 이러한 콘텐츠 조절장치를 개발하기 위해서는 모바일 DMB가 제공하고 있는 디지털 멀티미디어 콘텐츠가 커뮤니케이션에 미치는 요소가 무엇인 지를 알아보아야 하며, 또한 모바일 DMB가 진화하고 있는 디바이스의 특성이 멀티미디어 콘텐츠의 커뮤니케이션에 어떠한 영향을 미치는지도 살펴보아야 할 것이다.

(1) 모바일 DMB 콘텐츠와 커뮤니케이션 상관성 실험의 배경

디셈버(John December)에 의하면, 컴퓨터 매개 커뮤니케이션(Computer-mediated Communication, 이하 CMC)은 사용자에 의해 일대일(one-to-one) 에서 일대다(one-to-many), 또는 다대다(many-to-many)처럼 다양한 커뮤 니케이션 관계를 통해 다양한 목적, 다양한 행동양식과 규범을 낳는 커 뮤니케이션 공동체로 나아간다. 즉, CMC는 단순히 컴퓨터 간의 물리적 연결을 통해 이루어지는 다양한 커뮤니케이션 과정이라기보다는, 물리적 시공간의 한계를 뛰어넘어 훨씬 다양하고 복잡한 인간관계와 상호작용, 그리고 다양한 영역의 사회를 구성하는 커뮤니케이션 체계라는 것이다.[1] 컴퓨터 매개 커뮤니케이션에서는 커뮤니케이션의 디지털화가 이뤄졌

1) December J., 윤준수 역(1998), 『인터넷과 커뮤니케이션 패러다임의 전환』, 커뮤니케 이션북스, pp.24~28.

다는 점도 중요한 포인트다. 문자, 음성, 영상 등 모든 형태의 메시지를 0 과 1의 조합인 디지털 신호로 바꿀 수 있게 됨으로써, 통합 멀티미디어 기반의 커뮤니케이션이 가능하게 되었다. 이는 또한 커뮤니케이션에 사 용되는 각종 정보통신 기기간의 디지털 컨버전스가 이루어질 수 있는 바 탕을 제공한다.

디지털 전자산업 기술의 발전은 모바일 디바이스가 유용한 커뮤니케 이션 수단이 될 수 있는 가능성을 열었다. 이것은 이동 통신, 방송, 인터 넷의 컨버전스로 이어져, 유무선 통합형 서비스가 광범위하게 보급되고 있다. 네이버 등 검색 사이트, 신문 등 정보서비스뿐만 아니라 휴대폰을 이용한 사진 등의 포스팅도 가능해졌다.

그렇다면 이러한 디지털 컨버전스 환경에서 디지털 멀티미디어 콘텐 츠는 청각 커뮤니케이션과 시각 커뮤니케이션을 동일한 크기로 인지하고 있을까? 개인 모바일 DMB의 이용에 있어서 디지털 멀티미디어 콘텐츠 의 커뮤니케이션 효과(Communication Effect)를 알아보는 것은 매우 중요 하다. 이것은 매개된 상황이 TV(24인치 혹은 28인치)나 다른 매체 (Computer LCD Monitor의 경우 13인치 혹은 17인치)에 비하여 매우 작 은 디스플레이(1인치 혹은 2인치)의 경우에도 멀티미디어 콘텐츠의 이해 가 가능한가를 알아볼 수 있는 중요한 정보를 제공하기 때문이다.

(2) 실험의 필요성

1997년부터 DVB-H(Digital Video Broadcasting for Handheld) 기술로 모바일 TV 시장을 개척한 스페인, 독일, 영국, 네덜란드, 프랑스, 스위스, 말레이시아, 싱가포르, 호주, 남아프리카, 미국 등은 시청각 위주의 영상 물을 기반으로 모바일 서비스를 시작했다. 이는 벨소리 다운로드, 마이 벨, MP3 등 음성위주의 모바일 서비스가 진화한 한국과 다른 매우 특기

318

할 만한 사실이다. 그렇기 때문에 이들 국가들은 DMB 서비스에 대한 모바일 TV 시장의 문화산업 연구 부분에서 장기적으로 우위에 있다고 볼 수 있다. 한국의 경우 DAB(Digital Audio Broadcasting) 기술에서 모바일 TV 시장을 새롭게 재편하고 있기 때문에, 디바이스 개발 면에서 청각 커뮤니케이션에 비하여 시각 커뮤니케이션 에 대한 연구가 상대적으로 미흡하다고 볼 수 있다.

이 글에서는 청각 커뮤니케이션에 바탕을 두고 시청각 커뮤니케이션으로 진화한 한국의 경우, 디지털 멀티미디어 콘텐츠의 시청각 영향력이 각 콘텐츠별로 어떻게 나타나는지 실험을 통하여 살펴보려 한다. 그리고 이를 다시 시각 영향력과 청각 영향력으로 나누어 분석해 보고자 한다. 이를 통하여 청각미디어가 시청각미디어로 진화할 때 발생할 수 있는 한계를 알아볼 수 있을 것이다.

2. 커뮤니케이션 영향력을 위한 실험설계

디지털 멀티미디어 콘텐츠에 따라 커뮤니케이션 영향력이 다른지 살펴보기 위하여 실험을 실시하였다. 실험은 DMB폰 UI를 그대로 구현하여 진행하였다. 실험자극은 7가지로 모바일 DMB가 가지고 있는 240 × 320 pixel, 26만 컬러 지원의 LCD 모니터에 보인다. 피실험자는 실험자극을 한 차례 보게 되는데, 실험자극을 경험한 후 기억에 의존하여 내용을 얼마나 이해했는지($0.00 < \times < 1.00$) 표시하고, 실험자극을 이해하는 데 있어서 더 큰 감각을 제공한 것이 무엇인지(청각인지 혹은 시각인지) 표시하게 된다. 그 외의 설문 내용은 인구 통계학적 정보에 관련된 부분으로, 예를 들면 성별, 나이, 거주 지역, 사용 DMB, 휴대폰의 주 사용 목

적 등에 관한 내용이었다. 실험을 진행한 장소는 서울 압구정동 모 카페에서 3월 28일부터 4월 30일까지 실험 1회에 한 사람씩 진행했다.

(1) 실험대상자

3월 2일부터 3월 18일까지 DMB폰에 관심이 많은 수요자 층이 이용하는 4개의 온라인 사이트([표 1] 참조) 게시판을 통하여 실험에 대한 공고를 내었고, 이메일로 접수를 받아 남녀 성비, DMB용 콘텐츠 경험·비경험 등의 구분을 통하여 전국의 144명을 실험 대상자로 추출하였다.

선정하는 부분에서 DMB폰 제작에 참여하거나 DMB 콘텐츠 관련 일을 하고 있는 사람은 대상에서 제외하였다. 그리고 동일한 신체조건을 유지하기 위하여 노안이 시작되는 연령을 고려하였고, 19세 이상 35세 미만으로 (통상적으로 알려진 노안의 진행시기는 37세이다) 대상을 제한하였다.

[표 1] DMB폰에 관심이 많은 사용자들의 온라인 커뮤니티

사이트	주 소	설 명
DMB 클럽	http://www.dmbclub.co.kr	DMB에 관한 종합 정보를 제공, 지상파 및 위성 DMB폰, 차량용 DMB, 사용자 리뷰 등을 공유하는 커뮤니티 사이트
와우 DMB	http://www.wowdmb.co.kr	DMB에 관한 종합 정보를 제공, 지상파 및 위성 DMB폰, 그리고 그 외에도 각종 휴대폰에 대한 쇼핑몰, 공동구매, 케이스 가격제공 등 PCS / 휴대폰쇼핑몰
티비케이 전자	http://www.tbk.co.kr	DMB, DAB, 카 오디오용 튜너, 디지털 앰프, CDMA폰 생산업체
와라폰	http://www.waraphone.com	핸드폰 할인 쇼핑몰, DMB폰, 슬림레이저, 디카폰, MP3폰, 휴대폰 액세서리 등을 판매하는 PCS/휴대폰쇼핑몰

(2) 실험자극

실험자극으로 사용된 콘텐츠는 바이어스 발생을 미연에 방지하기 위

하여 최근에 방영된 방송 콘텐츠는 배제하였다. 2003년에서 2006년 사이에 지상파 TV로 방영된 바 있는 프로그램을 중심으로 선정하였고, 그 길이는 2분 정도로 편집하였다.

실험자극의 콘텐츠 장르는 모바일 DMB에서 방영하고 있는 디지털 멀티미디어 콘텐츠 장르를 분류하여 정리하였다.

[표 2] 실험자극의 내용 및 실험 소요시간

콘텐츠	내 용	분량	응답시간
드라마	연애시대 7회	3분	1분
다큐멘터리	과학 다큐 '끈이론'	3분	1분
뮤직비디오	조PD 친구여	2분	1분
뉴스	KBS 뉴스광장	2분	1분
쇼프로그램	KBS 개그콘서트	2분	1분
애니메이션	마리이야기	2분	1분
영화	내 여자친구를 소개합니다	3분	1분
	기본설문	–	5분
총 소요시간			29분

그리하여 방송위원회에서 구분하고 있는 9가지 장르(드라마, 다큐멘터리, 뮤직비디오, 뉴스, 쇼프로그램, 애니메이션, 영화, 스포츠, 홈쇼핑 등) 가운데 2분 내외의 부분편집을 하더라도 방송프로그램이 가지고 있는 스토리텔링이 유지될 수 있는 7가지 장르(드라마, 다큐멘터리, 뮤직비디오, 뉴스, 쇼프로그램, 애니메이션, 영화)로 선정하였다[표 2] 참조).

해외에서는 이러한 실험자극으로 사용하기에 유용한 패키지(각 콘텐츠별로 유사한 내용을 담은 이미지 갤러리)가 있으나, 그 내용은 모두 영어로 되어 있어, 이해도 측정에서 크게 관건이 되는 언어적 한계가 발생할 수 있다. 대상실험자가 모두 한국인임을 감안하여 본 실험의 실험자극은 모두 한국에서 제작된 프로그램으로 국한시켰다.

(3) 실험결과

[그림 1]은 콘텐츠별로 살펴 본 시각과 청각과의 영향력을 말해준다.
먼저 드라마와 애니메이션의 경우, [청각 : 시각]의 영향력은 1 : 9로 두
콘텐츠는 시각에 의지하는 커뮤니케이션 영향력이 압도적으로 크다는 것
을 보여준다. 반면 쇼프로그램과 영화는 3 : 7로 나타났다. 쇼프로그램과
영화는 시각에 의지하는 커뮤니케이션 영향력이 청각에 비하여 40% 더
높다는 것을 보여준다. 다큐멘터리와 뮤직비디오는 5 : 5로 나타났다. 이
는 두 콘텐츠의 청각과 시각의 영향력이 동일한 정도로 미치고 있음을
의미한다. 뉴스는 7 : 3으로 나타났다. 이는 뉴스의 경우 청각의 영향력
이 시각에 비해 40% 정도 더 높다는 것을 보여주는 것이다.

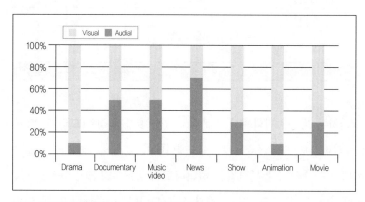

[그림 1] 콘텐츠 별 [Visual-Audial]의 영향력

3. 시청각 커뮤니케이션의 작용 및 의미

여기서는 데이터 분석을 통해 남녀간 시청자의 커뮤니케이션 영향력
정도의 차이, 콘텐츠별 차이의 유의성을 점검해 보고, 시각 커뮤니케이션

과 청각 커뮤니케이션의 작용을 확인하는 한편 그 의미를 해석해 보도록
한다.

(1) 남녀간의 [청각-시각] 커뮤니케이션 효과 차이

남성 시청자와 여성 시청자로 분류하여 시각 커뮤니케이션과 청각 커
뮤니케이션 가운데 어느 쪽 영향력이 더 큰가를 살펴보았다. 여성의 시
각 커뮤니케이션 평균값이 0.67, 남성의 시각 커뮤니케이션 평균값이
0.64로 여성이 시각 커뮤니케이션에 보다 민감하다는 것을 확인할 수
있다.

(2) 콘텐츠 별 [청각-시각] 커뮤니케이션 효과 차이

커뮤니케이션 전달력을 각 콘텐츠별로 좀 더 정확하게 살펴보기 위하
여 디바이스의 디스플레이 크기별로 조사를 했다. 1.5인치에서 5.0인치
사이의 디스플레이 사이즈에 따른 콘텐츠의 시각적 커뮤니케이션 전달력
과 청각적 커뮤니케이션 전달력은 서로 유기적인 관계를 보였다. 다시
말해, 디스플레이 사이즈가 커질수록 시각적 커뮤니케이션이 청각적 커
뮤니케이션보다 더 크게 작용하였다.

한편 뮤직비디오와 뉴스는 예외적인 모습을 보인다. 뮤직비디오의 경
우, 디스플레이 사이즈가 커질수록 청각적 커뮤니케이션이 시각적 커뮤
니케이션보다 더 크게 작용한 반면, 뉴스의 경우, 디스플레이 사이즈가
커지는 것에 따라 청각적 커뮤니케이션이나 시각적 커뮤니케이션이 크게
영향을 보이지 않았다.

이제는 콘텐츠별로 디스플레이 사이즈에 따른 청각적 커뮤니케이션
과 시각적 커뮤니케이션의 영향을 살펴보고 그 의미를 해석해 보도록
한다.

✔ 드라마

디스플레이 사이즈에 따른 청각적 커뮤니케이션은 비선형적인 추세선
이 81.9%의 설명력을 가지고 있으므로 보다 정확하다고 볼 수 있다.

[그림 2] 드라마의 청각적 커뮤니케이션

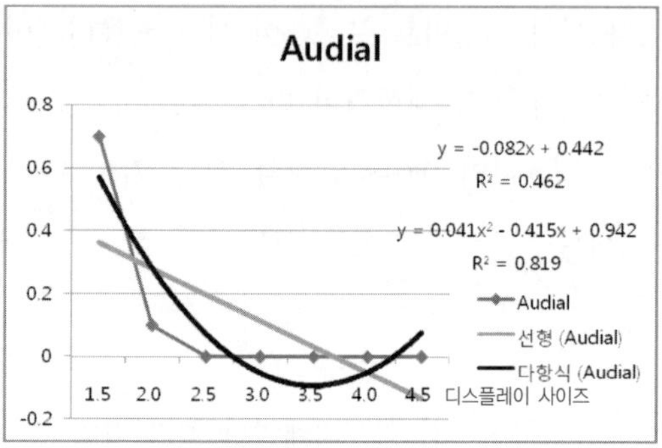

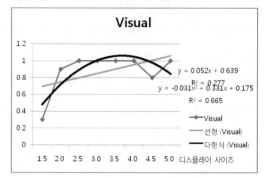

디스플레이 사이즈에 따른 시각적 커뮤니케이션은 비선형적인 추세선
이 66.5%의 설명력을 가지고 있으므로 보다 정확하다고 볼 수 있다.

[그림 3] 드라마의 시각적 커뮤니케이션

드라마의 경우 디스플레이 사이즈가 클수록 시각적 커뮤니케이션이
더 크게 작용한다.

✔ 다큐멘터리

디스플레이 사이즈에 따른 청각적 커뮤니케이션은 비선형적인 추세선이 34.0%로 선형적 추세선(4.8%)보다 높으므로 설명력을 가지고 있다고 할 수 있으며, 따라서 보다 정확하다고 볼 수 있다.

[그림 4] 다큐멘터리의 청각적 커뮤니케이션

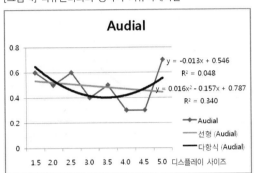

디스플레이 사이즈에 따른 시각적 커뮤니케이션은 비선형적인 추세선이 34.0%의 설명력을 가지고 있으므로 보다 정확하다고 볼 수 있다.

[그림 5] 다큐멘터리의 청각적 커뮤니케이션

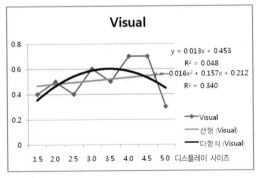

다큐멘터리의 경우도 디스플레이 사이즈가 시각적 커뮤니케이션의 영향력과 비례한다.

✔ 뮤직비디오

디스플레이 사이즈에 따른 청각적 커뮤니케이션은 비선형적인 추세선이 47.4%의 설명력을 가지고 있으므로 선형적인 추세선(3.4%)보다 정확하다고 볼 수 있다.

[그림 6] 뮤직비디오의 청각적 커뮤니케이션

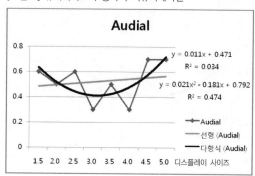

디스플레이 사이즈에 따른 시각적 커뮤니케이션은 비선형적인 추세선이 47.4%의 설명력을 가지고 있으므로 보다 정확하다고 볼 수 있다.

[그림 7] 뮤직비디오의 시각적 커뮤니케이션

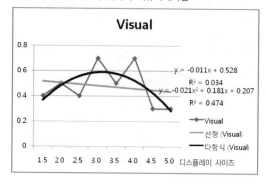

뮤직비디오의 경우 디스플레이 사이즈가 커질수록 시각보다는 청각적 커뮤니케이션이 높게 나타났다.

✔ 뉴스

디스플레이 사이즈에 따른 청각적 커뮤니케이션은 비선형적인 추세선이 선형적인 추세선(0.2%)보다 높은 1.3%의 설명력을 가지고 있으므로 좀 더 설득력이 있다. 한편 그 기울기의 변화는 매우 미미하다.

[그림 8] 뉴스의 청각적 커뮤니케이션

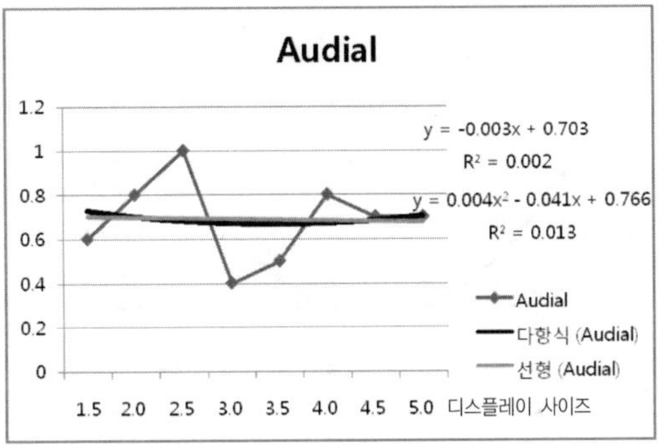

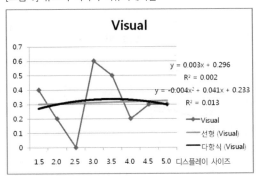

디스플레이 사이즈에 따른 시각적 커뮤니케이션은 비선형적인 추세선이 선형적인 추세선보다 높은 1.3%의 설명력을 가지고 있으므로 좀 더 설득력이 있다.

[그림 9] 뉴스의 시각적 커뮤니케이션

뉴스도 예외적으로 디스플레이 사이즈가 커질수록 청각이 더 영향력이 큰 것으로 나타났다.

✔ 쇼프로그램

디스플레이 사이즈에 따른 청각적 커뮤니케이션은 비선형적인 추세선
이 선형적인 추세선(11.3%)보다 더 높은 46.8%의 설명력을 가지고 있으
므로 보다 정확하다고 볼 수 있다.

[그림 10] 쇼프로그램의 청각적 커뮤니케이션

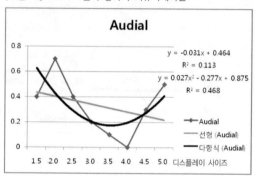

디스플레이 사이즈에 따른 시각적 커뮤니케이션은 비선형적인 추세선
이 선형적인 추세선(11.7%)보다 더 높은 14.6%의 설명력을 가지고 있으
므로 보다 정확하다고 볼 수 있다.

[그림 11] 쇼프로그램의 시각적 커뮤니케이션

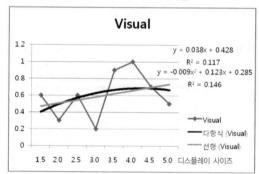

쇼프로그램은 드라마와 유사한 모습을 보인다.

✔ 애니메이션

디스플레이 사이즈에 따른 청각적 커뮤니케이션은 비선형적인 추세선이 선형적인 추세선(34.8%)보다 더 높은 51.2%의 설명력을 가지고 있으므로 보다 정확하다고 볼 수 있다.

[그림 12] 애니메이션의 청각적 커뮤니케이션

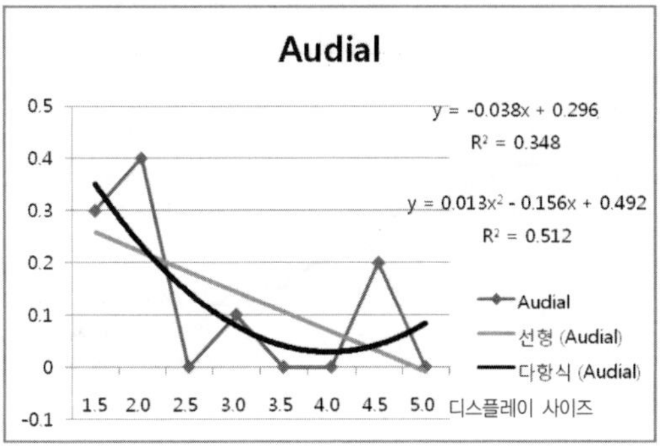

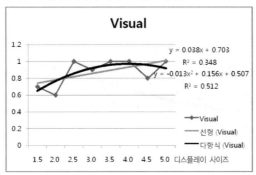

디스플레이 사이즈에 따른 시각적 커뮤니케이션은 비선형적인 추세선이 선형적인 추세선보다 더 높은 51.2%의 설명력을 가지고 있으므로 보다 정확하다고 볼 수 있다.

[그림 13] 애니메이션의 시각적 커뮤니케이션

애니메이션에서도 시각적 커뮤니케이션이 디스플레이 사이즈의 크기와 비례하는 것으로 나타났다.

✔ 영화

디스플레이 사이즈에 따른 청각적 커뮤니케이션은 비선형적인 추세선
이 선형적인 추세선(47.5%)보다 더 높은 50.0%의 설명력을 가지고 있으
므로 보다 정확하다고 볼 수 있다.

[그림 14] 영화의 청각적 커뮤니케이션

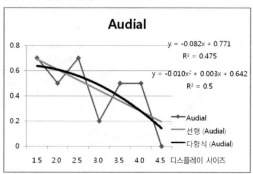

디스플레이 사이즈에 따른 시각적 커뮤니케이션은 비선형적인 추세선
이 선형적인 추세선(26.8%)보다 더 높은 27.5%의 설명력을 가지고 있으
므로 보다 정확하다고 볼 수 있다.

[그림 15] 영화의 시각적 커뮤니케이션

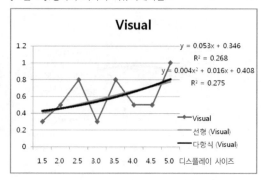

영화는 시각적 커뮤니케이션이 디스플레이 사이즈와 비례함을 알 수
있다.

4. 한계와 발전 방안

남녀 성별과 콘텐츠별 차이를 고려해 보았을 때, [청각-시각] 커뮤니케이션 효과 중에서는 시각 커뮤니케이션이 훨씬 강력한 것으로 나타났다. 그렇지만, 디스플레이 사이즈에 따른 세그먼트로 분석해 보았을 때 1.5~2.0인치 사이에서의 커뮤니케이션 영향력을 확인해 보면, 시각 커뮤니케이션이 0.45, 청각 커뮤니케이션이 0.55로 그 차이를 확인할 수 있다. 이는 모바일 DMB 콘텐츠 커뮤니케이션(평균 모바일 DMB 디스플레이 사이즈는 1.9인치)에서 시각보다는 청각에 기인한 커뮤니케이션이 더 큰 영향을 받는다는 것을 의미한다. 흥미로운 것은 뮤직비디오나 뉴스의 경우는 디스플레이 사이즈의 변화에 따른 시각 커뮤니케이션의 영향력이 다른 콘텐츠에 비하여 매우 적다는 점이었다.

지난 2006년 12월 BBC 방송에서 발표한 유럽의 DVB-H 애널리스트의 분석은, 모바일 디바이스로 이용할 수 있는 영상콘텐츠는 90초 길이의 한계를 넘지 못한다("the key message about video programming for mobile phones is to think short and limit content to 90 seconds")라는 것과 인터넷이 가지고 있는 쌍방향미디어 구성의 한계를 넘지 못 한다("Another must is interactivity—the ability to use the phone as a back channel, for voting or linking to websites")라는 내용을 포함하고 있다. 이것은 콘텐츠별 연구뿐만 아니라 디바이스 요소 가운데 하나인 디스플레이가 시각적 만족도를 충족시키는 데 영향을 줄 뿐만 아니라, 콘텐츠 길이의 한계에 영향을 미친다는 것을 의미한다. 즉 지속적인 시청을 하는 TV와 달리 모바일 DMB는 간헐적인 시청 경향이 있음을 보여주는 것이다. 여기서 디스플레이에 관련한 시각 커뮤니케이션 연구가 시청 패턴을 보완하는 방향으로 진행되어야 함을 알 수 있다. 또 하나는, 휴대성의 효율을 높이기 위하여 작아진 인터페이스가 오히려 인터넷이 가지고 있는 쌍방향 미디어 구성을 넘어서지 못하고 일방향 미디어 구성을 지향하고 있다는 것을 의미한다. 결국 이것은 청각-시각 커뮤니케이션 효과의 연구가 단순히 콘텐츠별로 어떠한 영향력을 갖는지를 알려주는 것에 그쳐서는 안 된다는 것이다. 나아가 청각 정보에 편리한 인터페이스, 시각 정보에 편리한 인터페이스가 어떻게 관련되는지를 지속적으로 연구해야 함을 확인해 준다.

본 실험은 크게 세 가지의 한계점을 가지고 있다. 첫 번째는 데이터의 제한이다. 데이터를 제공받은 커뮤니티 피실험자들은 대부분 DMB에 대한 관련 지식을 보유하고 있는 사람들이었기 때문에 일반적인 데이터라고 보기는 어려울 뿐 아니라 일반인의 커뮤니케이션 패턴을 정확히 반영했다고도 볼 수 없다.

두 번째는 커뮤니케이션에 대한 개념의 단순화이다. 우선 콘텐츠 장르별로 인지적 차이를 고려하지 않은 데서 오는 단순화의 문제를 언급할 수 있겠다. 피실험자에게 좀 더 콘텐츠별 인지적 차이의 정도를 확인한 후 반영한다면 보다 정확한 연구가 진행될 수 있었을 것이다.

세 번째는 실험자극으로 사용된 콘텐츠의 대표성이다. 하나의 콘텐츠에 대하여 2~3개 샘플링을 더 활용하여 실험하였다면 콘텐츠에 대한 커뮤니케이션 영향력을 보다 세분화할 수 있었을 것이다. 본 연구에서는 장르 구분을 단순화하여 가장 간단하고 확인이 용이한 기술통계량 비교를 실시했으며, 단순회귀 분석을 사용하여 청각-시각 커뮤니케이션 효과를 확인하였다. 하지만, 좀 더 콘텐츠 장르를 세분화하고 여기에 스토리텔링 관련 데이터까지 추가했다면 클러스터 분석이나 요인 분석과 같은 좀 더 정교한 분석이 가능했을 것이다. 그리고 이를 통해 발전된 형태의 디지털 멀티미디어 콘텐츠 커뮤니케이션 영향력 평가가 좀 더 객관적으로 이루어질 수 있을 것이다.

참고문헌

논문

Botta, R., & Bracken, C.(2002), "Music bound : Men, muscularity, and social comparisons", Paper presented at *the Mass Communication Division of the annual meeting of the National Communication Association*, New Orleans, LA.

Bracken, C.(2005), "Presence and image quality : The case of high-definition television", *Media Psychology* 7.

Lombard, M.(1995), "Direct responses to people on the screen : Television and personal space", *Communication Research* 22(3).

Lombarad, M., & Ditton, T.(1997), "At the heart of it all : The concept of presence", *Journal of Computer-Mediated Communication* 3(2), Retrieved November 23, 2006 from http://jcmc.indiana.edu/vol3/issue2/lombard.html

Lombard, M., Ditton, T., Grabe, M., & Reich, R.(1997), "The role of screen size in viewer responses to television fare", *Communication Reports* 10(1).

Lombard, M., Reich, R., Grabe, M., Bracken, C., & Ditton, T.(2000), "Presence and television : The role of screen size", *Human Communication Research* 26(1).

Reeves, B., Detenber, B., & Steuer, J.(1993), "New televisions : The effect of big pictures and big sound on viewer responses to the screen". Paper presented at *the Information Systems Division of the Conference of the International Communication Association*, Washington, DC.

Reeves, B., Lang, A., Kim, E., & Tatar, D.(1999), "The effect of screen size and message content on attention and arousal", *Media Psychology* 1.

Roth, C.(2005), "Opinion : Apple gets it right with iPod video resolution", *Video/ Imagine Design Line*. Retrieved May 17, 2007 from http://www.videsignline.com.

The new iPod.(2006), "A fine *music* player with video benefits", *Consumer Reports.org*. Retrieved May 17, 2007 from http://www.consumerreports.org.

단행본

December J., 윤준수 역(1998), 『인터넷과 커뮤니케이션 패러다임의 전환』, 커뮤니케이션북스.

Reeves, B., & Nass, C.(1996), *The media equation : How people treat computers, television, and new media like real people and places*, New York : Cambridge University Press.

Tan, D.(2004), *Exploiting the cognitive and social benefits of physically large displays*, Unpublished doctoral dissertation, Carnegie Mellon University, Pittsburg, Pennsylvania.

1. 미디어 천국 속의 재매개

현재 우리 문화생활을 좌지우지하는 매개체 중의 으뜸은 미디어라고 할 수 있다. 수많은 미디어가 자리를 차지하고 있는 사회의 모습은 미디어 천국이라고 불릴 만하다. 평범한 오후의 지하철 안을 살펴보자. 피곤해 보이는 듯한 회사원은 넋을 놓은 채 지하철 벽면의 광고를 바라보고 있고, 한 여대생은 이어폰을 귀에 꽂은 채 휴대폰을 통해 미국 드라마를 보고 있다. 교복을 입은 고등학생은 목에 걸린 휴대폰으로 음악을 듣고, 날렵해 보이는 비즈니스맨 청년은 한시도 아깝다는 듯이 노트북을 꺼내 사무를 본다. 서 있는 사람들은 하나같이 고개를 들고, 지하철 안에 달려 있는 작은 텔레비전을 멍하니 바라보고 있다. 역에 도착했음을 알리는 방송이 나오면 사람들은 잠시 자신이 내릴 곳을 확인한 후, 다시 자신의 미디어 세상으로 빠져든다.

그럼 이제, 이 장면에 출현하는 미디어를 한번 구분해 보자. 벽면의 광고는 사진이고, 지하철에 달린 액정은 텔레비전이다. 그런데 드라마를 보여주거나 음악을 들려주는 휴대폰은 텔레비전 혹은 MP3 플레이어가 아닌가? 이것을 그냥 휴대폰이라고 구분하는 것이 맞는가? 더 나아가서, 텔레비전이나 MP3 플레이어는 그 자체로 독립된 미디어라고 할 수 있는가? 빠르게 출현하고 신속하게 발전해나가는 미디어들을 자연스럽게 수용하고 사용하던 사용자들은 위와 같은 질문들을 어색하게 받아들일지도 모른다. 하지만 모두들 이런 광고를 한번쯤은 보지 않았을까? "휴대폰이야, 디지털 카메라야?"

하나의 미디어는 모든 물건들이 그렇듯 발전의 역사를 고스란히 담고 있다. 현대 미디어들은 독립적인 장르로 구분하기 힘들 정도로 다른 미디어들과 상호보완하며 발전해 왔다. 미디어들은 다른 미디어를 그대로 가져오거나 그 성질을 차용하는 과정에서 새롭게 태어난다. 다른 말로, 미디어들은 서로를 '재매개(remediation)'한다. 휴대폰은 텔레비전과 라디오, 사진기 등을 재매개하고, 텔레비전은 영화나 라디오를, 사진은 회화를 재매개한다. 재매개를 통해 미디어는 다른 미디어의 성질을 받아들이고 개조하고 때로는 경쟁하면서 나름대로의 문화적 가치를 창출해 낸다.

재매개의 개념은 이미 사회 깊숙이 스며들어 있지만, 아직 우리에게는 '재매개'라는 단어의 어감조차 생소하다. 재매개에 대한 개념이 자세하게 소개되어 있는 서적은 국내에 많지 않으며, 그 설명들도 복잡하고 전문적이어서 쉽게 이해가 되지 않는다. 이 글에서는, 재매개에 대한 개념을 이해하기 쉽게 정리하고, 재매개의 성질들을 자세히 살펴봄으로써 미래의 미디어에 대한 전망까지 해 볼 것이다.

2. 재매개란 무엇인가?

'재매개(remediation)'라는 용어를 처음 들으면, "'다시 매개한다'는 뜻이 아닐까" 하는 생각이 들 것이다. 우선 '매개한다'는 말은 '둘 사이에 관계를 맺어준다'는 뜻이다. '다시 매개한다' 함은 단일적이고 선형적으로 관계를 맺는 것에서 벗어나 다차원적이고 제한 없는 다양한 상호관계를 맺는다는 뜻이라고 생각할 수 있다.

'재매개'란 용어를 처음 고안해 낸 것은 Jay David Bolter로 알려져 있는데, 그가 이 용어를 거론한 후에 그 논리를 자세하게 다루게 되기까지는 많은 연구가 필요했다(이재현 역, 2006).

'재매개'를 이해하기 위해서는 재매개가 가진 이중논리를 하나씩 나누어 살펴보는 것이 필요하다. 재매개의 논리는 비매개(immediacy)와 하이퍼매개(hypermediacy)로 나누어진다. 이 두 가지 논리는 물론, 따로 존재하는 것이 아니라 서로 상호적으로 영향을 미치며 재매개를 구성하고 있다.

비매개는 '투명성 비매개(transparent immediacy)'로 부르기도 하는데, 매개체를 잊고 몰입한다는 의미이다. 쉽게 말해서, 미디어가 마치 투명한 듯이―존재하지 않는다는 듯이―느끼는 것을 뜻한다. 하이퍼매개는 비매개의 반대개념 정도로 생각해도 괜찮다. 비매개가 미디어를 잊게 하는 의미라면, 하이퍼매개는 미디어를 상기시킨다는 의미이다.

영화 <괴물>을 보고 있다고 가정했을 때, CG로 만들어 낸 괴물이 화면을 향해 다가오면 관객들은 실제로 긴장을 느끼지만, 영화가 끝나고 화면이 꺼지면 우리는 그것이 단지 영화였다는 것을 깨닫는다. 괴물을 '실제 같다'고 느끼는 것은 영화의 비매개적 성격 때문이며, 영화라는 것을 깨닫는 것은 미디어의 존재가 환기되는 하이퍼매개성이라고 볼 수 있다.

이러한 이중논리로 구성되는 재매개는 '재목적화(repurposing)'로도 설명할 수가 있다. 재목적화는 한 미디어가 갖고 있는 속성을 취해 그것을 다른 미디어에서 재사용(reuse)하는 것이다(이재현 역, 2006). 재매개는 재목적화의 원리에 '서로 다른 미디어끼리 융합되거나, 다른 미디어를 통째로 재사용하는 것'이 더해졌다.

[그림 1] 포털사이트 네이버. 수많은 재매개가 숨어 있다.
출처 : 네이버 http://www.naver.com

재매개의 원리를 아주 잘 설명해주는 것이 바로 웹이다. 지금 컴퓨터를 켜고 인터넷을 연결한 후에, 포털사이트 네이버에 접속해보자. 우선, 수많은 텍스트들이 가지런히 정렬되어 있는 것이 보이고, 화면 가운데 상단에는 움직이는 광고 동영상이 눈길을 사로잡는다. 그 밑으로 사진, 만화, 동영상, 사이버 시장들이 보인다. 이 웹 페이지에서 재매개의 흔적들을 한번 찾아보자. 우선 사진을 재매개한 것이 보이고, 만화나 회화, 텔레비전, 라디오, 신문, 책, 달력, 사전, 시계와 시장까지, 재매개된 미디어 또는 기존 문화가 너무 많아서 다 열거할 수 없을 정도이다. 웹이 재매개하는 것들은 대부분 기존 형식이 유지된 형태이며, 우리는 쉽게 그것들을 구분해낼 수 있다.

재매개는 때로는 기존의 형식을 심하게 변형하는 형태로도 일어나는데, 이 때 우리는 재매개한 형태와 기존의 형태가 독립적인 것이라고 생각할 수도 있다. 예를 들어, 웹캠(PC카메라)의 경우 카메라와 텔레비전을 재매개 했기 때문에, '컴퓨터 상의 카메라 또는 텔레비전'이라고 인식될 수 있지만, 우리는 웹 카메라를 재매개한 것들과는 상관없는 독자적인 하나의 미디어로 생각해 버린다. 휴대폰 카메라의 경우도 마찬가지이다. 휴대폰 카메라는 사진기를 재매개했지만, 사용자들은 사진기와는 독자적인 형태로 인식하고 심지어는 '폰카'라는 상용적인 이름을 붙이기도 한다. 이와 같이 재매개는 기존 형식을 그대로 유지하거나 융합하기도 하고, 완전히 숨기면서도 일어난다. 하지만 분명한 것은 재매개된 기존 미디어의 성질은 그대로 남아 있다는 점이다.

이제 비매개와 하이퍼매개 각각을 더 자세히 알아보기로 하자.

(1) 비매개

비매개는 위에서도 설명한 것과 같이, 매개체를 투명하게 느끼는 것,

즉 매개된 것이 없다고 느낀다는 논리이다. 이러한 비매개성은 우리의 감각적인 경험에 의해서 생겨난다.

사진이 회화를 재매개하여 처음 탄생했을 때를 상상해보자. 사람들은 사진의 그 '실제와 같음'에 깜짝 놀랐다. 여기서 '실제'라는 것은 그 동안 쌓아 왔던 시각적인 경험에 의존한 것이다. 만약 나무를 실제로 한번도 보지 못한 사람일지라도 그림과 사진에 표현된 질감, 명암, 채도 등을 비교하고는 어떤 것이 '진짜'인지 구분해 낼 것이다. 현실 세계의 모습이 그만큼 시각적인 경험에 의해 우리 머릿속에 구현되어 있기 때문이다.

비매개는 '몰입'으로도 설명할 수 있다. 즉, 미디어의 존재를 잊을 만큼 몰입한다는 의미이다. 흔히 컴퓨터 게임에서 이런 몰입현상이 잘 나타난다. 시선처리와 동작의 지정 등이 사용자에게 있어 자유로울 때 비매개가 발현된다.

유명한 컴퓨터 게임인 WOW(World Of Warcraft)는 1인칭과 3인칭 시점을 모두 지원한다. 이 게임에서는 키보드로 캐릭터의 동작을 제어할 수가 있으며, 사용자는 캐릭터의 시점과 똑 같은 화면을 볼 수가 있다. 캐릭터의 움직임은 사람과 흡사하고, 춤을 추거나 웃는 등의 감정표현을 어느 선까지는 할 수가 있다. 사용자가 원하는 대로 걷거나 뛸 수가 있으며, 사방을 모두 살필 수가 있는데, 시야가 우리 눈으로 보는 것과 다를 바가 없다. 또

[그림 2] World of warcraft. 1인칭 화면의 지원으로 극대화된 비매개의 세계를 경험할 수 있다. 출처 : World of warcraft 공식 홈페이지 http://www.worldofwarcraft.co.kr

한 1인칭 화면으로 바뀌게 되면 사용자를 대체하는 캐릭터도 사라지게 되므로 자신이 직접 WOW의 세계를 탐험하는 느낌을 준다. 몰입성이 커지고, 비매개성도 증가하게 되는 것이다.

비매개를 발생시키는 감각적 경험은 계속해서 증식된다. 예를 들어, 컴퓨터 게임에서 하늘을 나는 행동을 반복한다면, 게임의 비매개성에 의해서 하늘을 나는 경험이 어느 정도 기억되어 다른 미디어에서 하늘을 나는 장면을 접했을 때 좀 더 몰입할 수 있게 된다.

비매개의 원리는 미디어의 재매개뿐만 아니라 일상생활의 모습에도 적용할 수가 있다. Dream Theater의 음악을 연주하는 밴드가 원곡과 똑같이 연주를 한다면, 우리는 '비매개적이다'고 말할 수 있다. 창문이 너무 깨끗하여 창문을 통해 보이는 바깥의 모습이 직접 바라보는 모습과 다를 바 없다면, 역시 우리는 '비매개적이다'고 말할 수 있다.

(2) 하이퍼매개

하이퍼매개의 모습을 그려본다면, 빨간색과 파란색이 합쳐져 보라색이 되는 것이 아니라, 태극무늬처럼 자연스럽게 어우러져 공존하는 형상이 될 것이다. 콜라주의 모습이라고 생각해도 좋다. 재매개된 미디어들은 어떤 것도 우위를 가지지 않으며, 모습을 지우거나 숨기지도 않는다.

위에서도 자주 언급한 휴대폰은 하이퍼매개를 설명할 수 있는 좋은 커뮤니케이션 미디어이다. 무선전화 통화와 SMS서비스만을 주로 제공하던 휴대폰은 사용자들의 편의성과 엔터테인먼트 욕구를 겨냥하여 텔레비전, 게임기, 사진기, MP3, 심지어는 컴퓨터까지도 재매개했다. 이제는 휴대폰으로 버스비를 계산하거나 모바일 뱅킹을 사용하고, GPS 서비스를 이용하는 것까지도 어색하지 않다. 휴대폰이라는 작은 기기가 이 모든 미디어를 담고 있기 때문에 이러한 재매개는 하이퍼매개의 논리가 지배적일 수

놀이 공간 | 예술 공간 | 디지털 광장 | 디지털 기계

밖에 없다. 왜냐하면 하나의 미디어 기능을 사용한 후에, 또 다른 미디어 기능을 사용하기 위해서는 꽤 여러 번의 조작이 필요하기 때문이다. 버튼 조작 또는 터치스크린 조작을 한 후에, 원하는 미디어 기능의 종류가 화면에 표시되고 나서야 비로소 우리는 그 기능을 사용할 수가 있다.

웹상의 동영상 광고는 하이퍼매개적인 성격이 매우 강하다. 우선, 웹 페이지의 부분만을 차지하는 영상이기 때문에 '미디어'라는 사실이 금방 드러난다. 또한 신속함이 생명이라고 할 수 있는 인터넷 세계에서 효과적으로 광고를 하기 위해서는 '강조'를 하는 전략이 필요하기 때문에 동영상 광고들은 자신을 부각시키는 쪽으로 발전해 간다. 광고 영상들은 광고하는 대상을 한눈에 알아볼 수 있는 디자인을 확대하거나 번쩍거리게 하는 효과를 사용하여 강조한다. 텍스트나 사진 등도 거침없이 화면에 나타났다가 사라지곤 한다.

텔레비전이나 영화에서 화면이 분할되어 나타나는 경우가 간혹 있다. 쉬운 예를 들자면, 장애인을 위한 수화서비스와 같은 것을 말한다. 분할된 화면들은 중요도에 따라 크기가 변하거나 강조되기도 한다. 이것 또한 하이퍼매개의 성격이 잘 부각되는 예라고 할 수 있다.

3. 비매개의 확대

(1) 비매개의 욕구

통신기술이 발전할수록 휴대폰이나 노트북은 얇아지고 가벼워진다. 미디어의 외형이 작고 가벼워질수록 그 존재감도 줄어들 수밖에 없다. 그러면 우리는 미디어의 존재를 잊고 몰입할 수 있게 된다. 비매개의 욕구는 회화를 사진이 재매개하고 사진을 영화가 재매개할 때부터 항상 존재해왔다. 휴대폰의 벨소리가 단음이었던 시절, 사람들은 좀 더 '음악 같은' 벨소리를 원했다. 현재는 라디오나 MP3 플레이어에서 지원하는 음악 못지 않은 벨소리가 휴대폰에서 울려 퍼진다. 처음에는 신기하기만 했던 미디어가 보편화됨에 따라서 사용자들은 미디어와 점점 더 가까워지기를 원했고, 심지어 현재는 미디어가 사라지고 감각적 자극만 남기를 바라고 있다. 조금 더 몰입하고, 조금 더 실제감을 느끼고 싶은 욕구는 텔레비전 시장에도 반영되었다. 텔레비전은 더 커다란 화면에 높은 선명도, 평면 액정을 갖추기 위해 끊임없는 탈바꿈을 해야 했다.

컴퓨터 사용자들은 음성만으로 모든 것을 처리할 수 있는 컴퓨터를 간절히 원해왔다. 키보드와 마우스가 사라지고, 여러 기능을 하는 버튼까지도 없어진 투명한 컴퓨터를 갈망한다. 감각적인 경험을 이용한 인터페이스로 비매개성을 키운 타블렛이나 스타일러스 펜 등이 발명되었지만, 사람들은 거기에서 만족하지 않는다.

비매개의 욕구는 비단 미디어에서뿐만 아니라 일상생활에서도 발생한다. 운전자들은 '운전하지 않고도 목적지까지 갈 수 있게 해주는 자동차'를 원하고 있다. 지도는 이미 GPS서비스와 내비게이션 서비스로 재매개되었고, 그 서비스들을 이용하여 혼자 이동하는―운전자들은 자동차 안이라는 사실조차 잊을 수도 있다―자동차는 운전자들의 욕망이 끊이지 않는 이상 곧 상용화될지도 모른다.

그럼 이러한 비매개의 욕구는 왜 발생하는 것일까?

하이퍼매개적인 미디어들을 사용하면서, '미디어 속에서 즐기고, 미디어 속에서 느낀다'는 점을 깨닫고 동참할 수 있지만, 미디어를 통해서 직접적이고 실제적인 경험을 하고자 하는 욕구는 사라지지 않는다. 비매개의 욕구는 더 큰 자극을 원하는 마음과 연결 지어 생각할 수 있다. 비매개의 확대를 통해 미디어의 존재를 잊게 되면, 그만큼 우리는 감각적으로 더 큰 자극을 받아들일 수가 있다. 이에 따른 비매개의 욕구는 게임과 같은 엔터테인먼트 미디어에서 주로 나타난다. 또 다른 이유는 편리함 때문이다. 실제 세계에서 기억된 우리의 경험과 다른 조작 방식으로 사용하는 미디어는 당연히 부각된다. 이런 때의 미디어 사용은 몸에 익지 않아 불편하고 어색할 수가 있다. ─평소 하지 않던 방법으로 텍스트를 생성해야 하는 키보드 자판의 경우가 그렇다. ─ 때문에 '이런 미디어가 없는 듯한' 상태를 원하게 되는 것이다.

(2) 미디어의 비매개성 확대

하이퍼매개와 비매개를 완벽하게 구분해서 적용할 수 있는 미디어는 거의 없다. 영화 <볼케이노>에서 화산이 폭발하는 장면을 보면, 실제와 같이 느껴져서 비매개성이 발현되지만, 한편으로는 현실적으로 잘 일어나기 힘든 상황이라는 생각에 미디어라는 매개체가 부각되어 하이퍼매개적이기도 하다. '비매개적인 미디어'는 다시 말하면 '하이퍼매개성보다 비매개성이 큰 미디어'라고 할 수 있다. 위에서 논해 본 것과 같이 비매개의 욕구가 커짐에 따라서 비매개가 확대된 미디어들이 끊임없이 출현하고 있으며, 그 미디어의 비매개성은 날이 갈수록 커지는 경향을 보인다.

닌텐도 주식회사의 게임들에 관련하여 미디어의 비매개가 어떻게 확대되어 갔는지를 한번 살펴보자. 1990년대의 어린 시절을 보낸 사람들은 누구나 다 한번쯤 '슈퍼마리오'와 같은 '게임보이' 게임을 해 봤을 것이다. 또, 요즘 미디어를 자주 접하는 사람이라면 장동건의 뇌 나이가 58세라는 것을 알고 있을 것이다. 이만큼 닌텐도의 게임들은 수십 년에 거쳐 세계적인 게임시장을 넓게 섭렵하고 있다. 닌텐도 주식회사는 1889년도부터 1977년도 비디오게임을 출시하기 전까지는 화투나 트럼프 등의 장난감을 만들었다. 초기의 비디오게임은 매우 간단한 인터페이스를 가지

고 있었지만, 기존의 게임과 컴퓨터를 재매개한 것이었다. - 하지만 처음
에는 소프트웨어의 개념이 자리 잡지 않았으므로 비디오게임에 컴퓨터가
사용되지 않았다. - 80년대에 액정을 이용한 게임기가 출시되면서 사용자
들은 시각적인 몰입을 더 잘 할 수 있게 되었다. 1983년에 출시된, 우리
도 잘 알고 있는 패밀리 컴퓨터는 소프트웨어의 개념을 도입하여, 쉽고
간편하게 여러 가지 게임을 제공했다. 90년대에 들어서면서 휴대용 게임
기에도 컬러 액정이 도입되고, 인터페이스와 그래픽 디자인이 발전하여
사용자들은 정신없이 게임에 빠져들었다.

그 후, 닌텐도 주식회사는 2004년 '닌텐도 DS'를 출시하여 세계적으
로 폭발적인 반응을 얻었다. 닌텐도 DS는 단순히 '몰입의 정도'를 높이
는 인터페이스만을 구현한 것이 아니라 인지적 비매개성을 높이는 인터
페이스를 도입했다. 우선, 더블스크린을 통해 작은 게임기 화면의 시야를
자유자재로 넓혔다. 스크린은 터치스크린 방식으로 사용자 동작의 동선
을 최소한으로 줄였다. 비매개성을 확대시키는 데 있어 큰 역할을 한 것
은 내장된 마이크이다. 마이크가 보이지도 않기 때문에, 사용자들은 자연
스럽게 말하는 대로 게임이 진행되는 경험을 할 수 있게 되었다. 더불어
마이크에 대고 바람을 불어 넣으면 실제로 게임기 안에서 바람이 부는
현상이 일어난다. 덕분에 가상 풍선을 불 수도 있고, 요리를 하는 게임에
서는 끓이는 도중에 음식을 식힐 수도 있다.

여성들에게 특히 큰 인기를 얻고 있는 '닌텐독스(Nintendogs)'는 게임
기 상에서 가상 강아지를 키울 수 있다. 1990년대 중반에 일본 반다이남
코사에서 출시한 다마고치와 흡사하지만, 비매개성은 엄청나게 확대된
형태이다. 닌텐독스는 실제 강아지와 같이 먹이를 주고, 훈련을 시키거나
산책을 시킬 수 있다. 자신이 원하는 이름을 지을 수 있는데, 실제 강아
지가 그렇듯이 반복적으로 불러서 기억시켜야만 한다. 터치펜으로 강아

지를 쓰다듬을 수도 있으며, 함께하는 시간이 길어질수록 유대감이 깊어져 강아지가 주인을 더 잘 따르게 된다. 닌텐독스의 움직임이나 소리, 행동들을 보면 강아지의 그것과 너무나 흡사하다. 산책을 하다가 영역표시를 하기도 하고, 쓰레기를 주워 먹으려고도 하며 다른 강아지를 만나면 경계하거나 다가가서 사귀기도 한다. 사용자들은 곧 닌텐독스가 진짜 강아지인 듯이 돌보게 된다.

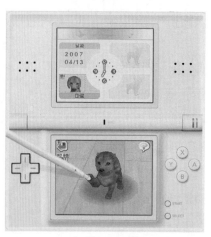

[그림 3] 닌텐독스(Nintendogs). 실제 강아지를 키우는 듯한 느낌을 준다.
출처 : Nintendo Korea http://www.nintendo.co.kr

[그림 4] Nintendo wii. 동작을 감지하는 센서가 달린 리모컨으로 실제 같은 스포츠를 즐길 수 있다.
출처 : Nintendo Wii 홈페이지 http://wii.com

하지만 닌텐독스는 아직 완전한 투명성을 자랑하지는 못한다. 강아지를 손으로 직접 만질 수 없다는 것을 느낄 때나, 똑같은 동작들만 보여줄 때, 실제 강아지로서는 하지 못하는 동작—강아지를 두 마리 이상 키우게 되면 한 마리와 줄넘기를 같이 돌릴 수 있다—을 하는 것을 보게 될 때면 하이퍼매개의 논리가 환기된다.

2006년 닌텐도에서 개발하여 곧 정식 발매할 예정인 '닌텐도 위(Nintendo wii)'는 말 그대로 '집에서도 스포츠를 즐기는 가상현실 세계'를 만들어낸다. Wii의 조작 리모컨은 모션센서, 화면 포인팅 기능이 있어서 사용자의 움직임을 게임에서 재현해준다. 진동 기능과 스피커를 내장하고 있어서 테니스를 친다면, 테니스를 칠 때의 상황을 실감나게 느낄 수가 있다. 그야말로 게임의 비매개성을 극대화시킨 것이다. 닌텐도에서 출시하는 게임의 역사적 성향만 보아도 미디어의 비매개 논리의 확대를 금방 확인할 수가 있다.

닌텐도의 게임이 감각적인 투명성을 확대시켜서 비매개성을 확보했다면, 소니 컴퓨터 엔터테인먼트(Sony Computer Entertainment)에서 발매한 플레이스테이션(Playstation)은 그래픽을 최대한 사실적으로 구현하여 비매개의 장을 연다. 그란투리스모(Granturismo)라는 레이싱 게임은 실제 존재하는 자동차를 그대로 화면에 재구성하며, 자동차 엔진소리, 바람 소리 등을 사실적으로 녹음하여 재생한다. 전문 레이서를 고용하여 게임 실험을 진행했을 때, '실제 레이싱과 다를 바가 없다'는 결과가 나왔을 정도로 높은 투명성을 보여준다.

게임 외에도 많은 미디어에서 비매개의 확대 현상이 일어나고 있다.

1838년 모스가 전신기를 발명하고, 1876년 벨이 전화기를 발명하면서 새로운 통신의 시대가 열렸다. 하지만 언제 어디서나 자유롭게 통신을 하고 싶다는 욕망은 1895년 마르코니가 발명한 무선 전신기를 기점으로 하여 선이 없는 전화기를 탄생시켰다. 이후로 반도체 기술과 이동통신 기술의 놀라운 발전으로 상용화된 작은 휴대폰을 시장에서 만나볼 수 있게 되었다.

[그림 5] Granturismo. 게임의 배경이 실물과 흡사하다.
출처 : Playstation 홈페이지 http://www.playstation.co.kr

초창기의 휴대폰은 아저씨들이 허리춤에나 차고 다닐 듯한 무전기 같은 모양에, 무게도 1Kg이 넘어갔다. 그러나 기술이 발전할수록, 휴대폰은 사용자의 욕구에 발맞추어 더 얇고 가벼워져 가고 있다. 두께가 1cm가 채 되지 않는 휴대폰은 통화를 하는 도중에도 그 존재가 잘 느껴지지 않을 정도이다. 사람들은 여기서 만족하지 않는다. 손을 대지 않고도 다른 사람과 통화를 할 수 있는, 휴대폰이라는 매개체를 잊고 목소리만으로 직접 커뮤니케이션을 하는 것처럼 느낄 수 있는 핸즈프리를 만들어냈다. 핸즈프리도 처음에는 유선으로 만들어졌으나, 이제는 귀에 걸어서 쉽게 장착할 수 있는 무선으로 바뀌었다. 문근영이 강의실에서 음악을 들으며 춤을 추다가 갑자기 고개를 옆으로 한번 '까닥' 한 후에 "여보세요?"라고 말하는 광고를 보면서 처음에 사람들은 '저게 뭐하는 거지?' 하고 생각했다. 하지만 요즘에는 그 블루투스 헤드셋을 휴대폰, MP3 할 것 없이 자유롭게 연결하여 사용하고 있다. 블루투스 광고를 보면, '당신의 휴대폰을 액세서리로 만들어 버린다'고 강조한다. 블루투스 헤드셋과 같

은 핸즈프리는 휴대폰이라는 미디어를 완전히 숨겨 버리는 것이다.

[그림 6] 블루투스 이어폰. 휴대폰의 비매개성을 확대시켜준다.
출처 : 블루투스 월드 http://www.bluetoothworld.co.kr

비매개의 확대는 미디어간의 재매개 작용에서도 일어난다. 컴퓨터에서 볼 수 있는 동영상들은 영화나 텔레비전을 재매개한 것이고, 그 형태 또한 거의 변하지 않았다. 하지만 그 동영상들을 텔레비전이라고 부르지는 않는다. 마치 원래부터 컴퓨터에 존재했던 하나의 독립된 미디어로 여겨지기도 한다. 책이나 영화를 재매개한 컴퓨터 게임, MP3나 텔레비전, 컴퓨터를 재매개한 휴대폰 등은

이미 그 자체가 하나의 미디어가 된 듯하다. 하이퍼매개된 미디어들이 감춰진 것이다. 다시 말해서 재매개에 있어서 하이퍼매개성이 비매개성의 그늘에 가려져, 하이퍼매개의 비매개가 일어난다는 것이다.

(3) 비매개의 확대에 따른 위험성

미디어를 비롯한 생활 전면에서 비매개 욕구가 강렬해지고, 그 욕구를 '비매개 확대'의 방법으로 실현시켜 나가는 오늘, 이에 따른 부작용과 위험성이 커지고 있다. 비매개성이 높을수록 우리는 그것을 '실제 세계'의 것과 구분하기 힘들어진다. 만약 비매개성이 매우 큰 폭력적인 게임을 오랫동안 할 경우, 그런 폭력적인 행위를 실제 세계에서도 해도 괜찮다는 생각이 생길지도 모른다. 얼마 전 일어났던 버지니아 총기 난사 사건에 있어서도, 조승희가 평소 폭력적인 게임을 많이 했다는 것이 범행 동기 중 하나일 것이라는 추측이 제기되었다. 이러한 우려는 '닌텐도 wii'와 같이 신체 동작을 감지하거나 '플레이스테이션'과 같이 사실적인 그래픽이 적용되는 게임에서 비매개성이 계속해서 확대될 것이라는 전망을 하게 한다.

육체적 자아와 가상 자아의 유리화 문제도 고민해 보아야 할 문제이다. 가상공간이 실제와 같이 느껴진다면, 그 속에 사는 내가 진짜 나인가, 현실 세계에 있는 내가 진짜 나인가 하는 유리화가 일어날 수 있다. 특히 네트워크는 가상의 자아를 만들 수 있는 좋은 사회적 공간이 되기 때문에, 현실의 육체적 자아와 매우 다른 자아를 만들어갈 가능성도 다분하다. 가상 자아의 경우, 위의 폭력성 게임에서와 마찬가지로, 현실 세계에서는 실현 불가능할 수 있는 내용을 몰입을 통해 반복하여 실질적인 경험과 같이 습득할 수 있다. 비매개성이 확대될수록 현실 세계와 동떨어진 내용이 가상세계에서 사실적으로 재현될 수 있으며, 가상 자아는 더욱 더 현실 세계와 분리된 성격의 자아를 가지게 될 것이다.

(4) 앞으로의 전망

아침에 자연스럽게 밝아오는 햇빛과 향긋한 바람, 크게 지저귀는 새소리에 잠에서 깬다(알람시계의 기능이다.). "뉴스 보여줘."라고 말하자 탁자에 놓여 있던 프로젝터에서 텔레비전 화면이 크게 위로 올라온다. 텔레비전은 저장되어 있는 아침뉴스를 틀어준다. 화면은 나의 움직임을 감지하여 내가 움직이는 쪽으로 방향이 바뀌기 때문에 돌아다니면서도 뉴스를 볼 수 있다. 휴대폰의 작은 핸즈프리 이어폰을 귀 안쪽에 부착한 후, 컴퓨터로 작업을 시작한다. 컴퓨터는 나만의 신호로 켜진다. 생각을 잘 정리하면서 이야기를 하면, 컴퓨터는 음성을 텍스트로 바꿔 화면에 띄운다. 수정도 간편하게 스크린을 터치하여 가리키며 말로 할 수가 있다. 곧 생각을 바로 텍스트나 음성신호로 바꿔주는 기술이 통용된다고 한다. 작업이 끝나고, 인터넷 쇼핑몰에 들어갔다. 마음에 드는 옷이 있는데, 잘 맞을지 걱정이 된다. 옷을 불러오게 하면 가상의 옷이 눈앞에 나타나고, 나는 그것을 입어 볼 수가 있다. 휴대폰의 벨이 울린다. 이어폰을 살짝 누르고 전화를 받는다. 상대방의 얼굴이 텔레비전 스크린에 뜨고, 나는 반갑게 통화를 한다.

늪지대에 산다는 개구리의 모습이 궁금하여 인터넷 검색을 해 보았다. 촉각 자료가 저장되어 있어서, 화면에 뜬 개구리를 직접 만져보았다. 미끌거리는 표면이 그대로 느껴진다. 갑자기 개구리의 생활은 어떤지 궁금하여 가상 자아체험 게임기에 앉았다. 장갑을 끼고 얇은 띠같이 생긴 안경을 눈에 두른 후, 사람, 동물, 과거, 미래 등의 폴더에서 동물 중 개구리를 선택했다. 갑자기 몸이 출렁거리는 것이 느껴진다. 몸을 만져보니 아까 인터넷에서 검색한 개구리와 비슷한 촉감이 느껴진다. 주변을 둘러

보니, 내가 연못 위에 떠 있는 작은
나뭇잎에 앉아 있다. 물에 빠질 것
같은 두려움이 불현듯 생겨서 게임
을 종료했다. 가상 자아체험 게임기
는 시점과 공간, 대상을 뛰어넘어 다
양한 종류의 자아를 체험할 수 있도
록 구상된 게임기이다. 장갑과 안경
을 통해 사용자는 실제적인 감각을
모두 느낄 수가 있다. 이 게임은 네
트워크를 지원하기 때문에, 다른 자
아인 채로 다른 사람과 게임상에서
교류를 할 수도 있다.

[그림 7] 가상체험. 미래에는 비매개의 확대
로 인해 놀라운 체험들이 가능할 것이다.
출처 : http://www.gettyimages.com
(c) Zap Art

위의 짧은 상상의 하루를 통해서 미래에 출현할 '비매개가 확대된 생
활'이 어떤 것일지 예상해 볼 수 있다. 영화 '마이너리티리포트(Minority
Report)'에 나왔던 것과 같이 매개체가 최소화된 미디어를 넘어선, 감각
적으로 실제적인 미디어가 자연스럽게 사용되지 않을까 하는 기대를 해
본다. 물리적 세계는 미디어가 구현한 가상세계에 녹아들고, 가상세계 역
시 물리적 세계와 같은 공간적 세계 안에 흡수될 것이다.

4. 미디어의 미래

여기까지 재매개의 논리를 정리하고, 비매개의 확대를 통한 미래 미디
어의 모습을 상상해 보았다. 재매개는 미디어들간의 상호작용을 의미하
며, 그 상호작용은 오래된 미디어와 최신 미디어의 수직적 연계나 새로

운 미디어들의 수평적 연계를 모두 포함한다. 재매개를 통해 미디어는 다른 미디어의 성질을 받아들이거나 개조하고, 또는 미디어 전체를 그대로 수용하고 융합하면서 새로운 문화적 가치를 창출해 낸다.

재매개의 주된 논리는 비매개와 하이퍼매개로 나눌 수 있다. 비매개는 사용자가 미디어의 존재성을 망각하도록 하는 성질이고, 하이퍼매개는 반대로 사용자가 미디어의 존재성을 상기하게 하는 성질이다. 비매개는 '매체몰입'으로도 볼 수 있다.

미디어 사용자들은 미디어의 매개 없이도 자유로운 의사소통이나 문화생활을 향유하고 싶어 한다. 이러한 욕구는 시각적인 부분뿐만 아니라 오감과 심지어는 감성적인 측면에서까지 발생된다. 사용자의 비매개에 대한 욕구에 발맞춰 미디어들은 점점 소형화되고 휴대하기 편리해졌으며, 촉각적 인터페이스(Tangible Interface)를 구현하기 시작했다. 미디어들의 비매개성은 감각적 경험을 가상으로 구현하거나 사실적 그래픽을 미디어에 도입하면서 확대되었다. 또한 재매개 사이에서도 비매개 현상이 일어나게 되었다. 즉, 사용자들이 재매개된 미디어를 사용하면서 재매개되었다는 사실을 인식하지 못하고 새로운 미디어를 독자적인 미디어로 보게 된다는 것이다. 이와 같은 재매개의 비매개화 현상은 미디어들의 비매개성이 커지게 될 때 자연스럽게 일어나는 현상이다.

미디어뿐만 아니라 생활 전반에서 비매개에 대한 욕구는 점점 커지고 있으며, 그에 맞추어 과학기술도 발전하고 있다. 따라서 비매개성이 극대화된 가상세계를 자연스럽게 넘나드는 미래를 상상해 볼 수 있다.

비매개성의 확대는 육체적 자아와 가상 자아가 유리되는 현상을 빚을 수 있는데, 비매개성의 확대에 따라 그 유리화는 더욱 심화될 수 있다. 이에 따른 사회적, 제도적인 해결방안을 모색해 보아야 할 것이라 생각한다.

참고문헌

논문

김지현(2007), 「앰비언트TV의 재매개 관습과 그 함의」, 서울대학교 언론정보학과 제2회 대학원생 논문발표회.

김성민(2004), 「디지털 포토저널리즘의 유형연구-재매개 이론을 중심으로」, *Viscom* 5권, 한국다큐멘터리사진학회.

임종수(2005), 「포털 미디어 재매개에서의 뉴스 소비」, 『한국방송학보』 19권 2호, 한국방송학회.

문태준(2007), 「블로그의 재매개 양식과 미디어적 계보」, 서울대학교 언론정보학과 제2회 대학원생 논문발표회.

박성재(2007), 「디지털 카메라와 디지털 사진의 재매개」, 2007 한국 HCI학회 학술대회발표논문집.

이종영(2007), 「e-sports의 재매개 전략」, 2007 한국 HCI학회 학술대회 발표.

Dena, C., Douglass, J. and Mark Marino(2005), "Benchmark Fiction : A Framework for Comparative New Media Studies", Published in *Proceedings of the Digital arts and Culture conference*, Bergen, Norway, Dec.

van den Boomen, Marianne(2006), "Networking by metaphors", Paper presented at *the annual meeting of the international Communication*, Dreseden International Congress Centre, Dresden, Germany, Jun 16,- conference Paper / Unpublished Manuscript.

Jay David Bolter(2000), "Remediation and the Desire for Immediacy", *The International Journal of Research into New Media Technologies*, Vol.6, No.1.

단행본

이재현 역(2006), 『재매개 : 뉴미디어의 계보학』, 커뮤니케이션북스.

인터넷 사이트

SK텔레콤 모뮤, http://www.momu.co.kr
mets 홈페이지, http://www.mets.co.kr/bbs/board.htm
World Of Warcraft 공식 홈페이지, http://www.worldofwarcraft.co.kr
Nintendo Korea 홈페이지, http://www.nintendo.co.kr
Nintendo 홈페이지, http://www.nintendo.com
Nintendo Wii 홈페이지, http://wii.com/
Playstation 홈페이지, http://www.playstation.co.kr/
블루투스 월드, http://www.bluetoothworld.co.kr/

놀이 공간 | 예술 공간 | 디지털 광장 | 디지털 기계

찾아보기

찾
아
보
기

찾
아
보
기

편저자 소개

시정곤   고려대학교 국어국문학과에서 문학박사학위를 받고, 하버드대학교 언어학과 객원연구원과 런던대학교 SOAS 객원교수를 지냈다. 언어를 매개로 한 학제간 연구에 관심이 많아 KAIST(한국과학기술원) 전문용어 언어공학센터의 부소장을 역임했고, 지금은 문화기술대학원에서 Digital Storytelling & Cognition Lab을 공동 운영하면서 '디지털스토리텔링', '디지털커뮤니케이션'과 같은 주제에 대해 학생들과 함께 연구하고 있다. 『국어의 단어형성원리』, 『논항구조란 무엇인가』, 『정보지식혁명과 전문용어』, 『우리말의 수수께끼』, 『응용국어학의 탐구』, 『인간, 컴퓨터, 언어』 등 다수의 저서와 논문을 발표했다.
현재 KAIST 인문사회과학부 / 문화기술대학원 교수로 재직하고 있다.
chungkon@kaist.ac.kr

저자 소개

이요한   KAIST 문화기술대학원 석사과정, lllusion@kaist.ac.kr

유연수   KAIST 문화기술대학원 박사과정, yeonsu_yu@kaist.ac.kr

안종윤   KAIST 문화기술대학원 석사과정, jongyoon@kaist.ac.kr

최여정   KAIST 문화기술대학원 석사과정, choi_yj@kaist.ac.kr

윤아연   KAIST 문화기술대학원 석사과정, ana196@hanmail.net

이은영   KAIST 문화기술대학원 박사과정, irenelee@kaist.ac.kr

이상희   KAIST 문화기술대학원 석사과정, sangheelee@kaist.ac.kr

안신현   KAIST 문화기술대학원 박사과정, demiahn@kaist.ac.kr

박도연   KAIST 문화기술대학원 박사과정, soulvibe@kaist.ac.kr

박웅진   KAIST 문화기술대학원 박사과정, wpark@kbi.re.kr
(한국방송영상산업진흥원 정책연구팀 선임연구원)

임익수   KAIST 문화기술대학원 석사과정, remix@kaist.ac.kr

전창의   KAIST 문화기술대학원 석사과정, royjun@kaist.ac.kr

박경미   KAIST 문화기술대학원 석사과정, carina.park@kaist.ac.kr

우정희   KAIST 문화기술대학원 석사, jay_woo@kaist.ac.kr

맹수연   KAIST 생명과학과 학사과정, secret-bless@kaist.ac.kr

글누림 문화예술 총서 2
디지털로 소통하기

초판 인쇄 2007년 12월 10일 | 초판 발행 2007년 12월 20일

편저자 시정곤

펴낸이 최종숙 | **책임편집** 권분옥 | **편집** 이태곤 이소희 양지숙 김지향

펴낸곳 글누림출판사 | **등록** 제303-2005-000038호(등록일 2005년 10월 5일)

주소 서울시 서초구 반포4동 577-25 문창빌딩 2층

전화 02-3409-2055 | **팩시밀리** 02-3409-2059 | **전자우편** nurim3888@hanmail.net

ISBN 978-89-91990-81-4 93330

정가 18,000원

* 잘못된 책은 교환해 드립니다.